普通高等教育"十一五"国家级规划教材
中国轻工业"十四五"规划教材
"互联网+"新形态立体化教学资源精品教材
现代学徒制教学试用教材

气动技术

第二版

吴卫荣 沈侃 王佳庆 ◎ 编著

中国轻工业出版社

图书在版编目（CIP）数据

气动技术/吴卫荣，沈侃，王佳庆编著. —2版
. —北京：中国轻工业出版社，2025.10
ISBN 978-7-5184-4955-2

Ⅰ.①气… Ⅱ.①吴… ②沈… ③王… Ⅲ.①气动技术 Ⅳ.①TP6

中国国家版本馆CIP数据核字（2024）第089362号

责任编辑：王　淳　　　　责任终审：许春英
文字编辑：宋　博　　　　责任校对：吴大朋　　封面设计：锋尚设计
策划编辑：王　淳　宋　博　版式设计：致诚图文　责任监印：张京华

出版发行：中国轻工业出版社（北京鲁谷东街5号，邮编：100040）
印　　刷：三河市万龙印装有限公司
经　　销：各地新华书店
版　　次：2025年10月第2版第1次印刷
开　　本：787×1092　1/16　印张：15.25
字　　数：410千字
书　　号：ISBN 978-7-5184-4955-2　定价：49.80元
邮购电话：010-85119873
发行电话：010-85119832　010-85119912
网　　址：http://www.chlip.com.cn
Email：club@ chlip.com.cn
版权所有　侵权必究
如发现图书残缺请与我社邮购联系调换
221208J2X201ZBW

第二版 前言

实施人才强国战略是加速中国经济社会发展的重要动力。在实施人才强国战略的过程中，需要落实创新驱动发展的战略，鼓励创新和创业精神，促进人才与产业的深度融合，加快推进高技能人才队伍培养与建设。本教材就是为了适应这种需要而编写的。

本书是高职高专机电一体化、机电设备、模具、数控、自动化等专业的教学用书。作者结合长期的职业教育和培训经验，提炼江苏省高校品牌专业建设项目、江苏省高等职业教育高水平专业群建设项目教学成果，以学生为教学主体，以"提高课堂教学效率，促进个性化和创新化教学，激发学生主动学习"为目标，为满足气动技术课程改革的需求，为培养学生理论联系实际的能力，突出职业能力培养而编写的。本书第一版为普通高等教育"十一五"国家级规划教材，经过多年实际教学及市场检验，在高等职业院校相关专业的教学中发挥了重要作用。第一版教材采用了知识点式的理论教学模式，在第二版的修订中将理论教学和实践教学相结合，以兴趣驱动、强调动手能力的项目导入式贯穿于全书，实现现代职业教育的"新形态"教学模式。

本书着重将实训项目贯穿于教学的始终，用项目和任务进行知识的引入。全书共计16个实训项目，每个项目包含1~2个实训任务，所有的实训任务都来自企业生产实际的典型工作任务，使学生学以致用，提高学生动脑与动手能力。学生在课堂上学习了基本理论知识后，马上进实验室用计算机软件进行模拟仿真设计，再到实训现场用真实的元件对自己设计的系统进行组装。我们强调学生必须有很强的动手能力，我们希望学生进入企业后，能够快速适应企业，并快速成为具有实干能力的工程技术人员。因此我们建议这门课程理论与实践的课时比至少为1:1，当然也可以根据实际情况作调整。

本书将"岗、课、赛、证"有机融合，构建了丰富的数字化配套教学资源，方便实现线上学习与线下实训相互配合的教学模式。配套资源包括：多媒体课件、课后习题、阶段测试、关键知识点和技能点的视频等，在书中相应位置均配有二维码。

本书同步建设在线开放课程，课程网址：http://www.chlip.com.cn/qrcode/221208J2X201ZBW/QR2001.htm，此课程包含了课程介绍，各种配套学习资料，练习题等。本书受苏州工业园区职业技术学院新形态一体化教材建设项目资助。

本书的绪论、项目1~项目4由苏州工业园区职业技术学院吴卫荣编写，项目5~项目14由苏州工业园区职业技术学院沈侃编写，项目15~项目16及附录1~附录4由苏州工业园区职业技术学院王佳庆编写。本书在编写过程中，参阅了过往的同类教材和文献资料，并得到了许多朋友和师长的关心和帮助，在此谨表感谢。

由于编者水平所限，书中难免存在不足和疏漏之处，恳请同仁和读者批评指正。

编者
于苏州工业园区职业技术学院

第一版 前言

在教育部组织制定的《高职高专教育专门课程基本要求》《高职高专教育专业人才培养目标及规格》以及《新世纪高职高专教育人才培养模式和内容体系改革与建设项目计划》的基本精神指导下，本着以就业为导向，以企业需要什么样的技术人才为教学目标的宗旨，通过教学实践，我们编写了《气动技术》和《液压技术》两本教材。

传统的本科教材多数是把"气动"和"液压"作为一本书，因为从理论上讲，它们有许多共同的原理；从学术上讲，它们都统一定义在流体的大范畴内；从教学上讲，相似结构和特点部分可以对照论述。这样做的优点在于既减少了重复又增加了对比，同时还可减少课堂学时。但是我们在长期的职业教育中感到，将"气动"和"液压"分成两本教材更有利于实践环节的教学，更有利于学生动手能力的培养。我们把来自实际中的"气动"和"液压"素材编制成两本"校本"教材，经过毕业学生在企业实干后的信息反馈，反复修改，在兄弟院校和中国轻工业出版社的大力支持下，整理成此教材，希望同行、专家、学生能够对此教材多提宝贵意见，我们将不断修订，使此教材能够在中国高等职业教育的改革中发挥积极的作用。

本教材的编写目的就是要使学生学以致用，提高学生的动脑与动手能力，即学生在课堂上学习了基本理论知识后，能够进实验室用计算机软件进行模拟仿真设计，再到实训现场用真实的元件对自己设计的系统进行组装。我们强调学生必须有很强的动手能力，我们希望学生进入企业后，能够快速适应企业，并快速成为具有实干能力的工程技术人员。因此我们建议这门课程理论与实验的课时比为1∶2。

气动技术在现代工业系统，特别是机电一体化行业中得到越来越广泛的应用。当前的传动技术一般可分为机械传动、气压传动、液压传动和电气传动。气压传动、液压传动和电气传动不能独立使用，必须与机械传动相结合；气动技术虽然是机械技术的一个分支，但其工作原理却与一般的机械不同。作者根据实践经验和理论分析，经过大量的实例对气动系统的设计和应用作出说明，目的是使读者能正确合理地对气动系统进行分析、设计、使用和一般维护。

本书可作为大专院校工业自动化、电气控制、自动控制、机电一体化等专业的教学用书；对广大技术工程人员来说，也是一本更新知识结构的参考书。

编者
于苏州工业园区职业技术学院

目 录

绪论 ··· 1
  0.1 气动系统的概念 ··· 1
  0.2 气动系统的工作原理与组成 ·· 1
  0.3 气动系统的特点 ··· 4
  0.4 气动技术的应用和发展 ··· 4
  思考与练习 ··· 6

模块 1 纯气动控制系统设计

项目 1 气动教学软件的熟悉和使用 ·· 8
  1.1 实训设备和元器件 ··· 8
  1.2 项目目标 ··· 8
  1.3 基础知识 ··· 8
    1.3.1 空气的基本性质 ·· 8
    1.3.2 空气压力的表示方法 ··· 11
    1.3.3 气动教学软件 ··· 11
  1.4 实训操作 ·· 12
    实训操作 1 气动教学软件的熟悉和使用 ·· 12
    实训操作 2 气动回路的压力分析 ·· 13
  1.5 拓展知识 ·· 14
    1.5.1 气体流动的规律 ··· 14
    1.5.2 气体充、放的特性 ··· 14
  思考与练习 ··· 15

项目 2 气动平口钳的安装与运行 ·· 17
  2.1 实训设备和元器件 ··· 17
  2.2 项目目标 ·· 17
  2.3 基础知识 ·· 17
    2.3.1 过滤器 ·· 17
    2.3.2 减压阀 ·· 19
    2.3.3 油雾器 ·· 20
    2.3.4 气源净化装置 ··· 22
    2.3.5 辅助元件——消声器 ·· 23
  2.4 实训操作 ·· 25

实训操作1　气动平口钳的安装与运行 25
　　实训操作2　送料装置的安装与运行 26
2.5　拓展知识 27
　　2.5.1　活塞式压缩机 27
　　2.5.2　螺杆式压缩机 28
　　2.5.3　叶片式压缩机 29
　　2.5.4　压缩空气的管道系统 29
　　2.5.5　储气罐 30
思考与练习 31

项目3　折边装置的安装与运行 33
3.1　实训设备和元器件 33
3.2　项目目标 33
3.3　基础知识 33
　　3.3.1　气缸的种类 33
　　3.3.2　气缸的选型 34
　　3.3.3　气缸的工作特性 35
　　3.3.4　节流阀 38
　　3.3.5　排气阀 39
　　3.3.6　单气控换向阀 40
3.4　实训操作 41
　　实训操作1　气动回路设计与仿真 41
　　实训操作2　折边装置气动回路的安装与运行 42
3.5　拓展知识 43
　　3.5.1　电缸 43
　　3.5.2　无杆气缸 44
　　3.5.3　气爪 44
　　3.5.4　吸盘 45
思考与练习 46

项目4　标杆上色机的安装与运行 48
4.1　实训设备和元器件 48
4.2　项目目标 48
4.3　基础知识 48
　　4.3.1　双压阀 49
　　4.3.2　梭阀 49
　　4.3.3　双气控换向阀 49
4.4　实训操作 51
　　实训操作1　气动回路设计与仿真 51
　　实训操作2　标杆上色机气动回路搭建 52
4.5　拓展知识 53

4.5.1　单向阀 ·· 53
　　4.5.2　快速排气阀 ·· 53
思考与练习 ·· 54

项目5　工件分送装置的安装与运行 ·· 56
5.1　实训设备和元器件 ··· 56
5.2　项目目标 ·· 56
5.3　基础知识 ·· 56
　　5.3.1　延时阀 ·· 56
　　5.3.2　二位五通双气控换向阀 ·· 57
　　5.3.3　机控换向阀 ·· 58
5.4　实训操作 ·· 60
　　实训操作1　气动仿真软件练习 ··· 60
　　实训操作2　工件分送装置回路搭建 ··· 62
5.5　拓展知识 ·· 62
　　5.5.1　元件符号的表示 ··· 62
　　5.5.2　气动回路图的规范绘制 ·· 64
　　5.5.3　气动位移-步骤图 ··· 66
思考与练习 ·· 69

项目6　垃圾集装压实机的安装与运行 ·· 71
6.1　实训设备和元器件 ··· 71
6.2　项目目标 ·· 71
6.3　基础知识 ·· 71
　　6.3.1　压力顺序阀 ·· 71
　　6.3.2　滚轮杆行程阀 ··· 72
6.4　实训操作 ·· 74
　　实训操作1　气动仿真软件练习 ··· 74
　　实训操作2　垃圾集装压实机的安装与运行 ·· 75
6.5　拓展知识 ·· 76
　　6.5.1　节流阀 ·· 76
　　6.5.2　可调单向节流阀 ··· 77
　　6.5.3　进气节流控制 ··· 77
　　6.5.4　排气节流控制 ··· 78
思考与练习 ·· 78

项目7　矿石筛选机的安装与运行 ·· 80
7.1　实训设备和元器件 ··· 80
7.2　项目目标 ·· 80
7.3　基础知识 ·· 80
　　7.3.1　气动系统设计过程 ··· 80

7.3.2　设计过程中必须考虑的安全问题 …… 81
　　7.3.3　气动回路图设计 …… 82
　　7.3.4　多缸控制回路设计 …… 83
7.4　实训操作 …… 96
　　实训操作1　气动仿真软件练习 …… 96
　　实训操作2　矿石筛选机控制回路设计 …… 97
7.5　拓展知识 …… 98
　　7.5.1　溢流阀 …… 98
思考与练习 …… 99

模块2　电气动控制系统设计

项目8　分拣装置的安装与运行 …… 102
8.1　实训设备和元器件 …… 102
8.2　项目目标 …… 102
8.3　基础知识 …… 102
　　8.3.1　电气动系统的组成 …… 103
　　8.3.2　电气控制回路设计要求 …… 103
　　8.3.3　单电控电磁换向阀 …… 103
　　8.3.4　按钮 …… 104
8.4　实训操作 …… 105
　　实训操作1　分拣装置的安装与运行 …… 105
　　8.4.1　气动回路设计与仿真 …… 105
　　8.4.2　气动回路，电气控制回路的搭建 …… 106
　　实训操作2　安装端盖的安装与运行 …… 106
　　8.4.3　气动回路设计与仿真 …… 107
　　8.4.4　气动回路，电气控制回路的搭建 …… 107
8.5　拓展知识 …… 108
　　8.5.1　常用电气元件符号及说明 …… 108
思考与练习 …… 112

项目9　切割装置的安装与运行 …… 114
9.1　实训设备和元器件 …… 114
9.2　项目目标 …… 114
9.3　基础知识 …… 114
　　9.3.1　继电器的结构及应用 …… 114
　　9.3.2　双电控电磁换向阀 …… 115
9.4　实训操作 …… 116
　　实训操作1　切割装置的安装与运行 …… 116
　　9.4.1　气动回路设计与仿真 …… 116
　　9.4.2　气动回路、电气控制回路的搭建 …… 117

　　　　实训操作2　挡料板的安装与运行 ………………………………………… 118
　　　　9.4.3　气动回路设计与仿真 …………………………………………………… 118
　　　　9.4.4　气动回路、电气控制回路的搭建 ……………………………………… 118
　　9.5　拓展知识 …………………………………………………………………………… 119
　　　　9.5.1　时间继电器 ……………………………………………………………… 119
　　思考与练习 ……………………………………………………………………………… 122

项目10　重力自流进料的安装与运行 …………………………………………………… 124
　　10.1　实训设备和元器件 ……………………………………………………………… 124
　　10.2　项目目标 ………………………………………………………………………… 124
　　10.3　基础知识 ………………………………………………………………………… 124
　　　　10.3.1　电控换向阀 ……………………………………………………………… 124
　　　　10.3.2　典型电气控制回路 ……………………………………………………… 127
　　10.4　实训操作 ………………………………………………………………………… 129
　　　　实训操作1　重力自降进料的安装与运行 ………………………………………… 129
　　　　10.4.1　气动回路设计与仿真 …………………………………………………… 129
　　　　10.4.2　气动回路、电气控制回路的搭建 ……………………………………… 130
　　　　实训操作2　多通道重力自流进料的安装与运行 ………………………………… 130
　　　　10.4.3　气动回路设计与仿真 …………………………………………………… 131
　　　　10.4.4　气动回路，电气控制回路的搭建 ……………………………………… 132
　　思考与练习 ……………………………………………………………………………… 132

项目11　旋转转盘的安装与运行 ………………………………………………………… 134
　　11.1　实训设备和元器件 ……………………………………………………………… 134
　　11.2　项目目标 ………………………………………………………………………… 134
　　11.3　基础知识 ………………………………………………………………………… 134
　　　　11.3.1　按键开关 ………………………………………………………………… 134
　　　　11.3.2　按键转换开关 …………………………………………………………… 135
　　　　11.3.3　计数器 …………………………………………………………………… 135
　　11.4　实训操作 ………………………………………………………………………… 135
　　　　实训操作1　气动教学软件仿真 …………………………………………………… 135
　　　　实训操作2　旋转转盘回路的搭建 ………………………………………………… 136
　　思考与练习 ……………………………………………………………………………… 137

项目12　滑动台的安装与运行 …………………………………………………………… 139
　　12.1　实训设备和元器件 ……………………………………………………………… 139
　　12.2　项目目标 ………………………………………………………………………… 139
　　12.3　基础知识 ………………………………………………………………………… 139
　　　　12.3.1　自锁回路 ………………………………………………………………… 139
　　　　12.3.2　启动优先回路 …………………………………………………………… 139
　　　　12.3.3　停止优先回路 …………………………………………………………… 140

12.4 实训操作 ··· 141
    实训操作1 滑动台的安装与运行 ··· 141
    12.4.1 气动回路设计与仿真 ·· 141
    12.4.2 气动回路、电气控制回路的搭建 ······································· 142
    实训操作2 夹紧装置的安装与运行 ··· 143
    12.4.3 气动回路设计与仿真 ·· 143
    12.4.4 气动回路，电气控制回路的搭建 ······································· 144
思考与练习 ··· 144

项目13 转向装置的安装与运行 ··· 146

13.1 实训设备和元器件 ··· 146
13.2 项目目标 ··· 146
13.3 基础知识 ··· 146
    13.3.1 接近开关的分类 ·· 146
    13.3.2 接近开关的应用 ·· 148
    13.3.3 压力开关的概念 ·· 150
13.4 实训操作 ··· 150
    实训操作1 转向装置的安装与运行 ··· 150
    13.4.1 气动回路设计与仿真 ·· 151
    13.4.2 气动回路、电气控制回路的搭建 ······································· 152
    实训操作2 冲压装置的安装与运行 ··· 152
    13.4.3 气动回路设计与仿真 ·· 152
    13.4.4 气动回路，电气控制回路的搭建 ······································· 153
思考与练习 ··· 154

模块3 PLC综合控制系统案例

项目14 吸盘搬运机构的安装与运行 ·· 157

14.1 实训设备和元器件 ··· 157
14.2 项目目标 ··· 157
14.3 基础知识 ··· 157
    14.3.1 元件的选型 ·· 157
    14.3.2 电气动控制回路设计 ·· 159
14.4 实训操作 ··· 159
    实训操作 吸盘搬运机构的安装与运行 ·· 159
    14.4.1 气动回路设计与仿真 ·· 159
    14.4.2 气动回路，电气控制回路的搭建 ······································· 160

项目15 双向送料装置的安装与运行 ·· 163

15.1 实训设备和元器件 ··· 163
15.2 项目目标 ··· 163

15.3 基础知识 ………………………………………………………………………………… 163
　　15.3.1 元件的选型 …………………………………………………………………… 163
　　15.3.2 电气动控制回路设计 …………………………………………………………… 164
15.4 实训操作 ………………………………………………………………………………… 165
　　实训操作　双向送料装置的安装与运行 ……………………………………………… 165
　　15.4.1 气动回路设计与仿真 …………………………………………………………… 165
　　15.4.2 气动回路，电气控制回路的搭建 ……………………………………………… 166

项目 16　多气缸的 PLC 控制设计 …………………………………………………………… 169
16.1 实训设备和元器件 ……………………………………………………………………… 169
16.2 项目目标 ………………………………………………………………………………… 169
16.3 项目说明 ………………………………………………………………………………… 169
16.4 项目设计 ………………………………………………………………………………… 169
　　16.4.1 系统工作流程设计 ……………………………………………………………… 169
　　16.4.2 气动回路设计 …………………………………………………………………… 171
　　16.4.3 输入/输出地址（表 16-2） ……………………………………………………… 172
　　16.4.4 编程 ……………………………………………………………………………… 173

附录 1　实训报告 …………………………………………………………………………………… 181
附录 2　阶段测试 …………………………………………………………………………………… 217
附录 3　常用气动元件符号与功能 ………………………………………………………………… 220
附录 4　气动系统的故障诊断、对策与维修 ……………………………………………………… 225
参考文献 …………………………………………………………………………………………… 229

绪 论

配套课件 绪论

配套视频 气动系统的组成

0.1 气动系统的概念

0.1.1 何谓气动系统

流体动力系统是通过压力油或压缩气体来传递和控制能量的一种系统。

在气动系统中，这种能源的介质是压缩空气。把大气中的空气的体积加以压缩，从而提高它的压力。通过对活塞或叶片作功来得到压缩空气。正确运用气动控制，要求充分熟悉气动元件及其基本回路。

0.1.2 气动的用途

气动技术是利用压缩空气的力量驱动执行动作，其用途是极其广泛的，以下为气动控制技术在产业中被推广应用的情况。

① 用于电子、化工产品的生产中。
② 用于人不宜到达的地方如高温和危险的劳动场景。
③ 用于高速重复的运动机械中。
④ 农业设备、食品业以及机械行业的剪、切、铆等工艺过程。
⑤ 医学领域、机器人、太空设备中等。

0.2 气动系统的工作原理与组成

0.2.1 气动系统的工作原理

为了对气动系统有一个概括了解，现以气动剪切机为例，介绍气动系统的工作原理。图 0-1 为气动剪切机的工作原理图，图示位置为剪切前的预备状态。

空气压缩机 1 产生的压缩空气，经过冷却器 2、油水分离器 3 进行降温及初步净化后，送入储气罐 4 备用；压缩空气从储气罐 4 引出先经过分水滤气器 5 再次净化，然后经减压阀 6、油雾器 7 和气控换向阀 9 到达气缸 10。此时换向阀的压缩空气将阀芯推到上位，使气缸上腔充压，活塞处于下位，剪切机的剪口张开，处于预备工作状态。当送料机构将工料 11 送入剪切机并送到规定位置时，工料 11 将行程阀 8 的阀芯向右推动，行程阀 8 将换向阀与大气连通。换向阀的阀芯在弹簧的作用下移到下位，将气缸上腔与大气连通，下腔与压缩空气连通。压缩空气推动活塞带动剪刀快速向上运动将工料 11 切下。

工料 11 被切下后即与行程阀 8 脱开，行程阀阀芯在弹簧作用下复位，将排气通道封闭。换向阀压力上升，阀芯移至上位，使气路换向。气缸下腔排气，上腔进入压缩空气，推动活塞带动剪刀向下运动，系统又恢复到图示的预备状态，待第二次进料剪切。

气路中行程阀 8 的安装位置可以根据工料 11 的长度进行左右调整。换向阀 9 是根据行程阀 8 的指令来改变压缩空气的通道使气缸 10 活塞实现往复运动。气缸 10 下腔进入压缩空气时,活塞向上运动将压缩空气的压力能转换为机械能使剪切机构切断工料 11。此外,还可根据实际需要,在气路中加入流量控制阀,控制剪切机构的运动速度。

0.2.2 气动系统的组成

如图 0-1 和图 0-2 所示,完整的气动系统主要是由四部分组成的:

① 气源装置。气源装置即压缩空气的发生装置,其主体部分是空气压缩机(简称空压机)。它将原动机(如电动机)的机械能转换为空气的压力能并经净化设备净化,为各类气动设备提供洁净的压缩空气。

② 执行机构。执行机构是系统的能量输出装置,如气缸和气马达,它们将气体的压力能转换为机械能,并输出到工作机构上去。

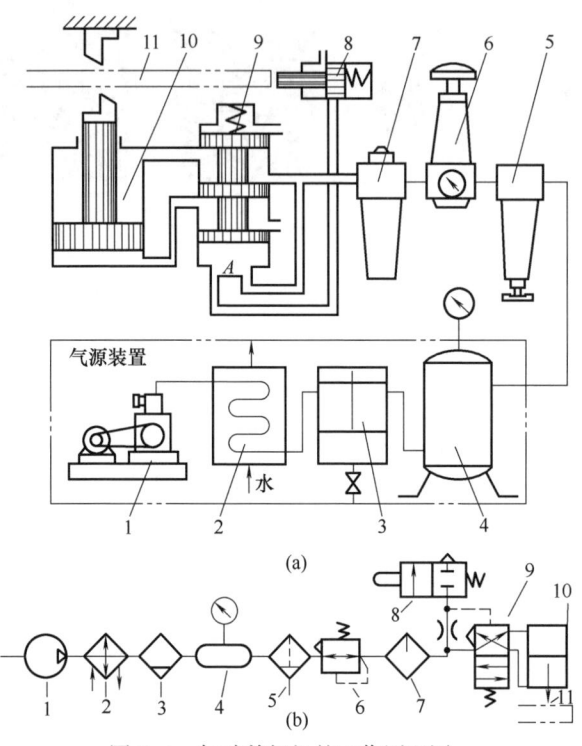

图 0-1 气动剪切机的工作原理图
(a) 结构原理图 (b) 图形符号图
1—空气压缩机 2—冷却器 3—油水分离器 4—储气罐
5—分水滤气器 6—减压阀 7—油雾器 8—行程阀
9—气控换向阀 10—气缸 11—工料

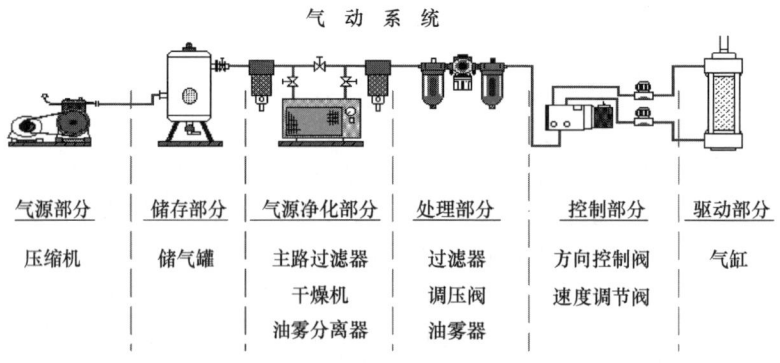

图 0-2 气动系统组成示意图

③ 控制元件。即用以控制调节压缩空气的压力、流量、流动方向以及系统执行机构的工作程序的元件,如压力阀、流量阀、方向阀和逻辑元件等。

④ 辅助元件。系统中除上述三类元件外,其余元件称辅助元件,如各种过滤器、油雾器、消声器、散热器、传感器、放大器及管件等。它们对保持系统可靠、稳定和持久地

工作起着十分重要的作用。

一般来说，气动系统主要包括两个部分：

① 压缩空气产生系统。

② 压缩空气消耗系统。

0.2.3 压缩空气产生系统

压缩空气产生系统是一套为满足不同场景用气需求的综合装置，主要包括了压缩机、电动机、压力开关、单向阀、储气罐和压力表等组成。

① 压缩机。常压下的空气被压缩，并以较高的压力输送给气动系统。把机械能转变为气压能。

② 电动机。给压缩机提供机械能，它是把电能转变成机械能。

③ 压力开关。将储气罐内的压力信号用来控制电动机，它被设定一个压力范围，当储气罐内的压力达到压力上限时就停止电动机，储气罐内压力跌到压力下限时就重新启动电动机。

④ 单向阀。让压缩空气从压缩机进入气罐，当压缩机关闭时，阻止压缩空气反方向流动。

⑤ 储气罐。储存压缩空气。它的尺寸大小由压缩机的容量来决定，储气罐的容积越大，压缩机运行时间间隔就越长。

⑥ 压力表。显示储气罐内的压力。

⑦ 自动排水器。无需人手操作，可自动排出凝结在储气罐下部的水。

⑧ 安全阀。当储气罐内的压力超过允许限度，可将压缩空气排出，起保护作用。

⑨ 冷冻式空气干燥器。将压缩空气制冷到零上若干度，使大部分空气中的湿气凝结。这就免除了后面系统中的水分。

⑩ 主管道过滤器。在主要管路中，主管道过滤器必须具有压力降和油雾分离能力。它能清除管道内的灰尘、水分和油污。

0.2.4 压缩空气消耗系统

压缩空气消耗系统是指在各类生产、生活场景中，使用压缩空气来完成特定任务，并持续消耗压缩空气的一系列设备与环节的集合。消耗系统主要包括了压缩空气的输出，自动排水器，空气处理元件，方向控制阀，执行元件和速度控制阀等。

① 压缩空气的输出。压缩空气要从主管道顶部输出，以便残留的凝结水仍留在主管道里，当压缩空气达到低处时，水流到管子的下部，流入自动排水器内，将凝结水去除。

② 自动排水器。每一根下接管的末端都应有一个排水器，最有效的方法是用一个自动排水器，将留在管道里的水自动排掉。

③ 空气处理元件。使压缩空气保持清洁和合适压力，以及加润滑油到需要润滑的零件中以延长这些气动元件的使用寿命。

④ 方向控制阀。通过对气缸两个接口交替地加压和排气，来控制运动的方向。

⑤ 执行元件。把压缩空气的压力能转变为机械能，可以是直线气缸，也可以是回转执行元件或气动马达等。

⑥ 速度控制阀。能简便实现执行元件的无级调速。

0.3 气动系统的特点

0.3.1 气动系统的优点

气动系统有如下优点：

① 适用性。大多数工厂和车间在作业区都备有压缩空气源，而备有移动式压缩机可用在更远的场合。

② 储存。按需要容易地储存大容量的压缩空气。

③ 设计和控制简单。使用气动元件属于简单设计，因而容易适合较简单控制的自动系统。与液压传动相比，气压传动反应快，动作迅速，一般只需 0.02~0.03s 就可建立起需要的压力和速度；因此，它特别适用于实现系统的自动控制。调节控制方便，既可组成全气动控制回路，也可与电气、液压结合实现混合控制。

④ 运动的选择。气动元件易于实现无级调速的直线和回转运动。

⑤ 经济。由于气动元件价格合适，整套装置费用较低，而且气动元件寿命长不需要维修，所以维护费用较低。

⑥ 可靠性。气动元件有很长的工作寿命，所以系统有很高的可靠性。

⑦ 恶劣环境适应性。压缩空气很大程度上不受高温、灰尘、腐蚀的影响，这一点是别的系统所不能及的。

⑧ 环境干净。气动元件是清洁的，以及有特殊的排出空气处理方法，可装入标准的洁净车间内。

⑨ 安全性。在危险场所不会引起火灾，若系统过载执行元件只会停止或打滑。气动执行元件不会发热。

0.3.2 气动系统的缺点

气动系统有如下缺点：

① 由于空气具有可压缩性，载荷变化时运动平稳性稍差。

② 因工作压力低，不易获得较大的输出力或转矩；因此，气压传动不适于重载系统。

③ 有较大的排气噪声。

④ 因空气无润滑性能，故在气路中有时应设置补给油润滑装置。

⑤ 气动装置中的信号传递速度仅限于声速范围内，比光、电信号慢，故不宜用于信号传递速度要求十分高的场合。同时，实现生产过程的遥控也较困难。

⑥ 气动系统有泄漏，这是能量的损失。一定量的外泄漏也是允许的。但应尽可能减少泄漏。

0.4 气动技术的应用和发展

0.4.1 气动技术的应用

从 20 世纪 80 年代开始，制造业各个领域的自动化、省力化越来越受到重视。气动技术由于它独特的优越性，在工业自动化领域中应用越来越广泛。目前生产技术领域应用气动技术较多的行业如下。

（1）汽车制造行业

现代汽车制造生产线大部分都采用气动技术，特别是在焊接生产线上，各车身按照加工工序移动，车身外壳由真空吸盘吸取后夹紧、定位和放置以及焊接枪的趋近、减速和着陆后的焊点控制等都采用了各种功能的气动执行元件和相应的气动控制系统。

（2）家电、电子产品制造业

现在各种型号、功能的气动执行元件被广泛应用于冰箱、彩电等家电的装配生产线和大规模半导体器件、集成电路芯片封装的生产流水线上。特别是很多精密的真空吸盘将人工难以抓取的器件抓取并精确的运送到指定位置。这些生产工艺都是由气动控制系统实现的。

（3）包装自动化的实现

利用气动技术可以实现块状、粉状甚至液体等产品的智能计量包装等，如食品、药品、化工、化肥等许多自动化加工行业。特别是对有毒产品的自动计量灌装和自动装箱，减小了生产过程中对生产人员健康的损害。

（4）实现生产自动化

气动技术应用于生产中，可以保证生产产品的均一性。不仅如此，气动技术大大提高了劳动生产率，降低了生产成本。在生产自动化生产线上，气动技术被广泛应用，如自行车、手表、洗衣机等轻工行业的零件加工和产品组装生产线上，工件在生产线上的许多操作工序中都使用气动技术自动完成；气动喷气织布机、印刷机械、自动清洗机、塑料产品生产线等也都使用气动技术。总之，气动技术是一种环保、低成本的自动化技术，是实现生产自动化的重要手段，在很多领域已经得到广泛应用。

0.4.2 气动技术的发展

随着科学技术的飞速发展，工业生产自动化程度会越来越高，对自动化控制系统的可靠性、精确性要求也在不断提升，这些推动着气动技术的创新和发展。与20世纪末期以气动元件的标准化、模块化、集成化、小型化，以及延长器件的寿命为气动技术的重点发展方向，如今，气动系统中的节约能量和使用气、电驱动组合的机电一体化已经成为气动技术的新的发展趋势。此外，系统化和强调诊断、监测功能也受到重视。随着数字、信息化的到来，气动技术也将与液压技术一样面临新的机遇和挑战。

（1）气动节能技术

向气动装置提供的压缩空气是由空气压缩机承担的，而压缩机由电系统、机械系统等组成这些系统发生的能量损失很大。通常大型压缩机的效率可达到80%，小型压缩机的效率只能达到60%。为了避免浪费，在气动元件的开发、系统的设计上，开始注重有效耗气指标，减少压缩空气的浪费。很多生产气动元件的跨国企业都开始开发新型气动节能产品，如节能气缸、阀岛等。此外，还有怎样设计更加合理的气动元件，来减小它们的泄露和过早的失效漏气，如何提高压缩气体的质量与设计更加节省耗气的气动系统等。今后气动元件的开发和系统的设计都将围绕着气动节能技术展开。

（2）模块化的抓取系统

模块化的抓取系统是指以气驱动和电驱动结合的方式，实现多轴方向上的运动标准化模式，通过即插即用的形式出现在工业生产中。在自动化生产线上，通过模块化的抓取平台中增加、减少特定的元件或是改变特定元件的工作状态，而不需要对生产线进行大规模的整改，便可以满足多种规格产品生产的要求。这种系统的基础是以带导向装置的驱动器（气/电驱动），带有公共的接口界面。这种模块化抓取系统的平台符合现代对智能化流水线技术的要求，是以后很长时间内的发展重点。

（3）新型气动元件的开发

在气动节能技术和模块化的抓取系统的影响和指引下，很多公司开发了各式各样的新型创新的气动元件。如基虎研发气缸广泛应用于中国强制性产品认证（CCC）产品自动化领域，精密气动平台 TIT4090 配合四轴使用组成数控加工中心（CNC）定位加工模组，机械式真空发生器 VFE 适合长时间吸取金属板加工的场合。

思考与练习

1. 气动系统是如何实现能量转换的？
2. 气动系统主要由几个部分组成，举例说明？
3. 简述气动系统的主要特点。
4. 观察你周围的事物，举例说明气动系统的工作原理。

绪论 思考与练习

模块 1

纯气动控制系统设计

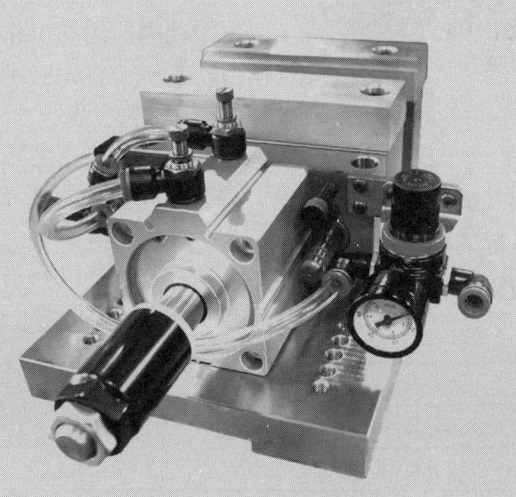

项目 1　气动教学软件的熟悉和使用

项目1　气动教学软件的熟悉和使用

1.1　实训设备和元器件

实训所需设备如表 1-1 所示。

表 1-1　　　　　　　　　　　　　设备清单

设备	数量
电脑(安装教学软件)	1 台

1.2　项目目标

① 学习了解气动系统的能源——空气的一些基本性质。
② 学习了解空气变化的基本原理。
③ 学习了解气体流动的基本特点。
④ 学习掌握气动液压教学软件中各个气动元件的相关参数,分析气动回路的运行状态和回路中各元件的作用。

空气的基本性质

1.3　基础知识

1.3.1　空气的基本性质

气压传动中所用的工作介质是自然界的空气,因此要正确设计、使用气压传动系统,首先必须了解空气的性质及其基本的规律。

（1）空气的组成

自然界的空气是由若干种气体混合而成的。理论上讲完全不含有水蒸气的空气称为干空气。而大气中的空气常含有一定量的水蒸气,这种由干空气和水蒸气组成的气体就是湿空气。在基准状态下（即温度为 273.15K、压力为 0.1013MPa）干空气的组成见表 1-2。

表 1-2　　　　　　　　　　　　　干空气的组成

成分	氮 N_2	氧 O_2	氩 Ar	二氧化碳 CO_2	其他气体
体积分数/%	78.03	20.93	0.932	0.03	0.078
质量分数/%	75.5	23.1	1.23	0.015	0.075

（2）空气的黏性

气体在流动过程中产生内摩擦力的性质为黏性,表示黏性大小的量称为黏度。空气黏度随温度而变化,温度越高黏度越大。

(3) 空气的湿度

① 湿空气对气压传动系统的影响前面已述,凡含有水蒸气的空气都为湿空气。

在一定温度下,含水蒸气越多,空气就越潮湿,水蒸气的分压力也越大。当空气中水蒸气的含量超过某一限量时,空气中就有水滴析出。这就表明湿空气中能容纳水蒸气的数量是有一定限度的。我们把这种极限状态(或称水蒸气处于饱和状态)的湿空气称为饱和湿空气;把饱和湿空气中水蒸气的分压力称饱和水蒸气分压力,用 p_b 表示。表 1-3 为绝对压力在 0.1013MPa 下,饱和湿空气中水蒸气的分压力、饱和绝对湿度和温度的关系。

表 1-3 饱和湿空气中水蒸气的分压力、饱和绝对湿度和温度的关系

温度 t/℃	饱和水蒸气分压力 p_b/MPa	饱和绝对湿度 x_b/(g/m³)	温度 t/℃	饱和水蒸气分压力 p_b/MPa	饱和绝对湿度 x_b/(g/m³)	温度 t/℃	饱和水蒸气分压力 p_b/MPa	饱和绝对湿度 x_b/(g/m³)
100	0.1013	—	29	0.004	28.7	13	0.0015	11.3
80	0.0473	290.8	28	0.0038	27.2	12	0.0014	10.6
70	0.0312	197.0	27	0.0036	25.7	11	0.0013	10.0
60	0.0199	129.8	26	0.0034	24.3	10	0.0012	9.4
50	0.0123	82.9	25	0.0032	23.0	8	0.0011	8.27
40	0.0074	51.0	24	0.0030	21.8	6	0.0009	7.26
39	0.0070	48.5	23	0.0028	20.6	4	0.0008	6.14
38	0.0066	46.1	22	0.0026	19.4	2	0.0007	5.56
37	0.0063	43.8	21	0.0025	18.3	0	0.0006	4.85
36	0.0059	41.6	20	0.0023	17.3	-2	0.0005	4.22
35	0.0056	39.5	19	0.0022	16.3	-4	0.0004	3.66
34	0.0053	37.5	18	0.0021	15.4	-6	0.00037	3.16
33	0.0050	25.6	17	0.0019	14.5	-8	0.0003	2.73
32	0.0048	33.8	16	0.0018	13.6	-10	0.00026	2.25
31	0.0045	32.0	15	0.0017	12.8	-16	0.00015	1.48
30	0.0042	30.3	14	0.0016	12.1	-20	0.0001	1.07

由上述分析可知,气压传动系统中应用的工作介质,它的干湿程度对整个系统的工作稳定性和使用寿命都将产生一定的影响。若空气的湿度较大,即空气中含有的水蒸气较多,则此湿空气在一定温度和压力条件下,能在系统中的局部管道和气动元件中凝结水滴,使气动管道和气动元件锈蚀,严重时还可导致整个系统工作失灵。因此必须采取有效措施,减少压缩空气中所含的水分,大气湿度-温度特性如图 1-1 所示。

② 绝对湿度与相对湿度,如式 (1-1) 所示,湿空气的绝对湿度是指单位体积湿空气中所含的水蒸气质量,用 x 表示,即

$$x = m_S/V \tag{1-1}$$

式中 x——绝对湿度,kg/m³;

m_S——水蒸气质量,kg;

V——湿空气体积,m³。

若在一定温度下，湿空气中所含水蒸气的量达到最大限度时，则称此条件下的绝对湿度为饱和绝对湿度，用 x_b 表示，其值如表 1-3 所示。

绝对湿度表明了湿空气中所含水蒸气的多少，但它还不能说明湿空气所具有的吸收水蒸气的能力大小。因此要了解湿空气的吸湿能力以及它离开饱和状态的程度，就需引入相对湿度的概念。

相对湿度是指在温度和总压力不变的条件下，其绝对湿度与饱和绝对湿度的比值，如式 (1-2) 所示，用 φ 表示，即

$$\varphi = x/x_b \times 100\% = p_s/p_b \times 100\% \quad (1-2)$$

式中 x——绝对湿度，kg/m^3；
x_b——饱和绝对湿度，kg/m^3；
p_s——水蒸气的分压力，Pa；
p_b——饱和水蒸气的分压力，Pa。

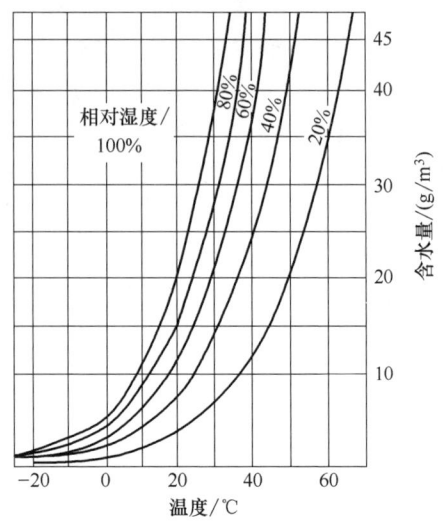

图 1-1 大气湿度-温度特性图

相对湿度反映了湿空气达到饱和的程度，即反映了湿空气的潮湿度。当空气绝对干燥时：$p_s=0$ 则 $\varphi=0$，当湿空气达到饱和时：

$$p_s = p_b \quad 则 \quad \varphi = 100\%$$

通常情况下，空气的相对湿度在 60%～70% 范围内时人体感觉舒适。气动技术条件中规定各种阀工作介质的相对湿度不得大于 90%。

必须指出，当温度下降时，空气中水蒸气的含量是降低的，因此减少空气中所含水分来说，降低进入气动设备的空气温度是十分有利的。当大气冷却时，大气将达到某一点，即水分达到饱和，这一点称为露点。如果空气继续冷却，那么它不能保留所有的水分，过量的水分以小液滴的形式凝结出来形成冷凝水，大气压力露点温度特性如图 1-2 所示。

③ 水分的实际数量完全取决于温度，$1m^3$ 压缩空气只能包含 $1m^3$ 大气所能含有的相同量的水蒸气。实际水分含量和露点时水分含量的比值称为相对湿度，以百分数表示。

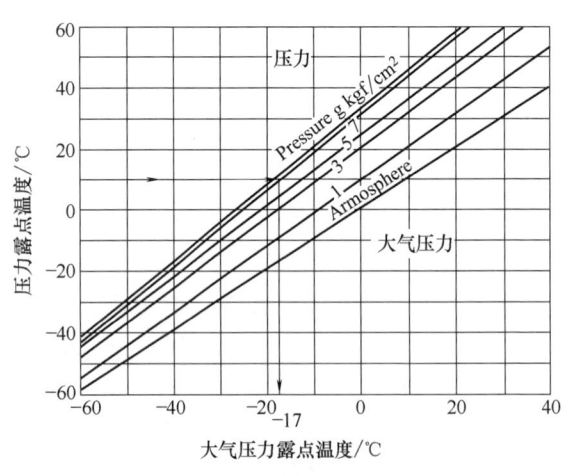

图 1-2 大气压力露点温度特性图

[例 1-1] 温度为 25℃，相对湿度 65%，$1m^3$ 大气中含有多少水分？

解：露点 25℃ $= 24g/m^3 \times 0.65 = 15.6g/m^3$

当空气被压缩时，它能含有水分的容量只是体积减小后的容量。因此，除了温度升高之外，水分将大量地凝结出来。

[**例 1-2**] 10m³ 的大气，温度为 15℃ 时，相对湿度为 65%，被压缩为 0.6MPa 表压力，温度允许升高到 25℃，问将有多少水凝结出来？

解：

15℃，10m³ 空气最大含水量：$13.04g/m^3 \times 10m^3 = 130.4g$，

在相对湿度 65% 空气的含水量为：$130.4g \times 0.65 = 84.8g$

压缩到 0.6MPa 时减少后的体积为：

$$P_1 V_1 = P_2 V_2$$

$$P_1 V_1 / P_2 = V_2$$

$$\frac{0.1013MPa}{(0.6+0.1013)MPa} \times 10m^3 = 1.44m^3$$

1.44m³ 空气在 25℃ 时最大含水量为：$23.76g \times 1.44 = 34.2g$

从空气中水分的总量减去压缩空气所吸收的，即

$$84.8g - 34.2g = 50.6g$$

所以，将有 50.6g 水被凝结出来。

1.3.2 空气压力的表示方法

根据道尔顿定律，如式（1-3）所示，湿空气的压力应为干空气的分压力与水蒸气的分压力之和，即：

$$p = p_g + p_s \tag{1-3}$$

式中 p——湿空气的压力，单位为 Pa；

p_g——湿空气中所含干空气的分压力，单位为 Pa；

p_s——湿空气中所含水蒸气的分压力，单位为 Pa。

压力的表示方法有两种，一种是以绝对真空作为基准所表示的压力，称为绝对压力；另一种是以大气压力作为基准所表示的压力，称为相对压力，也称为表压力（仪表所测得的压力）。两者的关系为：绝对压力＝相对压力＋大气压力，当绝对压力低于大气压力时，比大气压力小的那部分数值叫做真空度，即真空度＝大气压力－绝对压力。

压力的单位为 N/m²，即 Pa，除此之外还有 kPa、MPa，以及以前沿用的一些单位，如 bar、工程大气压 at（即 kgf/cm²）、标准大气压 atm 等。

换算关系为：

$$1MPa = 10^3 kPa = 10^6 Pa$$

$$1bar = 10^5 N/m^2 = 0.1MPa = 1.02 kgf/cm^2$$

1.3.3 气动教学软件

FluidSIM 是一款由德国 FESTO 公司开发的专门用于气压与液压传动的教学软件，运行于 Microsoft Windows 操作系统，其中 FluidSIM-P 用于气压传动教学。该软件的绘图功能模块中还有 100 多种标准气压、电气元件，利用该模块实现气压、电气回路的设计及绘制。

如图 1-3 所示为气动教学软件 FluidSIM-P 界面，在新建文件后，首先用鼠标从左侧元件库中拖动所需的元件至右侧绘图区域中期望位置进行元件的布置。完成元件布置后，

在元件之间绘制气管,从而完成气动回路的搭建。用同样的方法可搭建电气回路。当回路搭建完成后,利用系统模拟仿真功能模块可对组成气动回路的元件参数进行调节设置,从而对设计的系统进行准确的动作和工作参数的模拟及测试。

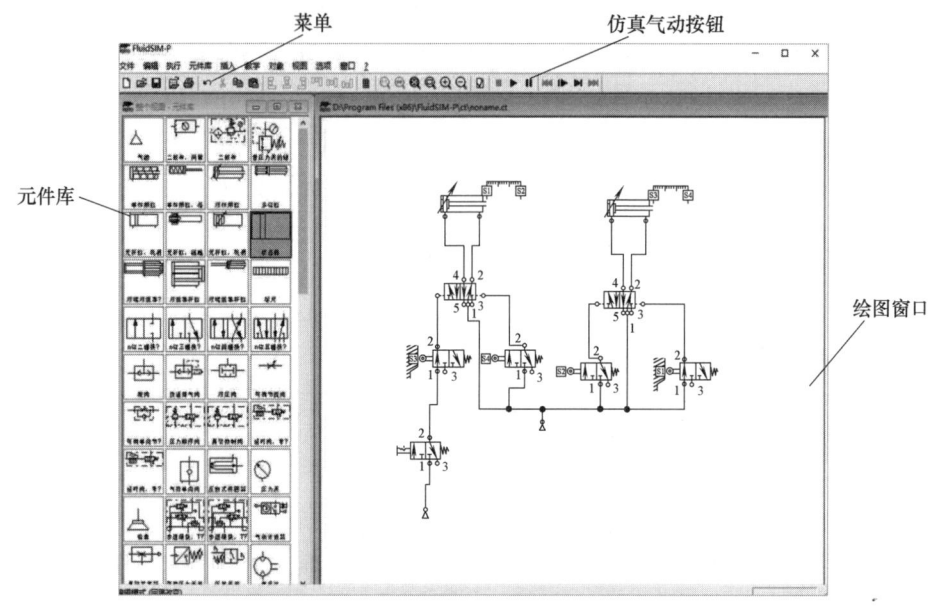

图 1-3　气动教学软件 FluidSIM-P 界面

1.4　实训操作

实训操作 1　气动教学软件的熟悉和使用

（1）任务说明

通过气动教学软件的使用,观察和了解教学软件中气动回路的工作过程。

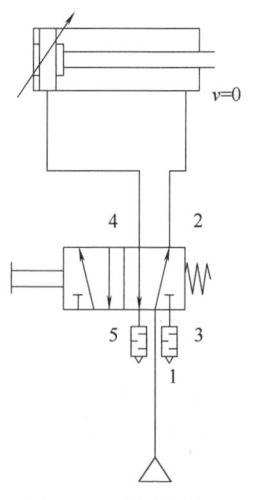

（2）操作步骤

① 打开计算机,运行气动教学软件 FluidSIM-P。

② 点击工具栏的"新建"按钮。

③ 如图 1-4 所示,用鼠标从元件图库中选择所需元件,并拖动至右侧绘图区域中,在元件选定的气口之间绘制气管,完成气动回路的搭建。

④ 点选回路中的气动元件,通过鼠标右键菜单观看元件描述、元件图片和元件插图。

⑤ 仿真运行气动回路,观察回路的工作过程。

⑥ 完成实训报告。

图 1-4　实训操作 1 气动回路图

（3）分组讨论

通过观察教学软件中气动回路的工作过程,分组讨论系统组成和各部分的作用。

实训操作 2　气动回路的压力分析

（1）任务说明

在气动教学软件中搭建气动回路，设置气缸和气源的相应参数，根据压力表的读数，分析回路中压力的变化。

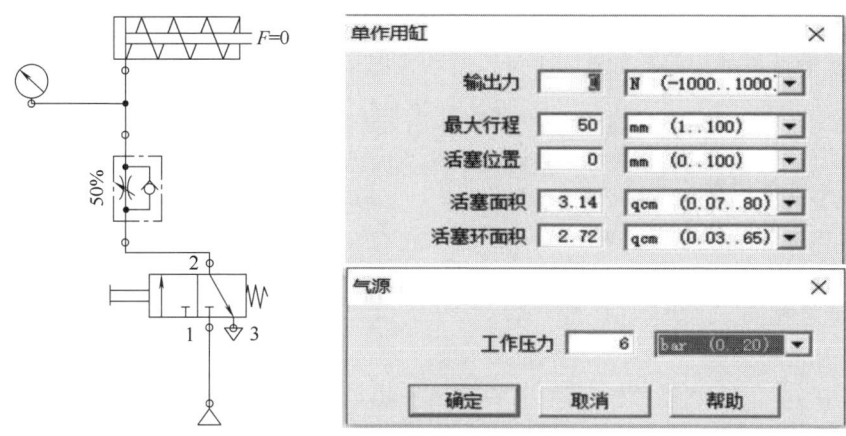

图 1-5　实训操作 2 气动回路图

（2）操作步骤

① 搭建回路。如图 1-5 所示，运行气动教学软件，在软件的绘图区域中搭建气动回路，点选每一个气动元件，通过鼠标右键菜单观看元件描述、元件图片和元件插图。

② 设置参数。点选气源，在鼠标右键菜单上单击属性，在气源的属性窗口中设置工作压力为 10bar。

③ 仿真运行。在回路进行仿真运行，观察气缸在伸出和回缩时压力表的读数，并记录在表 1-4 中。

④ 修改参数并仿真运行回路。在气缸的属性窗口中设置输出力为 0N，仿真运行回路中记录气缸伸出的压力表读数。

⑤ 再次修改参数并仿真运行回路。改变相应参数（气缸输出力为 200N，活塞面积为 5cm²，气源工作压力为 10bar），仿真运行回路后记录气缸伸出压力表的读数。

表 1-4　　　　　　　　　　　　压力表读数记录

元件参数		设定值/压力表读数		
气源工作压力/MPa		0.6	0.6	1
气缸活塞面积/qcm*		3	3	5
输出力/N		0	100	200
伸出	进气路压力/MPa			

（3）分组讨论

根据气缸伸出且输出力为 0 时，计算气缸伸出摩擦力的大小，分析两种情况下压力读

---

* qcm 即 cm²。

数的变化。

1.5 拓展知识

1.5.1 气体流动的规律

(1) 气体流动的基本方程

① 连续性方程。根据质量守恒定律，气体在管道内作定常流动时，通过流管任意截面的气体质量流量都相等，如式（1-4）所示，即

$$\rho_1 v_1 A_1 = \rho_2 v_2 A_2 \tag{1-4}$$

式中 ρ——气体密度（kg/m^3）；

v——气体运动速度（m/s）；

A——流管的截面积（m^2）。

② 伯努利方程。如图1-6所示，"水平流动的流体流过管径不同的管道时，在点1和点2的总能量相同。"如式（1-5）所示。

$$p_1 + 1/2\rho v_1^2 = p_2 + 1/2\rho v_2^2 \tag{1-5}$$

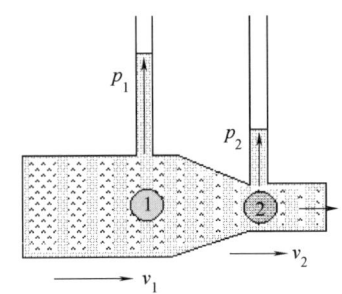

$p_1 > p_2$，$v_2 > v_1$
（v_1，v_2 = 流体速度）

图1-6 流体伯努利方程工作原理图

若流速不超过约为330m/s时，则此方程对气体也适用。文氏管和压力控制阀中的流量补偿。

(2) 声速与马赫数

声速 $$c = \sqrt{kgRT} \approx 20\sqrt{T} = 20\sqrt{273+t} \tag{1-6}$$

式中 c——声速，m/s。

马赫数 $$Ma = \frac{v}{c} \tag{1-7}$$

当 $v<c$，$Ma<1$ 时为亚声速流动；

当 $v>c$，$Ma>1$ 时为超声速流动；

当 $v=c$，$Ma=1$ 时为声速流动，即临界状态流动。

(3) 气体在管道中的流动速度（表1-5）

表1-5 气体在管道中的流动速度

状态	管道示意	流动情况
亚声速($Ma<1$)	v_1 → a → v_2	$v_2<v_1$，情况 a
		$v_2>v_1$，情况 b
超声速($Ma>1$)	v_1 → b → v_2	$v_2>v_1$，情况 a
		$v_2<v_1$，情况 b
声速($Ma=1$)	v_1 → a → v_2	$v_2=v_1$

1.5.2 气体充、放的特性

充气、放气温度与时间

① 绝热充气：充气过程进行较快，热量来不及通过气罐与外界交换，这种充气过程

称为绝热充气。

气罐充气时,气罐内压力从 p_1 升高到 p_2,温度由原来的室温 T_1 升高到 T_2。充气结束后,由于气罐壁散热,使罐内气体温度下降至室温,压力也随之下降,降低后的压力值,如式(1-8)所示:

$$p = p_2(T_1/T_2) \tag{1-8}$$

气罐充气到气源压力时,所需时间为,如式(1-9)所示:

$$t = [1.285 - (p_1/p_2)] \times \tau \tag{1-9}$$

式中 τ——充气与放气时间常数,s(可查手册,计算)。

② 气罐内气体初始压力为 p_1,温度为室温 T_1,气罐中的气体通过小孔向外放气。

绝热过程快速放气后,气体压力降为 p_2,温度降到 T_2;关闭气阀,停止放气,气罐内温度上升到室温,此时,气罐内压力会上升到 p。

思考与练习

1. 空气的组成有哪些?
2. 空气的特性有哪些?
3. 绝对湿度、饱和绝对湿度分别表示湿空气中的水蒸气含量,它们有何不同?为何要引入相对湿度的概念?
4. 常用的压力单位是什么?
5. 什么是绝对压力?什么是相对压力?
6. 请写出连续性方程和伯努利方程,并说明伯努利方程的物理意义。

项目1 思考与练习

实 训 报 告

实训项目						
实训目的						
所用元件	名称					
	图形符号					
	型号					
	数量					

写出本项目的动作过程

项目 2　气动平口钳的安装与运行

项目2　气动平口钳的安装与运行

2.1　实训设备和元器件

项目所需实训设备和元器件如表 2-1 所示。

表 2-1　　　　　　　　　　实训设备和元器件明细表

名称	数量	名称	数量
计算机(安装教学软件)	1	二位五通单气控换向阀	1
气动实训台(含空压机)	1	二位三通手动换向阀	1
双作用气缸	1	节流阀	2
单作用气缸	1	气管	若干

2.2　项目目标

① 认识气源及气源调节装置，知道它们的结构与型号，并学会识别、安装及其使用。

② 认识二位五通单气控换向阀、二位三通手动换向阀、节流阀等气动控制元件，知道它们的结构和型号，并会识别、安装及其使用。

③ 认识双作用单出杆气缸等气动执行元件，知道它们的结构和型号，并会识别、安装及其使用。

④ 会识读气动平口钳气动回路图，并能说出其控制回路的动作过程。

⑤ 会根据气动平口钳气动回路图、设备布局图正确安装、调试其控制回路。

⑥ 拓展认识二位五通手动换向阀，并学会气动直接控制的平口钳气动回路。

2.3　基础知识

通常在气动系统的前面安装气源调节装置，提高气源质量，以满足气动元件对气源质量的要求，而气动三联件就是其中的一种。

由空气过滤器、减压阀和油雾器一起组成的气源调节装置，称为气动三联件。压缩空气流过三联件的顺序依次为空气过滤器 → 减压阀 → 油雾器，且不能颠倒。

2.3.1　过滤器

压缩机吸入口的空气过滤器对于压缩机工作可靠是十分重要的，必须提供合适有效的过滤器，以免气缸和活塞环过量损耗，这种损耗主要是由于空气中微粒的摩擦而引起的。过滤器不需太细密，因为压缩机的效率随空气阻力的增加而减少。因此，细小的颗粒（2~5μm）不能滤掉。吸气口应设置得尽可能远，干净的干燥空气向上流动，进气管的直径应足够大以避免过大的压力降。当使用消声器时，过滤器应放在它的上端以尽可能减少空气流的脉动。

主管道过滤器

在储气罐后应装一个大容量的主管道过滤器，除去从压缩机中带来的油雾和空气中的水分等杂质。过滤器必须保证最小的压降，并能除去压缩机中带来的油雾，以避免冷凝物在管道中的乳化作用，它有"标准过滤器"中的导流板。而装在外部的自动排水器能确保排出聚积的水。这种过滤器的滤芯一般是筒型快速更换滤芯。如果必要，可设初过滤和精过滤。

空气的过滤是气动系统中的重要环节。不同的场合，对压缩空气的过滤要求也不同。过滤器的作用是进一步滤除压缩空气中的杂质。有些过滤器常与干燥器、油水分离器等做成一体。因此，过滤器的形式很多，常用的过滤器有一次过滤器和二次过滤器。在要求高的特殊场合，可以使用高效过滤器，其滤灰效率大于99%。

① 一次过滤器。一次过滤器的滤灰效率为50%~70%。

② 二次过滤器。二次过滤器的滤灰效率为70%~99%。分水滤气器即属于二次过滤器。它和减压阀、油雾器称之为气动三联件，是气动设备之前必不可少的辅助装置。

普通分水滤气器的结构如图2-1所示。其工作原理如下：压缩空气从输入口进入后，被引入旋风叶子1，旋风叶子上有很多成一定角度的缺口，迫使空气沿切线方向运动产生强烈的旋转。夹杂在气体中较大的水滴、油滴等，在惯性作用下与存水杯3内壁碰撞，并分离出来沉到杯底；而微粒灰尘和雾状水气则在气体通过滤芯2时被拦截而滤去，洁净的空气便从输出口输出。

为防止气体旋涡将杯中积存的污水卷起而破坏过滤作用，在滤芯下部设有挡水板4。此外，为保证分水滤气器正常工作，必须将污水

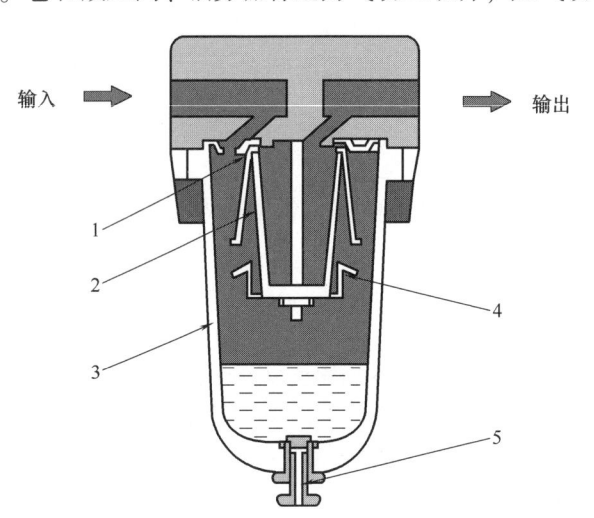

图2-1 普通分水滤气器
1—旋风叶子 2—滤芯 3—存水杯 4—挡水板 5—手动排水阀

通过手动排水阀5及时放掉。在某些人工排水不便的场合，可采用自动排水式分水滤气器。

存水杯由透明材料制成，便于观察内部情况。滤芯多为铜颗粒烧结成形，耐高温耐冲洗且过滤性能稳定，当污泥过多时，可拆下用酒精清洗。此种过滤器应尽可能安装在能使空气中的水分变成液态或能防止液体进入的部位。它除了安装在气源系统中，亦可安装在气动设备的压缩空气入口处。

2.3.2 减压阀

减压阀的溢流结构有溢流式、非溢流式和恒量排气式三种，如图2-2所示。

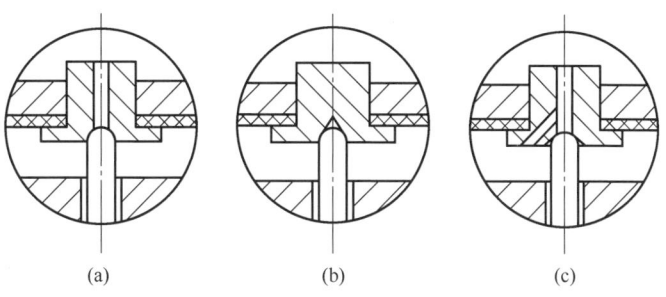

图2-2 减压阀的溢流结构
（a）溢流式 （b）非溢流式 （c）恒量排气式

溢流式减压阀是当减压阀的输出压力超过调定压力时，气流能从溢流孔中排出，维持输出压力不变；非溢流式减压阀没有溢流孔，使用时回路中要安装一个放气阀，以排出输出侧的部分气体，它适用于调节有害气体的压力；恒量排气式始终有微量气体从溢流阀座上的小孔排出。

（1）减压阀的工作原理

图2-3为直动式减压阀的结构原理图。如顺时针旋转手柄1，经过调压弹簧2、3推动膜片4和阀杆5下移，使阀芯（进气阀门）7也下移，打开阀口便有气流输出。同时，输出气压经阻尼孔6在膜片4上产生向上的推力。这个作用力总是企图把阀口关小，使输出压力下降，这样的作用称为负反馈。当作用在膜片上的反馈力与弹簧力相平衡时，减压阀便有稳定的压力输出。

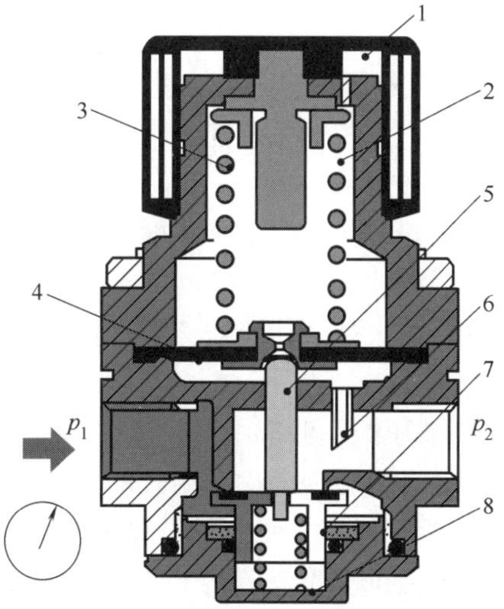

当减压阀输出负载发生变化，如压力增高，则输出端压力将膜片4向上推，阀芯（进气阀门）7在复位弹簧8的作用下向上移，减小阀口开度，使输出压力下降，直至达到调定的压力为止。反之，当输出压力下降时，阀的开度增大，流量加大，使输出压力上升直到调定值，从而保持输出压力稳定在调定值上。阻尼孔的主要作用是提高调压精度，并在负载变化时，对输出的压力波动起阻尼作用，避免产生振荡。

图2-3 直动式减压阀的结构原理图
1—手柄 2、3—调压弹簧 4—膜片 5—阀杆
6—阻尼孔 7—阀芯（进气阀门） 8—复位弹簧

当减压阀进口压力发生波动时，输出压力也随之变化并直接通过阻尼孔作用在膜片下部，使原有的平衡状态破坏，改变阀口的开度，达到新的平衡，保持其输出压力不变。

逆时针旋转手柄，调压弹簧放松，膜片在输出压力作用下向上变形，阀口变小，输出

压力降低。

(2) 压力特性和流量特性

① 压力特性。减压阀的压力特性是在一定的流量下，输出压力和输入压力之间的函数关系（可查手册）。对比减压阀的压力特性曲线可知，当输出压力较低、流量适当时，减压阀的稳压性能最好。当输出压力较高、流量太大或太小时，减压阀的稳定性能较差。

② 流量特性。流量特性表示输入压力为定值时，输出流量和输出压力之间的函数关系（可查手册）。根据减压阀的流量特性曲线，输入压力一定时，输出压力越低，流量变化引起输出压力的波动越小。

减压阀的结构直接影响阀的调压精度。对于直动式减压阀来说，弹簧刚度越小，调压精度越高。但弹簧刚度不能太小，要与阀工作压力和公称流量相适应；膜片直径越大，调压精度越好，但又不能太大，以免影响弹簧刚度和阀结构的大小；在保证密封的前提下，应尽量减少阀芯上密封圈产生的摩擦力以便提高调压精度。

(3) 先导式减压阀

当减压阀的输出压力较高或配管内径很大时，用调压弹簧直接调压，同直动式液压减压阀一样，输出压力波动较大，阀的尺寸也会很大，为克服这些缺点可采用先导式减压阀。

先导式减压阀工作原理和主阀结构与直动式减压阀基本相同。先导式减压阀所采用的调压空气是由小型直动式减压阀供给的。若把小型直动式减压阀装在主阀的内部，则称为内部先导式液压阀。若将小型直动式减压阀装在主阀的外部，则称为外部先导式减压阀。先导式减压阀对阀芯控制的灵敏度提高，使输出压力的波动减小，因而稳压精度比直动式减压阀高。

(4) 减压阀的选择与使用

为使气动控制系统能正常工作，选用减压阀时应考虑下述一些问题：

① 根据所要求的工作压力、调压范围、最大流量和稳压精度来选择减压阀。减压阀的公称流量是主要参数，一般与阀的接管口径相对应。稳压精度高时应选用先导式精密减压阀。

② 在易燃、易爆等人类不宜接近的场合，应选用外部先导式减压阀。但遥控距离不宜超过30m。

③ 减压阀一般都用管式连接，特殊需要也可用板式连接。减压阀常与过滤器、油雾器联用，若此则应考虑采用气动二联件或三联件，以节省空间。

④ 为了操作方便，减压阀一般都是垂直安装，且按阀体箭头指向接管，不能将方向装错。安装前要做好清洁工作。

⑤ 减压阀不用时应旋松手柄，以免阀内膜片因长期受力而变形。

2.3.3 油雾器

向压缩空气中加润滑油是通过油雾器来进行的如图2-4所示。它可以减缓气动元件的磨损，改善运动性能。

油雾器是一种特殊的注油装置，其作用是以压缩空气为动力把润滑油雾化以后注入气流中，并随气流进入需要润滑的部件，达到润滑的目的。图2-5是普通油雾器结构示意

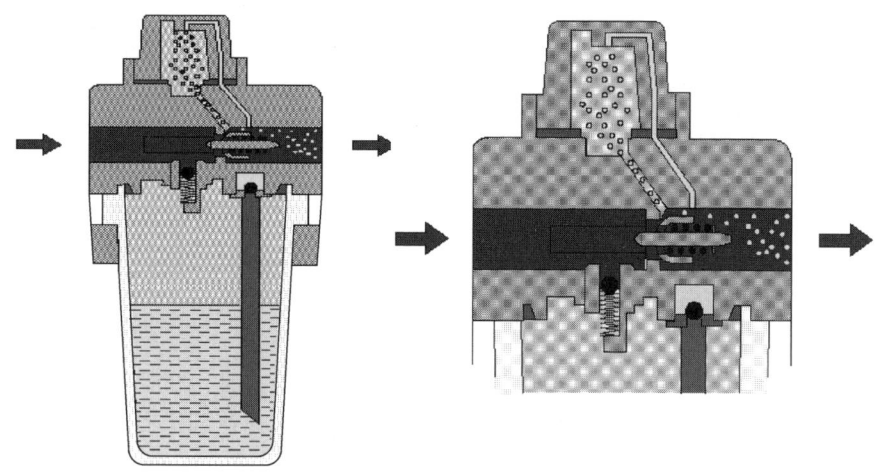

图 2-4 油雾器模型示意图

图。压缩空气从输入口进入后,一部分气体从小孔经特殊单向阀进入储油杯 5 的上腔 c 中,使油面受压,油经吸油管 6 将单向阀的钢球 7 顶起。钢球上部管口是一个小方形孔,不能被钢球完全封死,油能不断地经节流阀 8 流入视油器 9,滴入喷嘴 1 中,再被主管道的气流从小孔中引射出来并雾化后从输出口输出。通过视油器 9 可以观察滴油量,滴油量可用节流阀 8 调节,调节范围为 0~220 滴/分钟。

油雾器的供油量应根据气动设备的情况确定。一般以 $10m^3$ 自由空气供给 $1cm^3$ 润滑

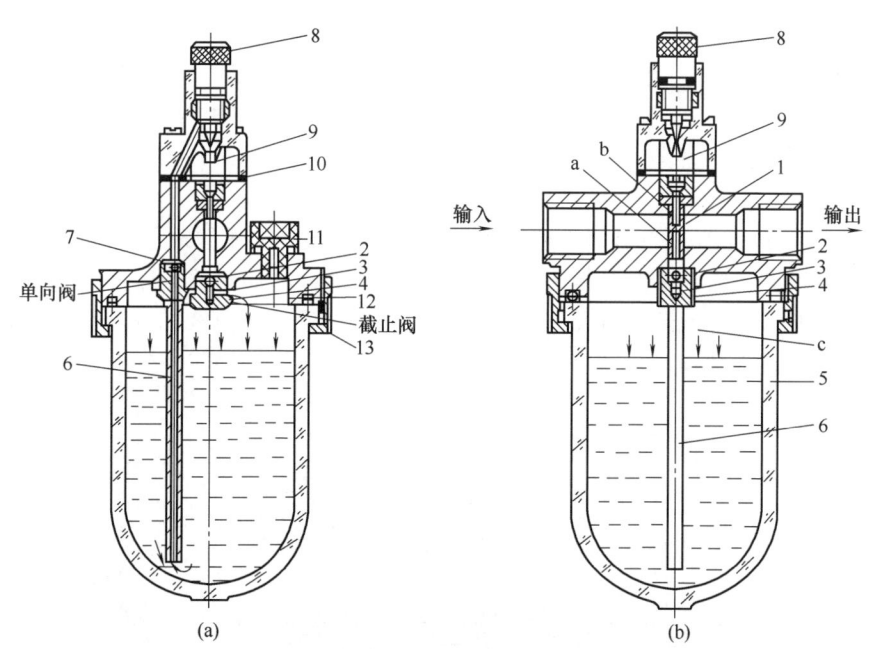

图 2-5 普通油雾器结构示意图
(a) 正视图 (b) 左视图
1—喷嘴 2、7—钢球 3—弹簧 4—阀座 5—储油杯 6—吸油管 8—节流阀
9—视油器 10—密封垫 11—油塞 12—密封圈 13—螺母 a—油面加压通道口 A b—喷油口 c—储油杯上腔

油为宜。

油雾器的安装位置应尽量靠近换向阀，与阀的距离一般不应超过 5m，必须注意管径的大小和管道的弯曲程度。应尽量避免将油雾器安装在换向阀与气缸之间，以免浪费润滑油。

2.3.4 气源净化装置

气源的净化方法及设备有多种类型。下面介绍几种最常用的气源净化装置。一般包括：后冷却器、油水分离器、储气罐、干燥器。

（1）后冷却器

后冷却器安装在空压机排气口处的管道上。它的作用是将空压机排出的压缩空气温度由 120~180℃降至 40~50℃，使压缩空气中的油雾和水汽迅速达到饱和而大部分析出，凝结成水滴和油滴，以便经油水分离器排出。后冷却器上应装有自动排水器，以排除冷凝水和油滴等杂质。

后冷却器分为风冷式和水冷式两种，且都已形成系列产品。

① 风冷式后冷却器。风冷式后冷却器工作原理，如图 2-6 所示。从空压机排出的压缩空气进入冷却器后，经过较长而且多变曲的管道进行冷却后从

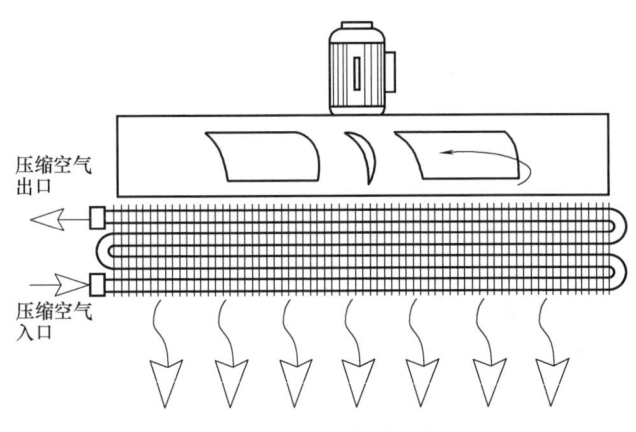

图 2-6　风冷式后冷却器工作原理

出口排出。为了增强散热效果，压缩空气从切向进入分离器。压缩空气的温度比室温高 15℃。

② 水冷式后冷却器。如图 2-7 所示为水冷式后冷却器工作原理图。水冷式是通过强迫冷却水沿压缩空气流动方向的反方向流动来进行冷却。冷却器的壳体是个高压容器，在壳体内排有冷却水管，水管外壁装金属片，以增强冷却效果。在冷却过程中生产的冷凝水通过排水器排出。在此种冷却器上应安装安全阀、压力表。最好还安装上水和空气的温度

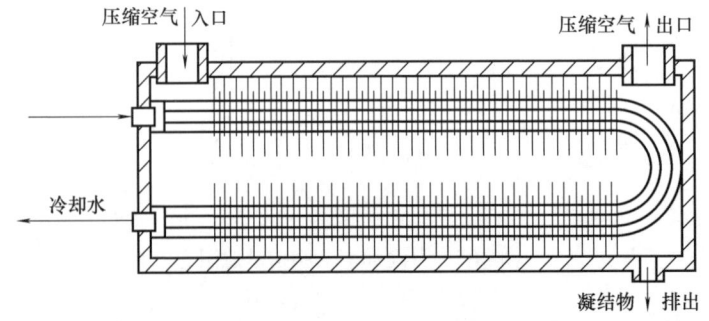

图 2-7　水冷式后冷却器工作原理

计。水冷式后冷却器适用的进口压缩空气的最高温度为180~200℃，压力为0.8~1MPa。冷却后出口压缩空气的温度比冷却水温度最多高出约10℃。

（2）油水分离器

油水分离器的作用是分离压缩空气中凝聚的水分、油分和灰尘等杂质，使压缩空气得到初步净化。其结构形式有环形回转式、撞击并折回式、离心旋转式、水浴式及各种形式的组合使用等。

① 撞击和环形回转式油水分离器，其结构如图2-8所示。经常采用的是使气流撞击并产生环形回转流动的油水分离器。其工作原理是：当压缩空气由进气管4进入分离器壳体以后，气流先受到隔板2的阻挡，被撞击而折回向下，如图2-8中箭头所示流向；之后又上升并产生环形回转，最后从输出管3排出。与此同时，在压缩空气中凝聚的水滴、油滴等杂质，受惯性力的作用而分离析出，沉降于壳体底部，由放油、水阀6定期排出。

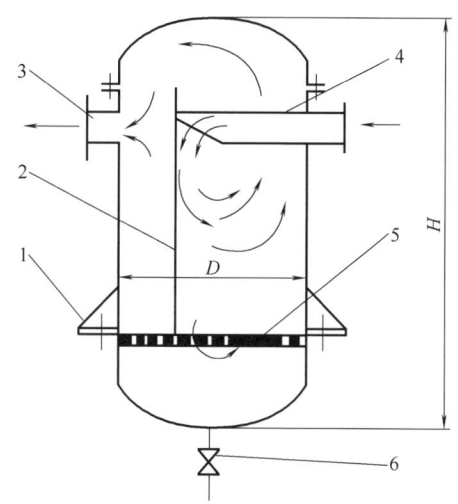

图2-8 撞击和环形回转式油水分离器
1—支架 2—隔板 3—输出管
4—进气管 5—橱板 6—放油、水阀

为提高油水分离的效果，气流回转后上升的速度不能太快，一般不超过1m/s。通常油水分离器的高度H为其内径D的3.5~5倍。

② 水浴式油水分离器。其结构如图2-9所示。压缩空气从管道进入分离器底部以后，经水洗和过滤后，产生强烈旋转，使压缩空气中的水滴、油滴等杂质，在惯性力作用下被分离出来而沉降到容器底部，再由排污阀定期排出。

在气源系统中，油水分离器最好设置两套，交替使用以便排除污物和清洗。

2.3.5 辅助元件——消声器

气压传动系统一般不设排气管道，用后的压缩空气直接排入大气。这样因气体的急速膨胀及形成涡流等现象，将产生强烈的

图2-9 水浴式油水分离器

噪声。排气速度和排气功率越大,噪声也越高,一般可达100~120dB。噪声使环境恶化,危害人们身心健康。因此,必须设法消除或减弱噪声。为此,可在气动系统的排气口,尤其是在换向阀的排气口,装设消声器来降低排气噪声,如图2-10所示。消声器就是通过对气流的阻尼或增加排气面积等方法,来降低排气速度和排气功率,从而达到降低噪声的目的。常用的消声器有以下几种。

图2-10 消声器

(1) 吸收型消声器

吸收型消声器主要依靠吸声材料消声,其结构如图2-11所示。消声罩2为多孔的吸声材料,一般用直径0.2~0.3mm的聚苯乙烯颗粒烧结而成。当消声器的直径大于20mm时,多采用铜珠烧结以增加强度。其消声原理是,当有压气体通过消声罩时,气流受阻,声能量被部分吸收转化为热能,从而降低了噪声强度。吸收型消声器结构简单,有良好的消除中、高频噪声的性能,消声效果大于20dB。气动系统的排气噪声主要是中、高频噪声,尤其是高频噪声较多。因此,采用这种消声器是合适的。

(2) 膨胀干涉型消声器

它的原理是使气体膨胀互相干涉而消声。这种消声器呈管状,其直径比排气孔大得多,气流在里面膨胀、扩散、反射和互相干涉,从而削弱了噪声强度。这种消声器结构简单,排气阻力小,主要用于消除中、低频,尤其是低频噪声。它的缺点是结构较大,不够紧凑。

(3) 膨胀干涉吸收型消声器

它是前两种消声器的组合应用如图2-12所示。在消声套内壁敷设吸声材料,气流从斜孔引入,在A室扩散、减速并被器壁反射到B室,气流束相互撞击、干涉,进一步减速而使噪声减弱;然后气流在经消声材料及消声套上的孔排入大气时,噪声再一次被削弱。这种消声器的效果较前两种好,低频可消声20dB,高频可消声45dB。

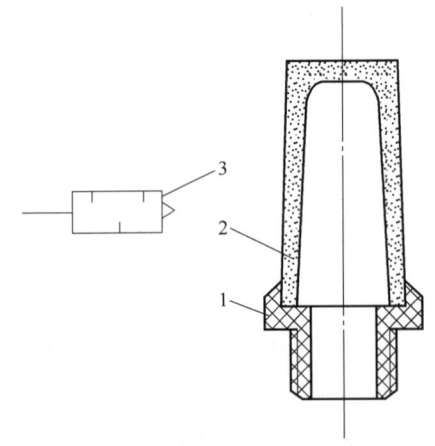

图2-11 吸收型消声器
1—连接螺钉 2—消声罩 3—图形符号

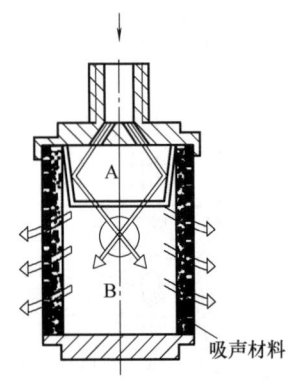

图2-12 膨胀干涉吸收型消声器

2.4 实训操作

实训说明

气动平口钳是依靠空压机向双作用单活塞杆气缸输入高压气体,并通过二位五通单气控换向阀控制双作用单活塞杆气缸活塞杆伸出与收回,以活塞杆伸出时所产生的推力来实现对零件的夹紧,如图 2-13 所示。

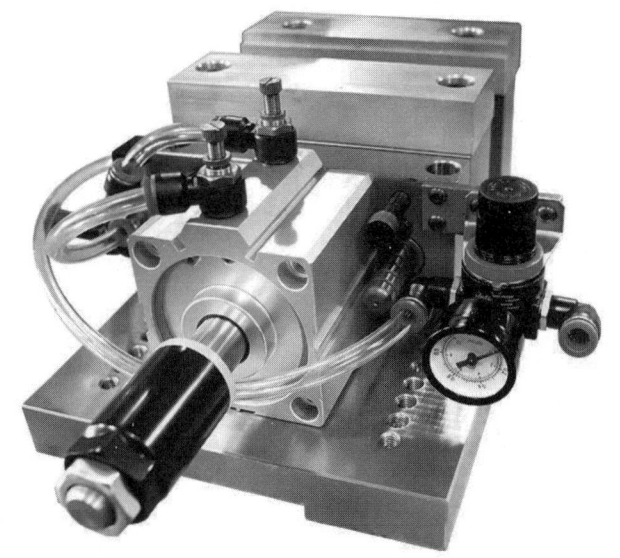

图 2-13 气动平口钳实物图

实训操作 1 气动平口钳的安装与运行

（1）任务要求

通过气动教学软件的使用,设计出气动平口钳的气动回路图。观察和了解气动回路中二位三通手动换向阀、二位五通单气控换向阀、节流阀。通过模拟仿真,在气动实训台上选择合适的元件进行连接,调试并运行。

（2）操作步骤

① 打开计算机,运行气动教学软件 FluidSIM-P。

② 点击工具栏的"新建"按钮。

③ 根据实训说明在元件图库中选择所需元件,并拖动至右侧绘图区域中,在元件选定的气口之间绘制气管,完成气动回路的搭建。

④ 点选回路中的气动元件,通过鼠标右键菜单观看元件描述、元件图片和元件插图。

⑤ 仿真运行气动平口钳气动回路,观察回路的工作过程,如图 2-14 所示。

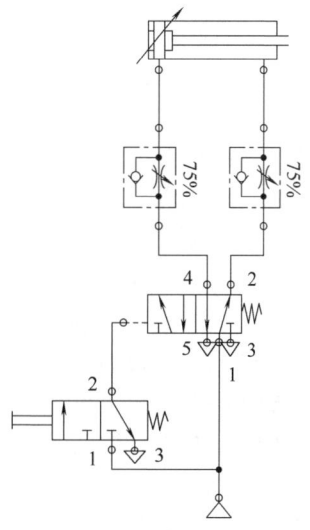

图 2-14 气动平口钳气动回路

（3）分组讨论

通过观察教学软件中二位五通单气控换向阀的工作过程，分组讨论二位三通手控换向阀和二位五通单气控换向阀的阀芯变化和节流阀调试。

实训操作 2　送料装置的安装与运行

送料装置将阀门块件送到加工位置。按下二位三通手动换向阀，单作用气缸的活塞杆前向运动。当松开二位三通手动换向阀，活塞杆返回，如图2-15所示。

（1）任务要求

通过气动教学软件的使用，设计出送料装置的气动回路。

图2-15　送料装置示意图

（2）操作步骤

① 根据任务要求，设计基本回路，所设计的回路必须经过认真检查，确保正确无误。

② 按照检查无误的回路要求，选择所需的气动元件，并且检查其性能的完好性。

③ 初始位置：单作用气缸1.0和阀门的初始位置可以在回路图上被确定，单作用的弹簧使得活塞位于尾端，气缸中的空气通过二位三通手控阀的3口排出，如图2-16（a）所示。

④ 操作步骤1：按下二位三通手控阀使口1和口2接通，空气被压送到单作用气缸活塞后部，活塞向前运动，将阀门块件推出料仓，如图2-16（b）所示，如果二位三通手控阀继续按着，活塞杆保持在前端位置。

⑤ 操作步骤2：松开二位三通手控阀，单作用气缸中的空气通过二位三通手控阀口3排出。弹簧力使活塞返回初始位置。

注意：如果二位三通手控阀只是短暂地按一下，活塞缸将仅仅前向运动某一距离就马上退回了。

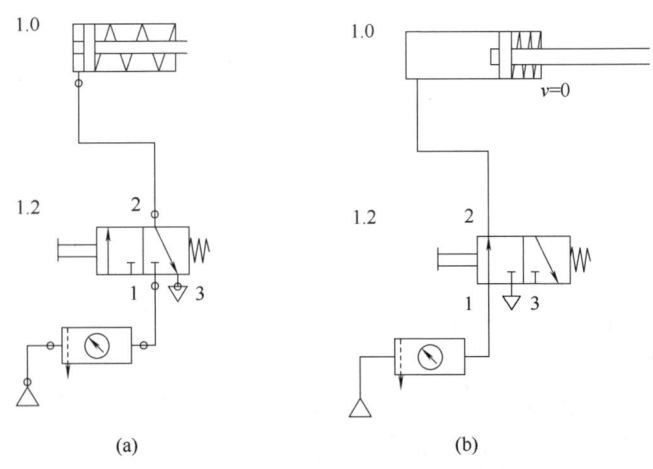

图2-16　送料装置气动回路图
（a）送料装置初始位置回路图　（b）送料装置动作回路图

（3）分组讨论
① 单作用气缸的选型依据。
② 二位三通手动控换向阀的作用。
③ 间接控制该如何设计气动回路图。

2.5 拓展知识

空气压缩机的种类很多，按照国家标准的规定分为容积式和速度式两大类，如图 2-17 所示。若按空压机的公称排气压力范围来分，则有低压式（0.2~1MPa）、中压式（1~10MPa）、高压式（10~100MPa）和超高压式（>100MPa）等。

容积式空压机是通过机件的运动，使密封容积发生周期性大小的变化，从而完成对空气的吸入和压缩过程。这种空压机又有几种不同形式，如活塞式、螺杆式、滑片式等，其中最常用的是活塞式低压空压机。

速度式空压机的原理是利用转子或叶轮的高速旋转使空气产生高速度具有高动能，再使气流速度降低，将动能转化为压力能。

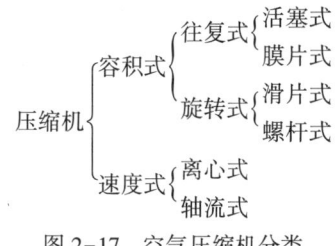

图 2-17 空气压缩机分类

2.5.1 活塞式压缩机

（1）单级活塞式压缩机

只需一个行程就将吸入的大气压空气压缩到所需要的压力。活塞 3 右移，气缸 2 体积增加，缸内压力小于大气压，空气便从进气阀 8 进入缸内。在行程末端，活塞向左运动，进气阀关闭，空气被压缩，而同时排气阀 1 被打开，输出空气进入储气罐，如图 2-18 所示。

活塞左腔的压力低于大气压力 p_o，吸气阀开启，外界空气吸入缸内，这个过程称为压缩过程。当缸内压力高于输出空气管道内压力 p 后，排气阀打开。压缩空气送至输气管内，这个过程称为排气过程。活塞的往复运动是由电动机动的曲柄滑块机构形成的。曲柄旋转运动转换为滑动——活塞的往复运动。

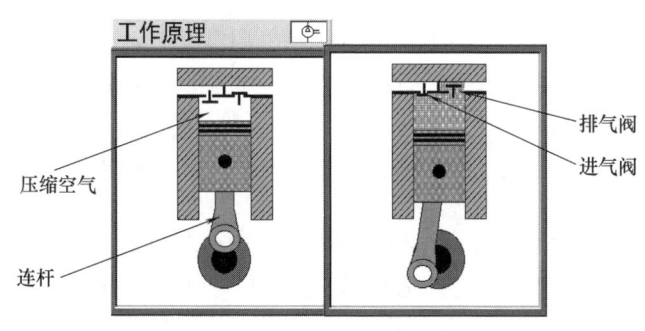

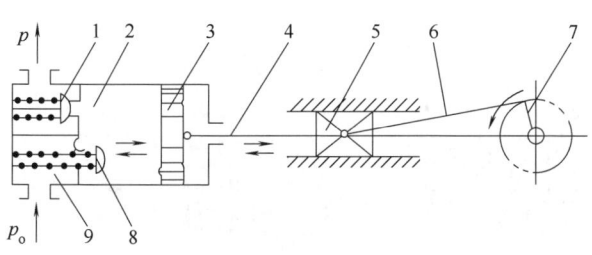

图 2-18 单级活塞式压缩机
1—排气阀 2—气缸 3—活塞 4—活塞杆 5—滑块
6—连杆 7—曲柄 8—进气阀 9—阀门弹簧

带这种结构的压缩机在排气过程结束时总有剩余容积存在。在下一次吸气时，剩余容积内的压缩空气会膨胀，从而减少了吸入的空气量，降低了效率，增加了压缩功。且由于剩余容积的存在，当压缩比增大时，温度急剧升高。故当输出压力较高时，应采取分级压缩。分级压缩可降低排气温度，节省压缩功，提高容积效率，增加压缩气体排气量。

这种形式的压缩机通常用于需要 0.3~0.7MPa 压力范围的系统。

（2）两级活塞式压缩机

在单级压缩机中，若空气压力超过 0.6MPa，产生的过热将大大地降低压缩机的效率。因此，工业中使用的活塞式压缩机通常是两级的。由两个阶段将吸入的大气压空气压缩到最终的压力，如图 2-19 所示。

如果最终压力为 0.7MPa，第一级气缸 1 通常将它压缩到 0.3MPa，然后被冷却，再输送到中压缩到 0.7MPa。压缩空气通过中间冷却器后温度大大下降，再进入第二级气缸 2，如图 2-19 所示。因此，相对于单级压缩机提高了效率。最后输出的温度可能约为 120℃。

活塞式空压机的优点是结构简单，使用寿命长，并且容易实现大容量和高压输出。缺点是振动大，噪声大，且因为排气为断续进行，输出有脉冲，需要储气罐。

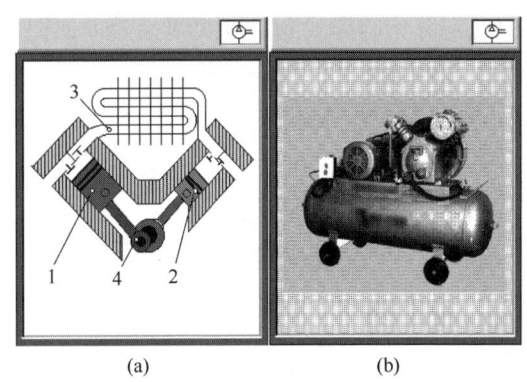

图 2-19 两级活塞式压缩机
(a) 剖面图　(b) 实物图
1—第一级气缸　2—第二级气缸　3—冷却管道　4—活塞

2.5.2 螺杆式压缩机

两个吻合的螺旋转子以相反方向运动，它们当中自由空间的容积沿轴向减少，从而压缩两转子间的空气。利用喷油来润滑和密封两旋转的螺杆，油分离器将油与输出空气分开。此类压缩机可连续输出流量超过 $400m^3/min$，压力高达 1MPa。和叶片式压缩机相比，此类压缩机能输送出连续的无脉动的压缩空气。虽然螺杆式和叶片式压缩机的使用愈来愈多，但工业上最普遍使用的仍然是往复式压缩机。

螺杆式空压机的工作原理，如图 2-20 所示。在壳体中装有一对互相啮合的螺旋转子，其中一根转子具有凸面齿形，另一根转子具有凹面齿形，两根转子之间及壳体三者围成的空间，在转子回转过程中沿轴向移动，其容积逐渐减小。这样，从进口吸入的空气逐渐被压缩，并从出口排出。

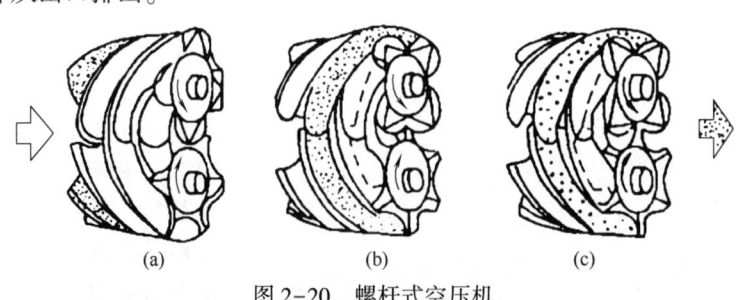

图 2-20 螺杆式空压机
(a) 吸气　(b) 压缩　(c) 排气

螺杆式空压机与叶片式空压机一样，也需要加油进行冷却、润滑及密封，所以在出口处也要设置油分离器。

螺杆式空压机的优点是排气压力脉动小，输出流量大，无须设置储气罐，结构中无易损件，寿命长，效率高。缺点是制造精度要求高，运转噪声大。且由于结构刚度的限制，只适用于中低压范围使用。

2.5.3 叶片式压缩机

叶片式空压机的工作原理，如图 2-21 所示。把转子 2 偏心安装在机体 1 内，叶片 3 插在转子 2 的放射状槽内，叶片 3 能在叶片槽内滑动。叶片、转子和机体内壁构成的容积空间在转子回转过程中逐渐变小，由此从进气口吸入的空气就逐渐被压缩排出。这样，在回转过程中不需要活塞式空压机中具有的吸气阀和排气阀。叶片式空压机工作原理是在转子的每一次回转中，将根据叶片的数目多次进行吸气、压缩和排气，所以输出压力的脉动小，如图 2-22 所示。

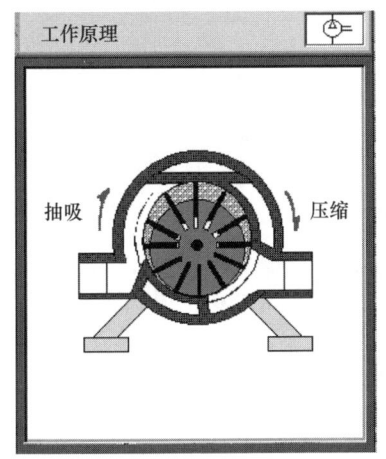

图 2-21 叶片式压缩机示意图

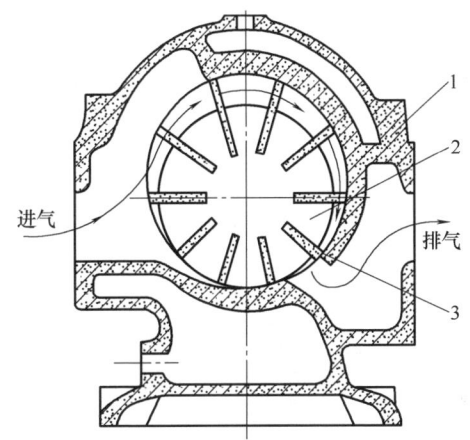

图 2-22 叶片式空压机工作原理图
1—机体 2—转子 3—叶片

通常情况下，叶片式空压机需采用润滑油对叶片、转子和机体内部进行润滑、冷却和密封，所以排出的压缩空气中含有大量的油分。因此在排气口需要安装油分离器和冷却器，以便把油分从压缩空气中分离出来进行冷却并循环使用。

通常所说的无油空压机，是采用石墨或有机合成材料等自润滑材料作为叶片材料。运转时无需添加任何润滑油，压缩空气不被污染，满足了无油化的要求。

此外，在进气口设置空气流量调节阀，根据排出气体压力的变化自动调节流量，使输出压力保持恒定。

叶片式空压机的优点是能连续排出脉动小的额定压力的压缩空气，所以一般无须设置储气罐，并且结构简单，制造容易，操作维修方便，运转噪声小。缺点是叶片、转子和机体之间机械摩擦较大，产生较高的能量损失，因而效率也较低。

2.5.4 压缩空气的管道系统

空气主管道是一个固定安装的用于把空气输送到各处的耗气系统。必须安装断路阀，

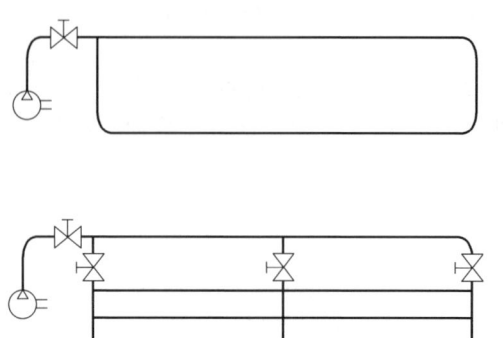

图 2-23 空气输送管道示意图

它能在维修和保养期间把空气主管道分离成几部分。

空气输送管道一般有两种主要的配置：终端管道和环状管道，如图 2-23 所示。

（1）终端管道

为了有助于排水，管道应在流动方向上有 1∶100 的斜度，这样就可适当排水。在适当距离用两个直角弯头和一个装在低处的腿状排水管道，主管道就可能达到排水目的，如图 2-24 所示。

（2）分支管道

除非安装了有效的后冷却器和空气干燥器，否则空气配气系统工作管道会被作为冷却表面，因此，水和油会在整个管道长度上积聚。

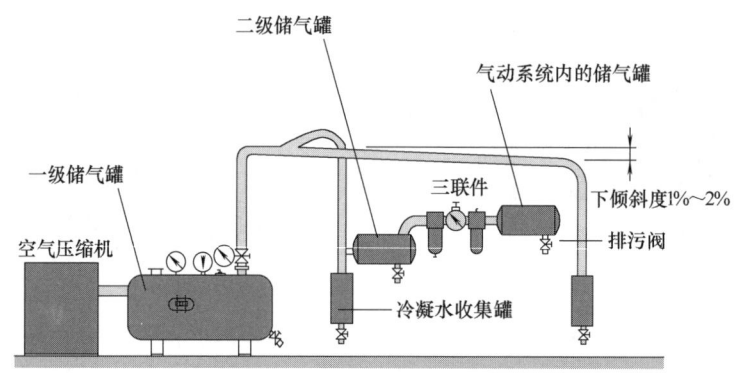

图 2-24 终端管道示意图

分支管道从主管道的顶部引出，是为了防止主管道里的水流入分支管道内，而在管道底部积存的水必须排走。

排水点是在气管的低处，安装相同的三通接头引出，排水可定期由人工完成或安装自动排水器。

2.5.5 储气罐

储气罐有卧式和立式之分，它是钢板焊接制成的压力容器，水平或垂直地直接安装在后冷却器后面来储存压缩空气，如图 2-25 所示，因此，可以减少空气流的脉动。

（1）储气罐的作用

① 存一定数量的压缩空气平衡气压系统。同时也是应急动力源。以解决空压机的输出气量和气动设备的耗气量之间的不平衡。尽可能减少压缩机经常发生的"满载"与"空载"现象。

② 消除空压机排气的压力脉动，保证输出气流的连续性和平稳性。

③ 进一步分离压缩空气中的油、水等杂质。

（2）储气罐结构

储气罐一般多采用焊接结构，以立式居多，其结构形式如图2-25所示。

罐的高度一般为其内径的2~3倍。进气口在下，出气口在上，并尽可能加大两管口之间的距离，以利于充分分离空气中的杂质。罐上设安全阀1，其调整压力为工作压力的110%；装设压力表2指示罐内压力；设置人孔或手孔3，以便清理检查内部；底部设排放油、水的接管和阀门4。将储气罐放在阴凉处。

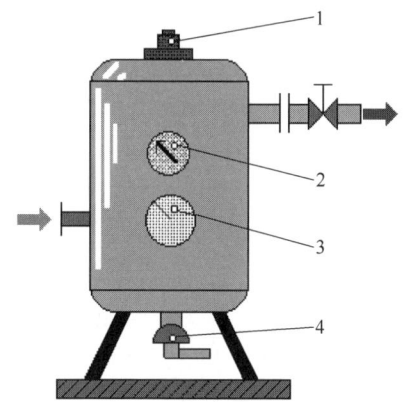

图2-25 储气罐示意图
1—安全阀 2—压力表 3—人孔或手孔 4—阀门

（3）计算选择储气罐的大小

储气罐的尺寸大小根据压缩机的输出量，系统的尺寸大小以及对未来需求量变化的预测来确定。

对工厂来说，计算储气罐容量的经验公式为：

储气罐容量≈压缩机每分钟压缩空气的输出量/(6~8)。

例如，压缩机输出 $18m^3$/min 的流量（自由空气），$18m^3$ = 18000L，因此储气罐的容量为 18000/(6~8) = (2250~3000) L，即容积为 (2250~3000) L 的储气罐都是合适的。

思考与练习

1. 简述空压站的压缩空气净化流程。
2. 一级活塞式压缩机的工作循环可分为哪几个工作过程？它们各完成什么工作？
3. 简述二级活塞式压缩机的工作原理。
4. 简述普通空气过滤器的工作原理。
5. 为何要使用空气干燥器？冷冻式干燥器和吸附式干燥器的工作原理是什么？
6. 储气罐的作用是什么？每个储气罐应有哪些附件？
7. 压缩空气中的污染物将对气动系统造成哪些不利影响？
8. 为何要使用消音器？如何选择？
9. 在执行机构系统（如气缸）之前为什么需要调压器、过滤器和油雾器？
10. 举例说明一个空压系统的各个组成及其作用。

项目2 思考与练习

实 训 报 告

实训项目						
实训目的						
所用元件	名称					
	图形符号					
	型号					
	数量					

写出本项目的动作过程

项目 3 折边装置的安装与运行

配套课件

项目3 折边装置的安装与运行

3.1 实训设备和元器件

项目所需实训设备和元器件如表 3-1 所示。

表 3-1　　　　　　　　　　实训设备和元器件明细表

名称	数量	名称	数量
计算机(安装教学软件)	1	排气阀	1
气动实训台(含空压机)	1	二位五通单气控换向阀	2
双作用气缸	1	双压阀	1
压力表	2	二位三通手控换向阀	2
节流阀	1	气管	若干

3.2 项目目标

① 双作用气缸的间接启动。
② 弹簧复位的二位五通气控阀的使用。
③ 双压阀（与门阀）的应用。
④ 掌握用"与"连接来控制一个执行机构（元件）。

3.3 基础知识

气动执行元件是以压缩空气为动力源，将气体的压力能再转换为机械能的装置，用来实现既定的动作，它主要有气缸和气马达。前者作直线运动，后者作旋转运动。

3.3.1 气缸的种类

气缸的种类有很多，按结构分可以分为两大类：活塞式和膜片式。活塞式气缸又可以分为单活塞杆和双活塞杆。膜片式可以分为平膜片，滚动膜片和皮囊。按照尺寸可以分为微型气缸、小型气缸、中型气缸和大型气缸。通常将缸径 2.5~6mm 的称为微型气缸，缸径 8~25mm 的称为小型气缸，缸径 32~320mm 的称为中型气缸，缸径大于 320mm 的为大型气缸。按驱动方式的分类可以分为单作用气缸和双作用气缸两种。

3.3.2 气缸的选型

（1）单作用气缸

单作用气缸，仅从活塞一侧加压，并且仅可沿一个方向工作。通过复位弹簧或施加的外力完成活塞的复位。复位弹簧的弹簧力是额定的，在无负载的情况下可使活塞以足够速度复位。气缸活塞上永磁体磁环可用于触发磁感应传感器动作，如图3-1、图3-2所示。

图3-1 单作用气缸实物图

对于单作用气缸来说，压缩空气仅作用在气缸活塞的一侧，另一侧则与大气相通。气缸只在一个方向上作功，气缸活塞在复位弹簧或外力作用下复位。

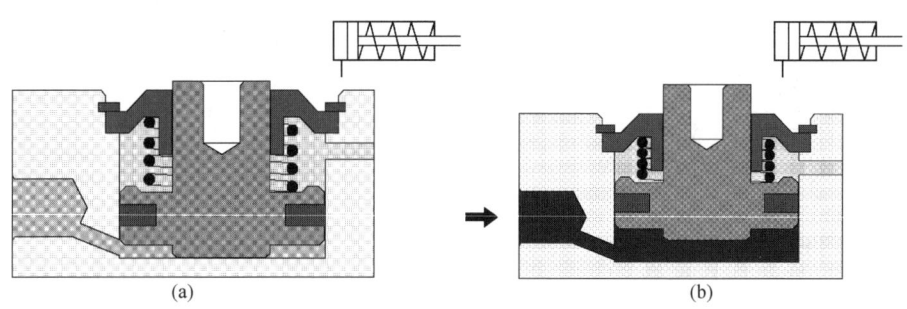

图3-2 单作用气缸示意图
(a) 单作用气缸初始状态　(b) 单作用气缸加压状态

在无负载情况下，弹簧力使气缸活塞以较快速度回到初始位置。弹簧复位的单作用气缸，行程不超过弹簧的总长度。因此单作用气缸的行程不超过约80mm。

单作用气缸具有一个进气口和一个出气口。出气口必须洁净，以保证气缸活塞运动时无故障。通常，将过滤器安装在出气口上。

（2）双作用气缸

双作用气缸的结构类似于单作用气缸。但是，它没有复位弹簧，并使用两个端口用于进气和排气。气缸两个方向的运动都是通过气压传动进行的，气缸的内部结构如图3-4所示，它的两端具有缓冲。在气缸轴套前端有一个防尘密封圈，以防止灰尘等杂质进入气缸腔内。前缸盖上安装的密封圈用于活塞杆密封，轴套可为气缸活塞杆导向，其由烧结金属或涂塑金属制成，如图3-3、图3-4所示。

以下为几种类型的双作用气缸：

① 双作用气缸。在压缩空气作用下，双作用气缸活塞杆既可以伸出，也可以回缩。通过缓冲调节装置，可以调节其终端缓冲。气缸活塞上的磁环可用于触发行程开关动作。

② 双端活塞杆气缸。在压缩空气作用下，双端活塞杆气缸的活塞杆可以在双端都有

伸出或回缩的动作。通过缓冲装置,可以调节其终端缓冲。

③ 双活塞杆气缸。双活塞杆气缸具有两个活塞杆。在双活塞杆气缸中,通过连接板将两个并列的活塞杆连接起来,在定位和移动工具或工件时,这种结构可以抗扭转。此外,与相同缸径的标准气缸比较,双活塞杆气缸输出力是其输出力的两倍。

④ 两个双端活塞杆。这个双活塞杆气缸具有两个双端活塞杆。在该气缸中,通

图 3-3 双作用气缸实物图

过两个连接板将两个并列的双端活塞杆连接起来,在定位和移动工具或工件时,这种结构可以抗扭转。此外,与相同缸径的标准气缸比较,这个双活塞杆气缸输出力是其输出力的两倍。

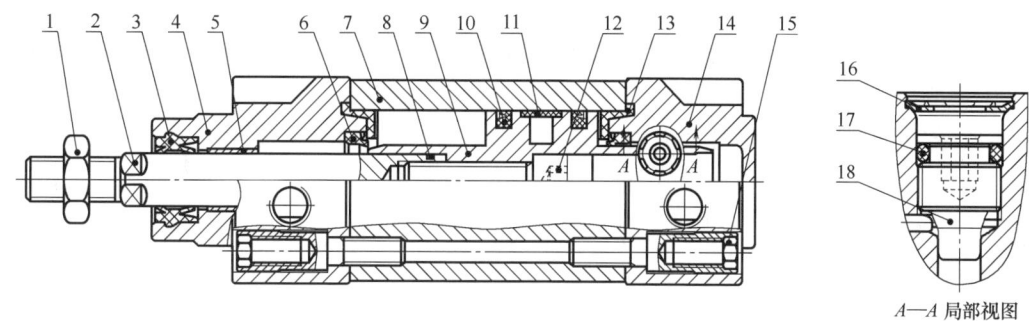

图 3-4 双作用气缸示意图

1—螺母 2—活塞杆 3—防尘密封圈 4—前盖 5—导向套 6—缓冲密封圈 7—缸筒 8—密封圈 9—活塞 10—活塞密封圈 11—耐磨环 12—连接螺栓 13—防撞垫 14—后盖 15—支柱螺帽 16—齿形挡圈 17—密封圈 18—缓冲调节螺丝

3.3.3 气缸的工作特性

(1) 气缸的输出力

① 单作用气缸,如式(3-1)所示:

输出推力: $$F = p_1 A_1 - (f + m \cdot a + L_0 K_s) \tag{3-1}$$

式中 A_1——活塞的工作面积;
   p_1——作用于活塞上的压力;
   f——摩擦阻力;
   m——运动构件质量;
   a——运动构件加速度;
   K_s——弹簧刚度;

项目3 气缸的计算与选型

L_0——活塞位移 L 和弹簧预压缩量的总和。

在一般的计算过程中,单作用式气缸的输出推力可按式(3-2)计算:

$$F=(p_1 A_1 - L_0 K_s) \times \eta \tag{3-2}$$

式中 η——气缸的效率,一般取 0.7~0.95。

② 双作用气缸,如式(3-3)所示:

输出推力:
$$F = p_1 A_1 - p_2 A_2 - (f + m \cdot a) \tag{3-3}$$

式中 p_1、p_2——输入侧和输出侧的气压;
A_1、A_2——输入侧和输出侧的面积。

其余符号同上。

在一般的计算过程中,双作用式气缸的输出推力可按式(3-4)计算:

$$F=(p_1 A_1 - p_2 A_2) \times \eta \tag{3-4}$$

式中 η——气缸的效率,一般取 0.7~0.95。

(2)气缸的压力特性

气缸的压力特性是指气缸内压力变化的情形。

气缸被活塞分为进气腔和排气腔,当压缩空气进入进气腔时,排气腔处于排气状态,两腔的压力差所形成的力刚好克服各种阻力负载时,活塞就开始运动。

(3)气缸的速度

由于气体的可压缩性及推动活塞受力变化的复杂性,要使气缸保持准确的运动速度是比较困难的。

气缸的平均运动速度 v 可按进气量的大小求出,如式(3-5)所示:

$$v = q/A \tag{3-5}$$

式中 q——压缩空气的体积流量;
A——活塞的有效面积。

气缸在一般工作条件下,其平均速度约为 0.5m/s。

(4)气缸的耗气量

计算耗气量,是选择气源供气量的重要依据。

气缸的耗气量与气缸的活塞直径 D、活塞杆直径 d、活塞的行程 L 以及单位时间往复次数 N 有关。以单活塞杆双作用气缸为例:

活塞伸出行程,如式(3-6)所示:

$$V_1 = D^2 L \pi / 4 \tag{3-6}$$

活塞缩回行程,如式(3-7)所示:

$$V_2 = (D^2 - d^2) L \pi / 4 \tag{3-7}$$

活塞往复一次所耗压缩空气量,如式(3-8)所示:

$$V = V_1 + V_2 = (2D^2 - d^2) L \pi / 4 \tag{3-8}$$

若活塞每分钟往复 N 次,则每分钟耗气量,如式(3-9)所示:

$$V' = V \cdot N \tag{3-9}$$

由于泄露等原因,实际耗气量比理论耗气量要大一些,实际耗气量如式(3-10)所示:

$$V_s = (1.2 \sim 1.5) V' \tag{3-10}$$

自由空气的耗气量为:
$$V_{s2} = \frac{V_s(p+0.1013)}{0.1013}$$

式中 p——气体的工作压力（MPa）。

(5) 负载率

负载率 β，如式 (3-11) 所示：

$$\text{负载率 }\beta=\frac{\text{气缸的实际负载 }F}{\text{气缸的理论输出力 }F_0}\times 100\% \qquad (3-11)$$

气缸的实际负载是由工况决定的，若确定了 β，则就可以确定气缸的理论输出力 F_0，从而可以计算气缸的缸径。β 的选取与气缸的负载性能及气缸的运动速度有关。

对于"阻性负载"，如气缸用作气动夹具，负载不产生惯性力的静负载，一般 β 选取为 0.8。

对于"惯性负载"，如气缸用来推送工件，负载将产生惯性力，β 的取值为：

$$\beta\leq 0.65\rightarrow\text{气缸作低速运动}, v<100\text{mm/s}$$
$$\beta\leq 0.50\rightarrow\text{气缸作低速运动}, v=100\sim 500\text{mm/s}$$
$$\beta\leq 0.35\rightarrow\text{气缸作低速运动}, v>500\text{mm/s}$$

(6) 缸径的一般计算

由气缸带动的负载、运动状态、工作压力等参数，就可以进行气缸缸径的计算和选用。一般步骤如下：

① 根据气缸带动的负载，计算气缸的轴向负载力 F。

② 由气缸的平均速度，选定气缸的负载率 β。一般而言，气缸的速度越高，β 越小。

③ 若系统的工作压力为 0.6MPa，气缸的工作压力计算时一般选为 0.4MPa。如果系统压力小于 0.6MPa，气缸的工作压力也应相应地调整。

④ 根据表 3-2，计算缸径，然后再查表到标准缸径。

表 3-2　　　　　　　　气缸的理论输出力 F_0 计算公式

形式	双作用气缸	单作用气缸	
		预缩型	预伸型
推力	$\dfrac{\pi}{4}D^2 p$	$\dfrac{\pi}{4}D^2 p - F_{t2}$	F_{t1}
拉力	$\dfrac{\pi}{4}(D^2-d^2)p$	F_{t1}	$\dfrac{\pi}{4}(D^2-d^2)p - F_{t2}$

活塞环直径取 $d=0.3D$

通常缸径计算到此为止，但若气缸的缓冲性能校核不符合要求，一般应增加外部缓冲装置；如油缓冲、弹簧缓冲或缓冲回路，保证气缸的缓冲。

[例 3-1]　如图 3-5 所示，气缸推动工件在滚动，已知工件等运动件质量 $m=250$kg，工件与安装面的滚动摩擦系数为 $\mu=0.1$，气缸行程为 300mm，动作时间 $t=1$s，工作压力 $p=0.4$MPa，试选定缸径。

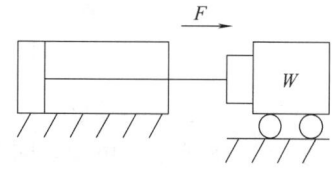

图 3-5　滚动方式

解：

气缸的轴向负载力 $F=\mu mg=0.1\times 250\times 9.8=245$ (N)

气缸平均速度 $v = \dfrac{s}{t} = \dfrac{300}{1} = 300$（mm/s），选取 $\beta = 0.5$

理论输出力 $F_0 = \dfrac{F}{\beta} = \dfrac{245}{0.5} = 490$（N）

由于是双作用气缸，所以其缸径 $D = \sqrt{\dfrac{4F_0}{\pi \cdot p}} = \sqrt{\dfrac{4 \times 490}{\pi \times 0.4}} = 39.5$（mm）

故选取双作用气缸的直径为 40mm。

3.3.4 节流阀

对于节流阀调节特性的要求是，流量调节范围大、阀芯的位移量与通过的流量呈线性关系。节流阀节流口的形状对调节特性影响较大。对于针阀型来说，当阀开度较小时调节比较灵敏，当超过一定开度时，调节流量的灵敏度就差了。三角沟槽型通流面积与阀芯位移量呈线性关系。圆柱斜切型的通流面积与阀芯位移量成指数（指数大于1）关系，能进行小流量精密调节。

如图 3-6 所示为可调节流阀的实物图，如图 3-7 所示为可调节流阀结构图及图形符号。其金属阀芯经研配密封，采用三角沟槽式节流口。调节机构的调节螺纹为细牙螺纹，通过手轮调节阀芯的轴向位置即可调节通流面积。此阀常用于速度控制回路及延时回路。

（1）可调节流阀

可调节流阀开口度可无级调节，并可保持其开口度不变。可调节流阀常用于调节气缸活塞运动速度，若有可能，其应直接安装在气缸上。

图 3-6 可调节流阀实物图

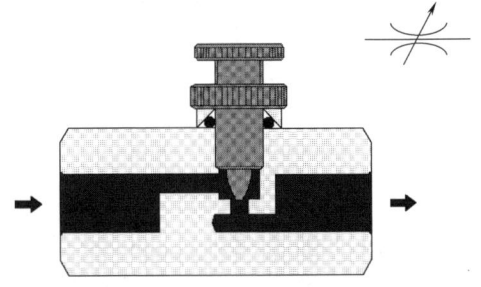

图 3-7 可调节流阀结构图及图形符号

（2）可调单向节流阀

如图 3-8 所示，可调单向节流阀能够调节压缩空气流量，带锁定螺母，即对其开口度锁定。可调单向节流阀只能在一个方向上对流量进行控制。

可调单向节流阀由单向阀和可调节流阀组成，单向阀在一个方向上可以阻止压缩空气流动，此时，压缩空气经可调节流阀流出，调节螺钉可以调节节流面积。在相反方向上，压缩空气经单向阀流出。

如图3-9所示,当气流正向流动时,从进口P流向出口A,中间要经过节流阀的节流孔而受到控制。当气流反向流动时,从A口进入推开单向阀阀芯直接到达P口流出,不必经过节流阀的节流孔。此阀常用于单向节流调速回路中,要按照说明书安装,避免安装方向错误。

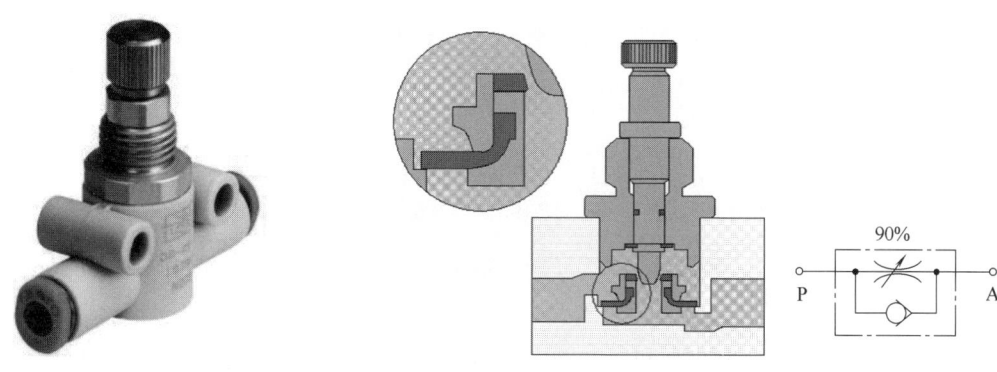

图3-8 可调单向节流阀　　　　　　　图3-9 可调单向节流阀结构

3.3.5 排气阀

(1) 排气消声节流阀

一般排气节流阀需在排气口串接消声器,以消除排声噪声。而排气消声节流阀自身装有消声套。如图3-10所示,阀的节流口1起节流作用,其通流面积可以通过手轮调节。气流通过节流口后经消声套2排入大气,减小了排气噪声。此阀一般安装在执行元件的排气口,用以调节执行元件的速度。

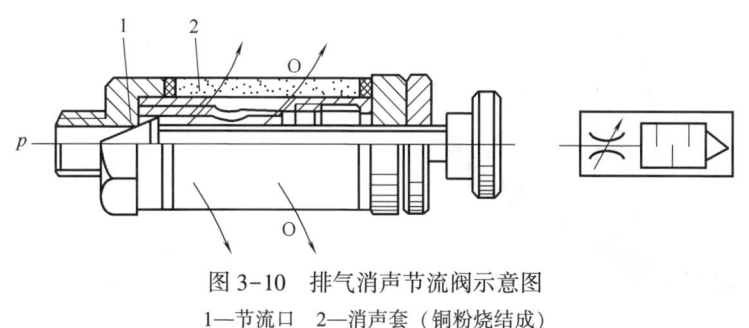

图3-10 排气消声节流阀示意图
1—节流口　2—消声套(铜粉烧结成)

(2) 快速排气阀

为了减小流阻,压缩空气从大排气口排出,从而提高了气缸活塞的运动速度。为了降低排气噪声,这种阀一般带消音器。

快速排气阀可使气缸活塞运动速度加快,特别是在单作用气缸情况下,可以避免其回程时间过长。为了减小流阻,快速排气阀应靠近气缸安装,压缩空气通过大排气口排出。

沿气接口(P)至气接口(A)方向,由于单向阀开启,压缩空气可自由通过,排气口(O)被圆盘式阀芯关闭,如图3-11(a)所示。若气接口(A)为进气口,圆盘式阀芯就关闭气接口(P),压缩空气从大排气口(O)排出,如图3-11(b)所示。一般情况下,快速排气阀直接安装在气缸上,或应靠近气缸安装。

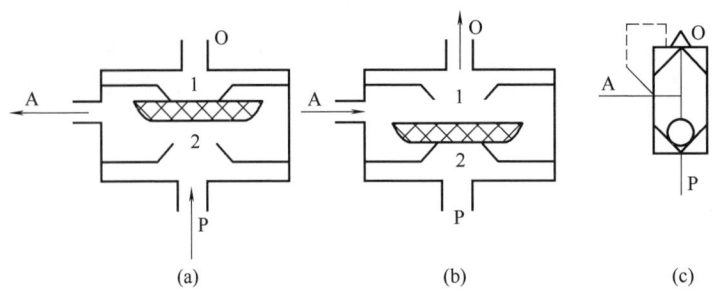

图 3-11 快速排气阀示意图
（a）排气阀工作状态 （b）排气阀未工作状态 （c）排气阀图形符号

3.3.6 单气控换向阀

气动方向控制阀分为单向阀和换向阀。但由于气压传动具有的特点，气动换向阀按结构不同分为滑阀式、截止式、平面式、旋塞式和膜片式等。按控制方式可分为电磁控制、气压控制、机械控制和手动控制等。

（1）二位三通单气控换向阀

如图 3-12、图 3-13 所示，二位三通单气控换向阀，常开式（NO），控制口 12 上有气信号时，二位三通单气控换向阀换向，口 1 与口 2 接通。当控制口 12 上的气信号消失时，二位三通单气控换向阀在弹簧作用下复位，口 1 关闭。

如图 3-14 所示，单气控二位三通阀（NC），常闭式控制口 10 上有气信号时，二位三通单气控换向阀换向，口 1 关闭。当控制口 10 上的气信号消失时，二位三通单气控换向阀在弹簧作用下复位，口 1 与口 2 接通。

（2）二位五通换向阀

如图 3-15、图 3-16 所示，二位五通单气控换向阀有五个气接口和两个工作位置，其常用来控制气缸动作。在这种换向阀中，阀芯与阀套之间的间隙不超过 0.002~0.004mm。如图 3-16 所示的二位五通单气控换向阀为在

图 3-12 二位三通单气控换向阀实物图

控制口 12 上有气信号时的工作状态。

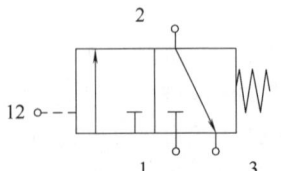

图 3-13 二位三通单气控换向阀
（常开）图形符号

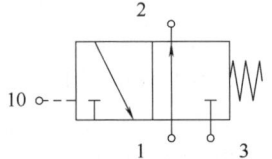

图 3-14 二位三通单气控换向阀
（常闭）图形符号

项目3 折边装置的安装与运行

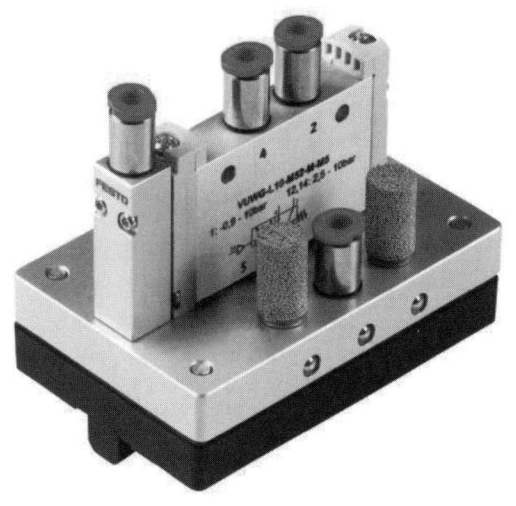

图 3-15 二位五通单气控换向阀实物图

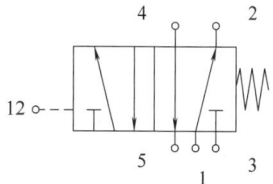

图 3-16 二位五通单气控换向阀图形符号

3.4 实训操作

实训说明

如图 3-17 所示，通过操作两个相同阀门的按钮开关，使折边装置的成形模具向下锻压，将尺寸为 40cm×5cm 的平板折边。

松开两个或一个按钮开关，都将使气缸（1.0）缓慢退回到初始位置。气缸两端的压力由压力表指示。

实训操作1 气动回路设计与仿真

（1）任务要求

通过气动教学软件的使用，设计出折边装置的气动回路图。观察和了解弹簧复位的二位五通气控阀、双压阀在气动回路的工作过程。

（2）操作步骤

① 打开计算机，运行气动教学软件 FluidSIM-P。

② 点击工具栏的"新建"按钮。

③ 根据实训说明在元件图库中选择所需元件，并拖动至右侧绘图区域中，在元件选定的气口之间绘制气管，完成气动回路的搭建。

④ 点选回路中的气动元件，通过鼠标右键菜单观看元件描述、元件图片和元件插图。

⑤ 仿真运行气动回路，观察回路的工作过程，如图 3-18（a）所示。

配套课件　　配套视频

实训操作1 折边装置的安装与运行仿真　　实训操作1 折边装置的安装与运行仿真

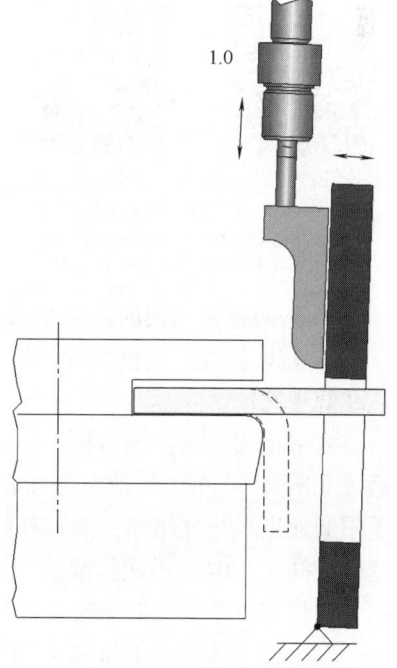

图 3-17 折边装置示意图

⑥ 完成实训报告。

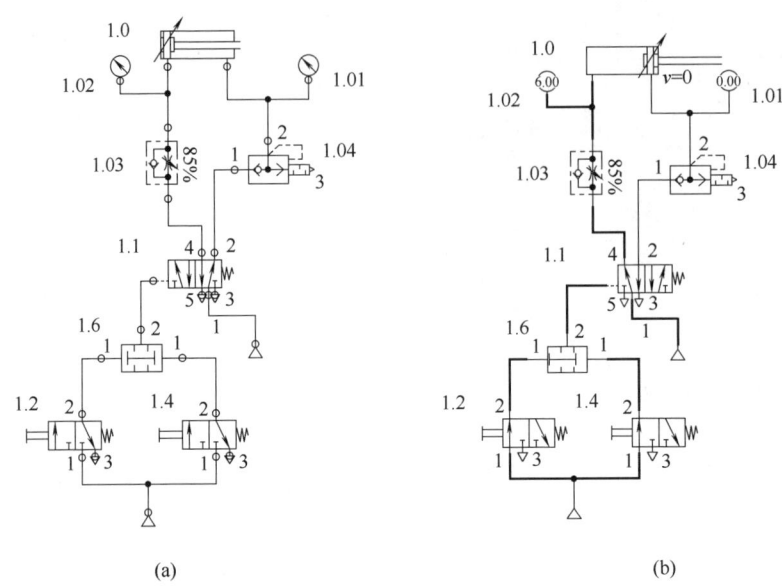

图 3-18 折边装置气动回路图
(a) 折边装置气动回路图 (b) 折边装置气动动作示意图

（3）分组讨论

如图 3-18（b）所示，通过观察教学软件中弹簧复位的二位五通气控阀的动作，双压阀的工作过程，气缸伸出和回缩由快速排气阀 1.04 和节流阀 1.03 控制。

实训操作 2 折边装置气动回路的安装与运行

（1）任务要求

通过模拟仿真，在气动实训台上选择合适的元件进行连接，调试并运行。

（2）操作步骤

① 根据任务要求，设计基本回路，所设计的回路必须经过认真检查，确保正确无误。

② 按照检查无误的回路要求，选择所需的气动元件，并且检查其性能的完好性。

③ 初始位置：气缸 1.0 的初始位置在尾端。弹簧复位的二位五通气控阀由于弹簧复位在静止位置。

④ 操作步骤 1：同时按下二位三通手控阀（1.2）和（1.4）的按钮开关，压缩空气通过双压阀（1.6）气动二位五通控制阀（1.1），于是压缩空气经节流止回阀（1.03）不受限制地进入气缸尾端，活塞杆前向运动到前端。由于在气缸活塞杆这一头的空气通过快速排气阀（1.04）迅速排放。因此前向冲程速度很快。如果两个手控阀（1.2）和（1.4）的开关仍按着，则气缸保持在前端位置。

⑤ 操作步骤 2：如果两个阀门（1.2）和（1.4）的按钮开关至少有一个松开。弹簧复位的二位五通气控阀（1.1）不再受压力控制，因此弹簧复位。活塞杆在节流止回阀

(1.03) 的限制下退回初始位置。

⑥ 实验完毕后，应当先关闭截止阀。经过确认回路中压力为零后，取下连接气管和元件，放入实训抽屉中。

（3）分组讨论

① 气缸的选型依据。
② 压力表的数据读取。
③ 快速排气阀的作用。
④ 节流止回阀的作用。

3.5 拓展知识

3.5.1 电缸

电缸是将伺服电机与丝杠一体化设计的模块化产品，将伺服电机的旋转运动转换成直线运动，同时将伺服电机最佳优点-精确转速控制，精确转数控制，精确扭矩控制转变成-精确速度控制，精确位置控制，精确推力控制；实现高精度直线运动系列的全新革命性产品，如图 3-19 所示。

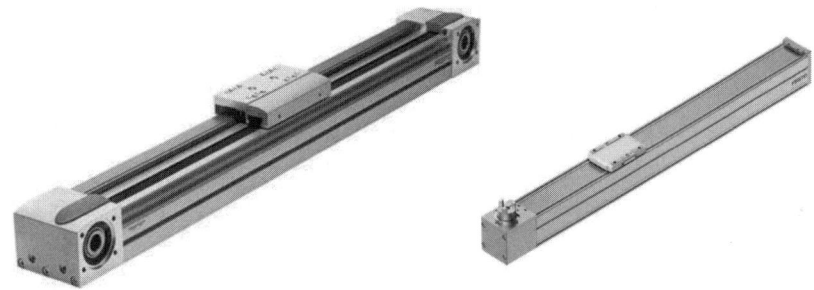

图 3-19 电缸实物图

电缸特点：闭环伺服控制，控制精度达到 0.01mm；精密控制推力，增加压力传感器，控制精度可达 1%；很容易与 PLC 等控制系统连接，实现高精密运动控制。噪声低，节能，干净，高刚性，抗冲击力，超长寿命，操作维护简单。电缸可以在恶劣环境下无故障，防护等级可以达到 IP66。长期工作，并且实现高强度，高速度，高精度定位，运动平稳，低噪声。所以广泛地应用在造纸行业、化工行业、汽车行业、电子行业、机械自动化行业、焊接行业等。

电缸在复杂的环境下工作只需要定期注脂润滑，并无易损件需要维护更换，将比液压系统和气压系统减少了大量的售后服务成本。

电缸可以完全替代液压缸和气缸，并且实现环境更环保、更节能、更干净的优点，当与 PLC 等控制系统连接，可实现高精密运动控制。

可以提供非常灵活的安装配置，全系列的安装组件：安装前法兰、后法兰、侧面法兰、尾部铰接、耳轴安装、导向模块等；可以与伺服电机直线安装，或者平行安装；可以增加各式附件，如限位开关，行星减速机，预紧螺母等；驱动可以选择交流电机、直流电机、步进电机、伺服电机。

电缸主要用在工业中的食品机械、陶瓷机械、焊接机械、升降平台等，娱乐行业中机械人手臂及关节、动感座椅，军工行业的模拟飞行器，模拟仿真等，汽车行业的压装机、测试仪器。

3.5.2 无杆气缸

与传统双作用气缸相比，无杆气缸的安装长度更短。不存在活塞杆屈曲风险，可以在整个行程长度中引导运动。此气缸设计可用于长达 10m 的极长行程。设备、负载和其他部件可以直接安装到滑块或外安装面上。两个方向运动的输出力相等，如图 3-20 所示。

无杆气缸的始祖是德国 ORIGA 气动设备有限公司，气缸无杆的概念最初由 origa 提出并实践，开启了无杆时代的大门。无杆气缸，为设备集成节省了空间。

无杆气缸是指利用活塞直接或间接方式连接外界执行机构，并使其跟随活塞实现往复运动的气缸。这种气缸的最大优点是节省安装空间，无杆气缸分为磁偶无杆气缸（磁性气缸）与机械式无杆气缸。

无杆气缸和普通气缸的工作原理一样，只是外部连接及密封形式不同。

图 3-20 无杆气缸实物图

气缸两边都是空心的，活塞内的永磁铁带动活塞外的另一个磁体（运动部件），它对清洁度要求很高，磁耦无杆气缸经常要拆下来用汽油清洗，这与它的工作环境有关。

无杆气缸里有活塞，而没有活塞杆，活塞装配在导轨里，外部负载与活塞相连，活塞动作靠进气。

磁耦式的运动是利用空心活塞内的永磁铁带动活塞外的另一个磁铁运动来实现的，因其在速度快，负载高时内外磁环易脱开，故使用没那么广泛，其负载质量的大小需查找其质量与速度的特性曲线。故机械式用得比较多。

活塞通过磁力带动缸体外部的移动体做同步移动。它的工作原理是：在活塞上安装一组高强磁性的永久磁环，磁力线通过薄壁缸筒与套在外面的另一组磁环作用，由于两组磁环磁性相反，具有很强的吸力。当活塞在缸筒内被气压推动时，则在磁力作用下，带动缸筒外的磁环套一起移动。气缸活塞的推力必须与磁环的吸力相适应。

3.5.3 气爪

搬运单元必须有可以抓取、移动和释放工件的气爪。气爪建立与部件的强制锁定连接。所有气爪都带有双作用气缸，并且自对中。可通过接近开关进行非解除式位置感测。借助外部气爪手指，气爪可实现各种场合下的应用。

气爪又称气动手指，用于抓取工件，有二爪、三爪，可以向内抓紧，也可以向外胀紧。

气爪根据工件的形状、大小、使用环境及作业目的等多方面的不同要求，大致可以分为大口径开口夹，平行手指气缸，Y 形手指气缸，180°开闭型手指气缸，二爪、三爪、四爪手指气缸。

气动手指一般是在气缸活塞杆上连接一个传动机构,来带动气爪作直线平移或绕某支点开闭,以夹紧或释放工件。

如图 3-21 所示,当 A 口进气 B 口排气时,活塞杆 4 伸出,通过销轴 6 推动曲杆 7（两个）绕销轴 5（两个）回转,然后曲杆通过销 9（两个）带动两个夹爪 10 向内直线运动,两夹爪闭合,夹紧工件。反之 B 口进气,A 口排气,两夹爪张开,松开工件。由此可见 HFP 手指是在活塞杆伸出时夹爪夹紧,因此夹紧力比张开力大 20%~30%。定位销 8（两个）保证两夹爪作平行移动。

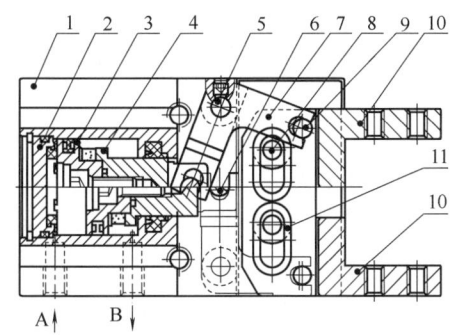
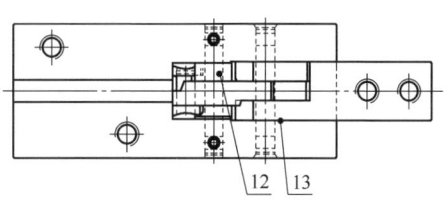

图 3-21 机械式平行开闭型气动手指结构原理图

1—本体 2—后盖 3—活塞 4—活塞杆 5—曲杆销轴 6—活塞杆与曲杆连接销轴
7—曲杆 8—定位销 9—销 10—爪夹 11—销套 12—限位套 13—保持片

3.5.4 吸盘

（1）吸盘

吸盘通常是简单、经济、高效且操作安全的搬运解决方案。吸盘可以搬运重量从几克到数百千克之间的不同工件。他们有不同的形状,例如普通、平面或波纹吸盘等。

真空吸盘是真空设备执行器之一,如图 3-22 所示,吸盘材料采用丁腈橡胶制造,具有较大的扯断力,因而广泛应用于各种真空吸持设备上,如在建筑、造纸工业及印刷、玻璃等行业,实现吸持与搬送玻璃、纸张等薄而轻的物品的任务。

真空吸盘又称真空吊具及真空吸嘴,一般来说,利用真空吸盘抓取制品是最廉价的一种方法。真空吸盘品种多样,橡胶制成的吸盘可在高温下进行操作,由硅橡胶制成的吸盘非常适于抓住表面粗糙的制品;由聚氨酯制成的吸盘则很耐用。另

图 3-22 真空吸盘实物图

外,在实际生产中,如果要求吸盘具有耐油性,则可以考虑使用聚氨酯、丁腈橡胶或含乙烯基的聚合物等材料来制造吸盘。通常,为避免制品的表面被划伤,最好选择由丁腈橡胶或硅橡胶制成的带有波纹管的吸盘。

首先将真空吸盘通过接管与真空设备（如真空发生器等）接通,然后与待提升物如玻璃、纸张等接触,启动真空设备抽吸,使吸盘内产生负气压,从而将待提升物吸牢,即可开始搬送待提升物。当待提升物搬送到目的地时,平稳地将空气充进真空吸盘内,使真空吸盘内由负气压变成零气压或稍为正的气压,真空吸盘就脱离待提升物,从而完成了提升

搬送重物的任务。

真空吸盘有如下功能：

① 易损耗。由于它一般用橡胶制造，直接接触物体，磨损严重，所以损耗很快。属于气动易损件。正因如此，它才非常显著地从众多气动元件中重点突出出来了。

② 易使用。不管被吸物体是什么材料做的，只要能密封，不漏气，均能使用。电磁吸盘就不行，它只能用在钢材上，其他材料的板材或者物体是不能吸的。

③ 无污染。使用真空吸盘不会污染环境，没有光、热、电磁等泄露产生。

④ 不伤工件。真空吸盘由于是橡胶材料所造，吸取或者放下工件不会对工件造成任何损伤。而挂钩式吊具和钢缆式吊具就不行。在一些行业，对工件表面的要求特别严格，他们只能用真空吸盘。

（2）真空发生器

如图 3-23 所示，真空发生器就是利用正压气源产生负压的一种新型、高效、清洁、经济、小型的真空元器件，这使得在有压缩空气的地方，或在一个气动系统中同时需要正负压的地方获得负压变得十分容易和方便。真空发生器广泛应用在工业自动化中机械、电子、包装、印刷、塑料及机器人等领域。

真空发生装置有真空泵和真空发生器两种。真空泵是吸入口形成负压，排气口直接通大气，两端压力比很大的抽除气体的机械。真空发生器是利用压缩空气的流动而形成一定真空度的气动元件，与真空泵相比，它的结构简单、体积小、质量轻、价格低、安装方便，与配套件复合化容易，真空的产生和解除快，宜从事流量不大的间歇工作，适合分散使用。

图 3-23 真空发生器实物图

真空发生器的传统用途是吸盘配合，进行各种物料的吸附，搬运，尤其适合于吸附易碎，柔软，薄的非铁，非金属材料或球形物体。在这类应用中，一个共同特点是所需的抽气量小，真空度要求不高且为间歇工作。真空发生器的抽吸机理和影响其工作性能因素的分析研究，对正负压气路的设计和选用有着不可忽视的实际意义。

思考与练习

项目3 思考与练习

1. 根据压缩空气对活塞端面的方向，执行元件可分为哪几类？
2. 根据气缸的结构特征可分为哪几类？
3. 根据气缸的安装形式可分为哪几类？
4. 根据气缸的功能可分为哪几类？
5. 简述单作用气缸和双作用气缸的工作特性。
6. 简述摆动气缸和旋转马达的工作特性。
7. 简述无杆气缸的工作特性。

实 训 报 告

实训项目						
实训目的						
所用元件	名称					
	图形符号					
	型号					
	数量					

写出本项目的动作过程

项目 4　标杆上色机的安装与运行

4.1　实训设备和元器件

项目所需实训设备和元器件如表 4-1 所示。

表 4-1　　　　　　　　　　实训设备和元器件明细表

名称	数量	名称	数量
计算机(安装教学软件)	1	梭阀	1
气动实训台(含空压机)	1	二位五通双气控换向阀	1
双作用气缸	1	二位三通手控换向阀	3
可调单向节流阀	1	二位三通滚轮行程阀	1
双压阀	1	气管	若干

4.2　项目目标

① 了解双作用气缸的间接启动。
② 了解手动开关的二位五通气控双稳记忆阀的操作使用。
③ 了解梭阀（或门阀）的应用。
④ 掌握用"或"连接和"与"连接回路控制一个执行元件。

4.3　基础知识

气动逻辑元件是一种控制元件。它是在控制气压信号作用下，通过元件内部的可动部分（如膜片、阀芯等）来改变气流运动方向，从而实现各种逻辑功能。逻辑元件也称为开关件。气动逻辑元件具有气流通道孔径较大，抗污染能力强、结构简单、成本低、工作寿命长、响应速度慢等特点。气动逻辑元件按工作压力可分为高压元件（工作压力为 0.2~0.8MPa）、低压元件（工作压力为 0.02~0.2MPa）及微压元件（工作压力为 0.02MPa 以下）。

气动逻辑元件按逻辑功能分为与门元件、或门元件；非门元件、或非门元件、与非门元件、双稳元件等，常见的有滑阀式、截止式、膜片式等。它们之间的不同组合可完成不同的逻辑功能。

4.3.1 双压阀

双压阀俗称"与"功能阀。它的工作原理是当两个输入口同时均有气信号时,口2有信号输出,如图4-1所示。

双压阀主要用于互锁控制、安全控制、检查功能或者逻辑操作。若只有一个输入口有气信号,则输出口2没有气信号输出。双压阀相当于两个输入元件串联,如图4-2所示。

图4-1 双压阀实物图

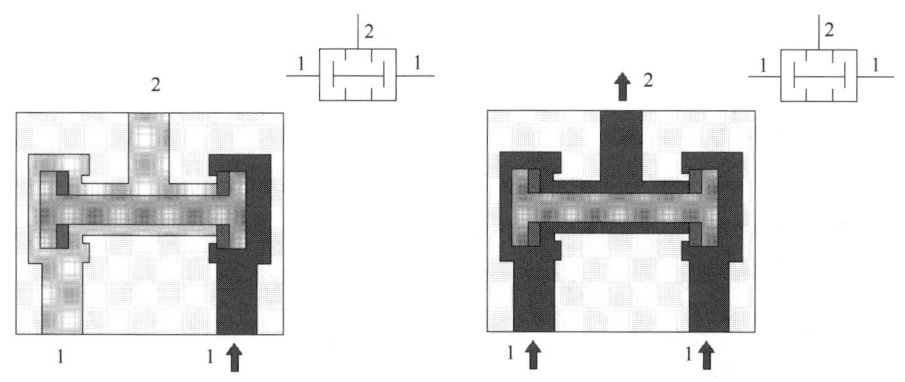

图4-2 双压阀功能图

4.3.2 梭阀

图4-3 梭阀实物图

梭阀有两个输入口和一个输出口。若在一个输入口上有气信号,则与该输入口相对的阀口就被关闭,且在输出口2上有气信号输出。注意:其与双压阀在结构上的相似性,如图4-3所示。

若在梭阀的一个输入口上有气信号,则与该输入口相对的阀口就被关闭,在输出口2上有气信号输出。这种阀具有"或"逻辑功能,即只要在任一输入口上有气信号,在输出口2上就会有气信号输出,如图4-4所示。

4.3.3 双气控换向阀

气压控制换向阀是以压缩空气为动力切换气阀,使气路换向或通断的阀类。气压控制换向的用途很广,多用于组成全气阀控制的气压传动系统或易燃、易爆以及高净化等场合其外形如图4-5所示。

二位五通换向阀主要分为:滑柱式和圆盘式。

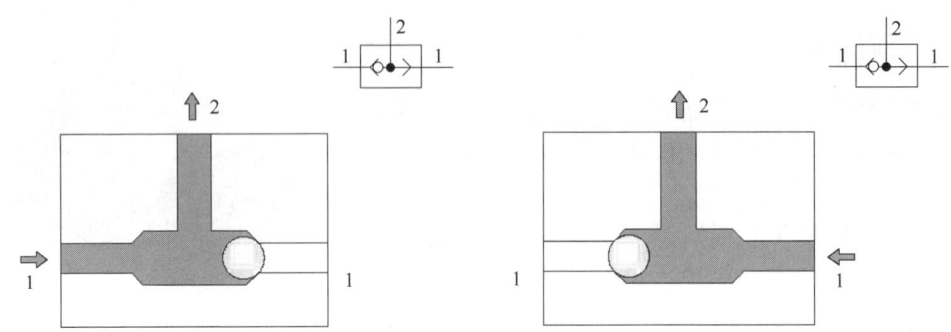

图 4-4 梭阀功能图

图 4-5 双气控换向阀

（1）滑柱式

如图 4-6（a）所示，二位五通换向阀有五个气接口和两个工作位置，其常用来控制气缸动作。在这种换向阀中，阀芯与阀套之间的间隙不超过 0.002～0.004mm。图中所示的二位五通换向阀为在控制口 12 上有气信号时的工作状态。

如图 4-6（b）为了避免损坏密封件，各气接口通常在阀体上径向分布。图示为在控制口 14 上有气信号时的工作状态。与截止式换向阀相比较，这种换向阀工作行程要大一些。

（2）圆盘式

如图 4-7（a）所示，二位五通换向阀也可采用圆盘密封方式，其启闭行程相对较短。阀口的圆盘密封，既可以使进气口 1 与工作口 2 相通，也可以使进气口 1 与工作口 4 相通。双气控二位五通阀具有记忆功能。

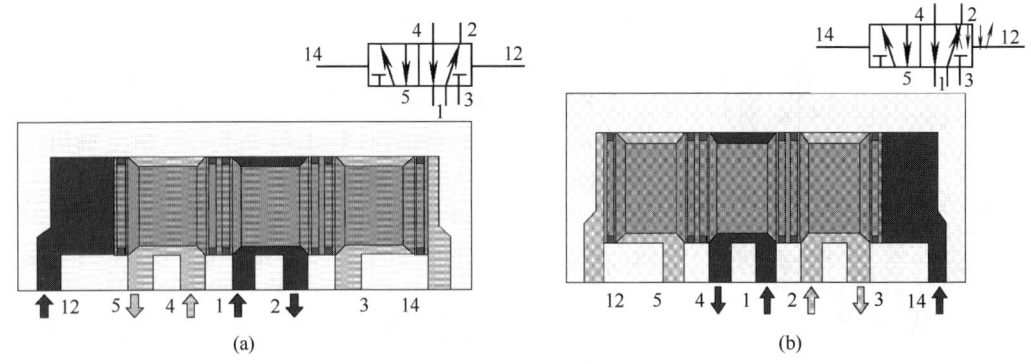

图 4-6 二位五通换向阀（滑柱式）
（a）控制口 12 有气信号状态 （b）控制口 14 有信号状态

如果 4-7（b）所示，当另一个控制口上有气信号时，二位五通换向阀将换向。在此之前，二位五通换向阀一直保持原来工作位置不变。这种换向阀两端各有一个手控装置，以便对阀芯手动操作。

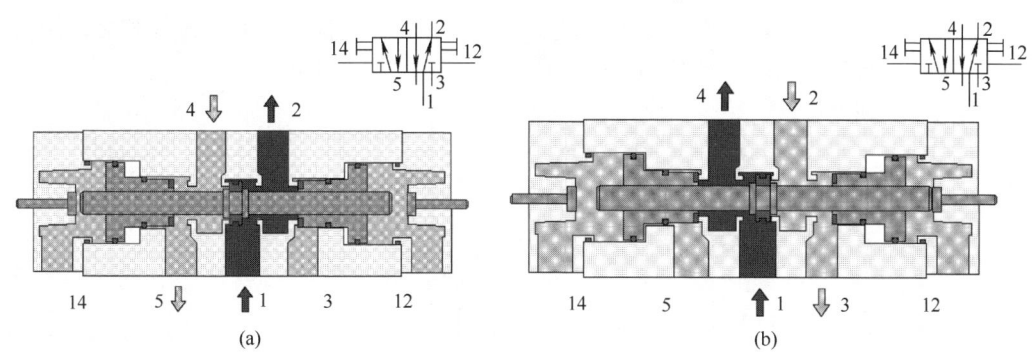

图 4-7 二位五通换向阀（圆盘式）
(a) 口1与口2接通状态　(b) 口1与口4接通状态

4.4 实训操作

实训说明

作为标杆（测量杆）的松木杆长 3~5m，须以 200mm 的间隔标上红色。通过两个按钮开关控制具有排气节流控制的气缸（1.0），将木杆推进，如图 4-8 所示。

配套视频

实训操作1 标杆上色机的安装与运行仿真

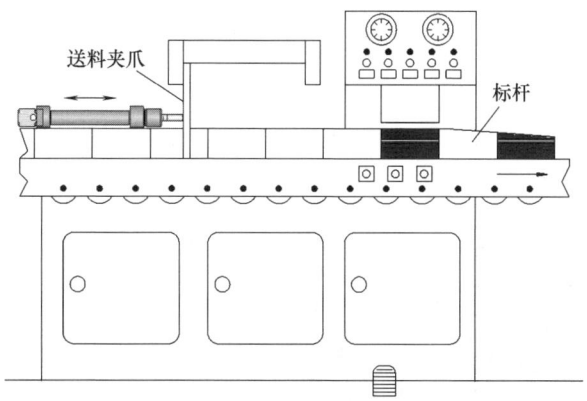

图 4-8 标杆上色机示意图

配套课件

实训操作1 标杆上色机的安装与运行仿真

实训操作 1　气动回路设计与仿真

（1）任务要求

通过气动教学软件的使用，设计出标杆上色机的气动回路图。观察和了解逻辑控制元件，双气控二位五通双稳记忆阀的在气动回路的工作过程。

（2）操作步骤

① 打开计算机，运行气动教学软件 FluidSIM-P。

② 点击工具栏的"新建"按钮。

③ 根据实训说明在元件图库中选择所需元件，并拖动至右侧绘图区域中，在元件选定的气口之间绘制气管，完成气动回路的搭建。

④ 点选回路中的气动元件，通过鼠标右键菜单观看元件描述、元件图片和元件插图。
⑤ 仿真运行气动回路，观察回路的工作过程，如图 4-9 所示。
⑥ 完成实训报告。

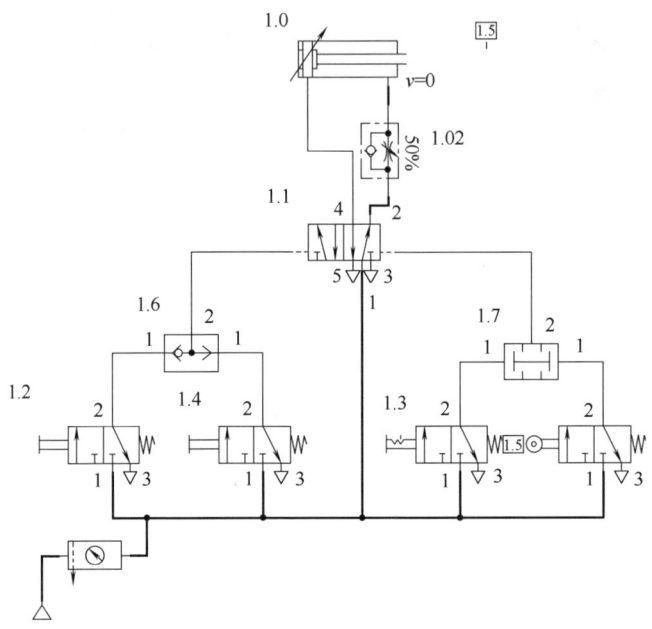

图 4-9 气动回路图

（3）分组讨论

通过观察教学软件中逻辑控制元件的工作过程，分组讨论"与"连接和"或"连接的作用，通过气控行程阀实现气缸的自动回缩。

实训操作 2　标杆上色机气动回路搭建

（1）任务要求

通过模拟仿真，在气动实训台上选择合适的元件进行连接，调试并运行。

（2）操作步骤

① 根据任务要求，设计基本回路，所设计的回路必须经过认真检查，确保正确无误。

② 按照检查无误的回路要求，选择所需的气动元件，并且检查其性能的完好性。

③ 初始位置：气缸 1.0 的活塞杆初始位置应在尾端位置，双气控二位五通双稳记忆阀 1.1 将压缩空气送入气缸的活塞杆（有杆腔）这一端，另一端的空气则被排出。

④ 操作步骤 1：作为先后输入的二位三通手控阀 1.2 和 1.4 只要至少有一个的按钮开关被按下，通过梭阀（或阀）1.6 就能使双稳记忆阀 1.1 动作，气缸活塞杆由于排气节流阀 1.02 的作用缓慢地向前运动，从而将标杆推向前去。当达到最前端位置，活塞杆压下行程开关-滚轮杆行程阀 1.5，如果这是没有按钮开关被按下，气缸保持在前端位置。

⑤ 操作步骤 2：按下二位三通控制阀 1.3 的按钮开关，双稳记忆阀换向，活塞杆迅速

回程。

⑥ 注意按下按钮开关阀 1.3 使气缸发生回程动作，仅当活塞杆处于前端位置时，压下滚轮杆行程阀 1.5 才有可能。

⑦ 实验完毕后，应当先关闭截止阀。经确认回路中压力降为零后，取下连接气管和元件，放入实训抽屉中。

（3）分组讨论

① 气缸的选型依据。

② 与阀和或阀的区别。

③ 滚轮行程阀的作用。

④ 排气节流阀的作用。

4.5 拓展知识

4.5.1 单向阀

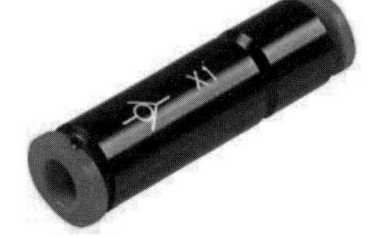

图 4-10 单向阀实物图

单向阀仅允许压缩空气在一个方向流动，且压降较小。这种单向阻流作用可由锥密封、球密封、圆盘密封或膜片来实现，如图 4-10 所示。

单向阀的阀芯有锥形、平面和球形三种。锥形和球形阀芯的单向阀，空气流阻小但制造比平面阀芯困难。

为了减小流阻，大流量单向阀常不用弹簧，使用时应垂直安装，阀座在下面，以缩短阀的关闭时间，并提高其密封性。

单向阀可以完全停止一个方向的气流，并使相反方向的气流具有可能实现的最小压力损失。可使用锥体、球体、平滑片或膜片阻断一个方向的气流，如图 4-11 所示。

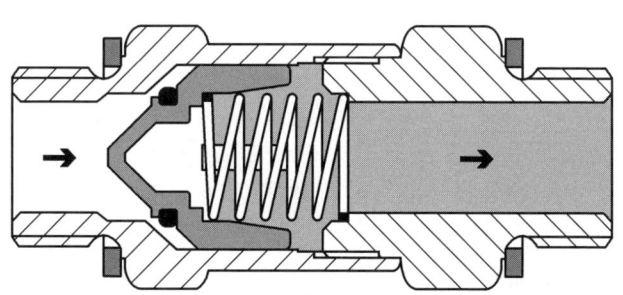 

图 4-11 单向阀剖面图和气动图形符号

4.5.2 快速排气阀

快速排气阀可使气缸活塞运动速度加快，特别是在单作用气缸情况下，可以避免其回程时间过长。为了减小流阻，快速排气阀应靠近气缸安装，压缩空气通过大排气口排出。为了减小流阻，压缩空气从大排气口排出，从而提高了气缸活塞的运动速度。为了降低排气噪声，这种阀一般带消音器外形，如图 4-12 所示。

压缩空气从口 1 流向口 2。如果进气压力（口 1 压力）降低，则口 2 压缩空气通过消声器排入大气。

图 4-12 快速排气阀外形图

具有消声器的快速排气阀,能消除排气噪声。快速排气阀可使气缸活塞运动速度加快,特别是在单作用气缸情况下,可以避免其回程时间过长。为了减小流阻,快速排气阀应靠近气缸安装,压缩空气通过大排气口排出。沿气接口 1 至气接口 2 方向,由于单向阀开启,压缩空气可自由通过,排气口 3 被圆盘式阀芯关闭。若气接口 2 为进气口,圆盘式阀芯就关闭气接口 1,压缩空气从大排气口 3 排出。一般情况下,快速排气阀直接安装在气缸上,或应靠近气缸安装,如图 4-13 所示。

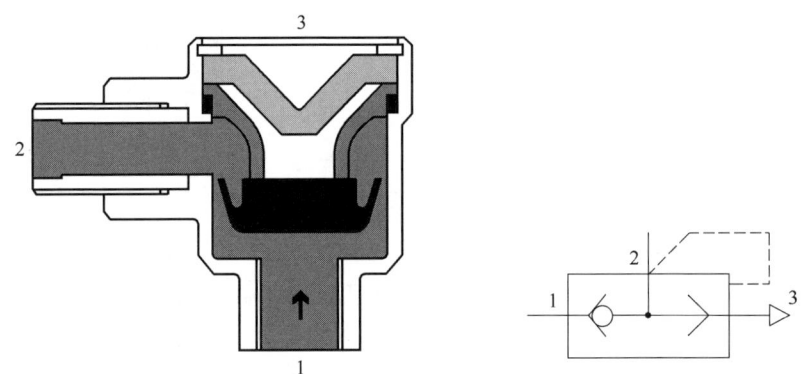

图 4-13 快速排气阀剖面图和气动图形符号

思考与练习

1. 在实际的工业系统中,为什么"节流阀"往往直接接在气缸上?
2. 对于"进气节流"和"排气节流"这两种方式,在水平运动系统和垂直升降系统中,如何进行选择,为什么?
3. 在实际气动工业系统中,如果要调节气缸(水平运动,初始为气缸缩回状态)伸出和缩回的速度,该如何调整?
4. 二位五通双气控换向阀是如何实现换向的?
5. 二位三通滚轮行程阀是如何工作的?
6. 节流阀的工作原理?

项目4 思考与练习

实 训 报 告

实训项目						
实训目的						
所用元件	名称					
	图形符号					
	型号					
	数量					

写出本项目的动作过程

项目 5　工件分送装置的安装与运行

5.1　实训设备和元器件

项目所需实训设备和元器件如表 5-1 所示。

表 5-1　　　　　　　　　　实训设备和元器件明细表

名称	数量	名称	数量
计算机(安装教学软件)	1	双压阀	1
气动实训台(含空压机)	1	机械滚轮行程阀	2
双作用气缸	1	二位五通手动换向阀	1
可调单向节流阀	2	二位三通手动换向阀	1
二位五通双稳记忆气控阀	1	气管	若干
延时阀(常开)	1		

5.2　项目目标

① 了解二位五通双稳记忆气控阀的功能。
② 了解机械滚轮行程阀的功能及使用。
③ 了解延时阀（常开/常闭）的功能及使用。
④ 掌握通过滚轮行程控制的延时阀在气动回路中的应用。

5.3　基础知识

5.3.1　延时阀

它具有延迟发出气动信号的功能。在不允许使用时间继电器（电控）的场合（如易燃、易爆、粉尘大等），用气动时间控制就显示出其优越性。

延时阀是一个组合阀，其由二位三通换向阀、单向可调节流阀和气室组成。延时阀是使气流通过气阻（如小孔、缝隙等）节流后到气容（储气空间）中，经一定时间气容内建立起一定压力后，再使阀芯换向。二位三通换向阀既可以是常开式，也可以是常闭式。通常，延时阀的时间调节范围为 0~30s。通过增大气室，可以使延时时间加长。

当控制口 12 上有气信号，且气室中气体压力已达到预定压力时，二位三通换向阀换向。若压缩空气是洁净的，且压力稳定，则可获得精确的延时时间。

延时阀带可锁定的调节杆，其可用来调节延迟时间。为满足不同流量要求，延时阀具有各种不同的规格。延时阀实物如图 5-1 所示。

（1）延时阀，常开式

延时阀由单气控二位三通阀、可调单向节流阀和小气室组成。当控制口 12 上的压力达到设定值时，单气控二位三通阀动作，进气口 1 与工作口 2 接通，如图 5-2 所示。

（2）延时阀，常闭式

延时阀由单气控二位三通阀、可调单向节流阀和小气室组成。当控制口 10 上的压力达到设定值时，单气控二位三通阀动作，进气口 1 与工作口 2 关闭，如图 5-3 所示。

图 5-1　延时阀实物图

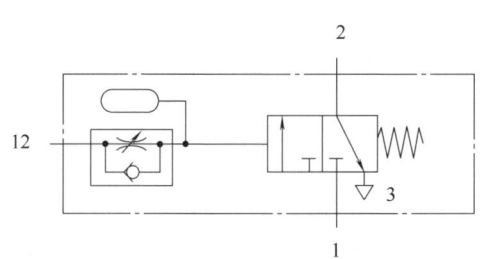

图 5-2　常开式延时阀示意图

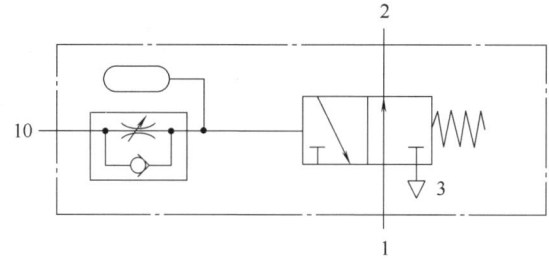

图 5-3　常闭式延时阀示意图

5.3.2　二位五通双气控换向阀

气动方向控制阀分为单向阀和换向阀。由于气压传动具有的特点，气动换向阀按结构不同分为滑阀式、截止式、平面式、旋塞式和膜片式等。按控制方式可分为电磁控制、气压控制、机械控制和手动控制等。

这里主要介绍二位五通双气控换向阀，通过气动信号改变阀位。如图 5-4、图 5-5 所示。

（1）滑柱式

如图 5-6 所示，二位五通双气控换向阀有五个气接口和两个工作位置，其常用来控制气缸动作。在这种换向阀中，阀芯与阀套之间的间隙不超过 0.002～0.004mm。

图 5-4　二位五通双气控换向阀实物图

图 5-6 中的二位五通换向阀为在控制口 12 上有气信号时的工作状态。

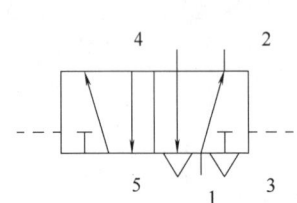

图 5-5　二位五通双气控换向阀图形符号

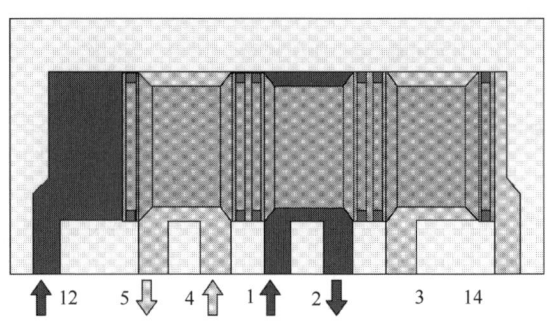

图 5-6　二位五通双气控换向阀，滑柱式

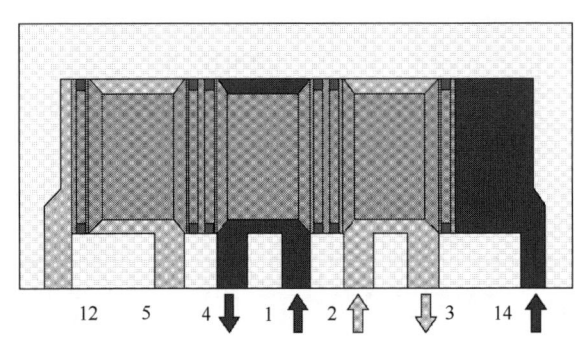

图 5-7　二位五通双气控换向阀（滑柱式）

如图 5-7 所示，为了避免损坏密封件，各气接口通常在阀体上径向分布。图示为在控制口 14 上有气信号时的工作状态。与截止式换向阀相比较，这种换向阀工作行程要大一些。

（2）圆盘式

如图 5-8 所示，二位五通双气控换向阀也可采用圆盘密封方式，其启闭行程相对较短。阀口的圆盘密封，既可以使进气口 1 与工作口 2 相通，也可以使进气口 1 与工作口 4 相通。双气控二位五通阀具有记忆功能。

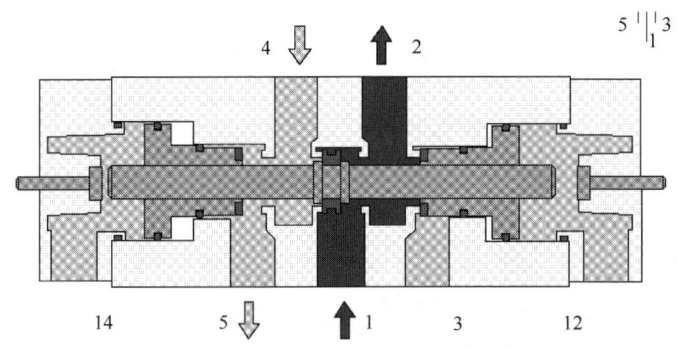

图 5-8　二位五通双气控换向阀（圆盘式口 12 接通）

如图 5-9 所示，当另一个控制口上有气信号时，二位五通换向阀将换向。在此之前，二位五通换向阀一直保持原来工作位置不变。这种换向阀两端各有一个手控装置，以便对阀芯手动操作。

5.3.3　机控换向阀

常见的机控换向阀有滚轮杠杆阀，单向滚轮杠杆阀，加压阀，气控接近开关，按钮

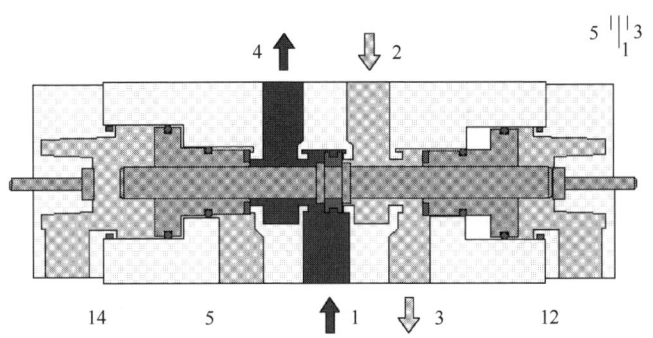

图 5-9 二位五通双气控换向阀（圆盘式口 14 接通）

阀，带定位的旋钮阀等。

（1）滚轮杠杆阀，常开式

按下杠杆（如通过凸轮），驱动滚轮杠杆阀动作，口 1 与口 2 接通。释放杠杆后，在复位弹簧作用下，滚轮杠杆阀复位，即口 1 与口 2 关闭，如图 5-10 所示。

（2）滚轮杠杆阀，常闭式

按下杠杆（如通过凸轮），可以驱动滚轮杠杆阀动作，从而口 1 与口 2 关闭。释放杠杆后，在复位弹簧作用下，滚轮杠杆阀复位，即口 1 与口 2 接通，如图 5-11 所示。

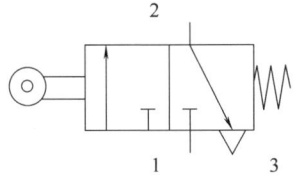

图 5-10 滚轮杠杆阀（常开）图形符号

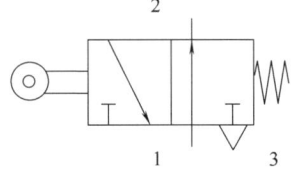

图 5-11 滚轮杠杆阀（常闭）图形符号

（3）单向滚轮杠杆阀，常开式

当滚轮被凸轮沿指定方向驱动时，单向滚轮杠杆阀才能够切换。释放滚轮后，单向滚轮杠杆阀在复位弹簧作用下复位，即口 1 与口 2 关闭。当沿相反方向驱动滚轮时，单向滚轮杠杆阀并不动作，如图 5-12 所示。

（4）加压阀

加压阀（带推杆控制）由凸轮表面驱动。当凸轮驱动推杆动作时，口 1 与口 2 接通，即它们之间可以自由流过压缩空气，直至口 1 关闭，工作口 2 处最大信号压力为进气压力。

图 5-12 单向滚轮杠杆阀图形符号

（5）气控接近开关

气缸活塞上的永磁铁磁环驱动接近开关动作，即口 1 与口 2 接通，并发出电信号。

（6）二位三通按钮阀，常开式

按下按钮，驱动按钮阀动作，则口 1 与口 2 接通。释放按钮，按钮阀在弹簧作用下复位，此时，口 1 关闭，如图 5-13 所示。

（7）二位三通按钮阀，常闭式

按下按钮，驱动按钮阀动作，则口 1 关闭。释放按钮，按钮阀在弹簧作用下复位，此

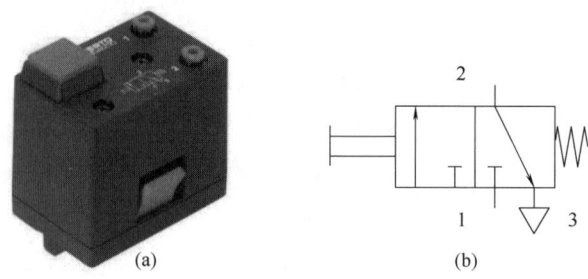

图 5-13 二位三通按钮阀（常开式）实物图及图形符号

时，口 1 与口 2 接通。

（8）二位三通按钮阀，带锁定

按下按钮，驱动按钮阀动作，此时，口 1 与口 2 接通。释放按钮，按钮阀并不动作，其仍保持工作状态。向右旋转按钮使其复位，则按钮阀在弹簧作用下也复位，即口 1 关闭，如图 5-14 所示。

（9）二位五通换向阀，带锁定

旋转按钮驱动二位五通换向阀动作，则口 1 与口 4 接通。释放按钮，二位五通换向阀仍保持工作状态。向右旋转按钮使其复位，此时，口 1 与口 2 接通，如图 5-15 所示。

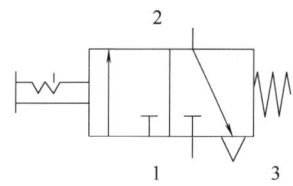

图 5-14 二位三通按钮阀（带锁定）图形符号

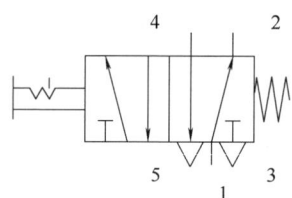

图 5-15 二位五通换向阀（带锁定）图形符号

5.4 实训操作

实训说明

用双作用气缸 1.0 将工件送入量测机。工件用往复运动的活塞杆分送。这种有节奏的运动采用带定位开关的控制阀来启动。

气缸前向行程的时间 $t_1=0.6s$。回程时间 $t_3=0.4s$。停止在前端位置的时间 $t_2=1.0s$。因此一个工作循环时间 $t_4=2.0s$，如图 5-16 所示。

实训操作 1　气动仿真软件练习

（1）任务要求

通过气动教学软件的使用，设计出工件分送装置的气动回路图。观察和了解机械滚轮行程开关，延时阀，双气控二位五通双稳记忆阀的在气动回路的工作过程。

（2）操作步骤

① 打开计算机，运行气动教学软件 FluidSIM-P。

配套视频

实训操作1　工件分送装置的安装与运行仿真

配套课件

实训操作1　工件分送装置的安装与运行仿真

项目 5　工件分送装置的安装与运行

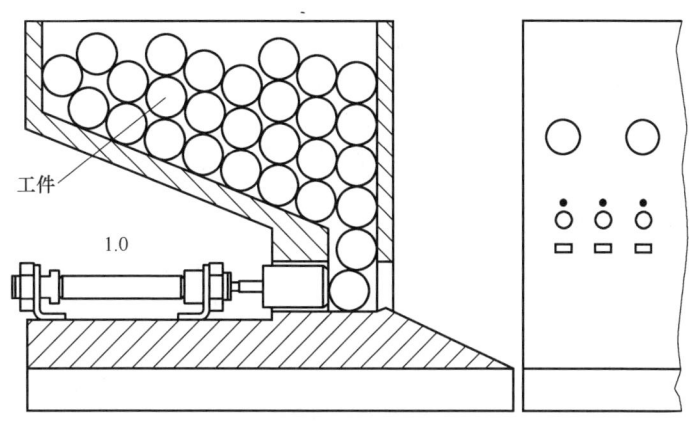

图 5-16　工件分送装置示意图

② 点击工具栏的"新建"按钮。

③ 根据实训说明在元件图库中选择所需元件，并拖动至右侧绘图区域中，在元件选定的气口之间绘制气管，完成气动回路的搭建。

④ 点选回路中的气动元件，通过鼠标右键菜单观看元件描述、元件图片和元件插图。

⑤ 仿真运行气动回路，观察回路的工作过程，如图 5-17 所示。

⑥ 完成实训报告。

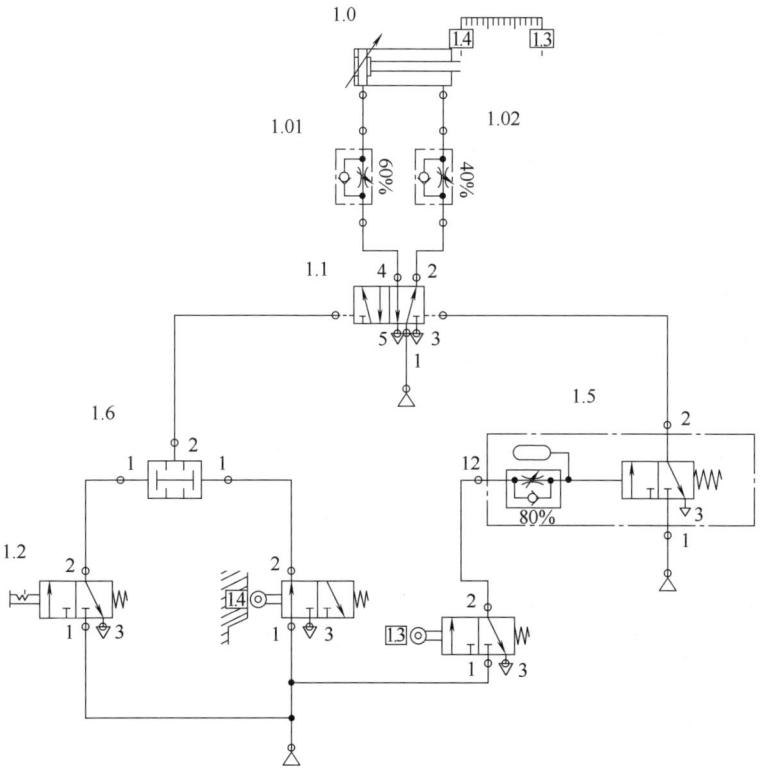

图 5-17　工件分送装置气动回路图

（3）分组讨论

通过观察教学软件中延时阀的工作过程，分组讨论延时阀在气动回路中的作用，通过气控行程阀实现气缸的自动回缩。

实训操作2　工件分送装置回路搭建

（1）任务要求

通过模拟仿真，如图5-17所示。在气动实训台上选择合适的元件进行连接，调试并运行。

（2）操作步骤

① 根据任务要求，设计基本回路，所设计的回路必须经过认真检查，确保正确无误。

② 按照检查无误的回路要求，选择所需的气动元件，并且检查其性能的完好性。

③ 初始位置：气缸1.0的活塞杆初始位置应在尾端位置，双气控二位五通双稳记忆阀1.1将压缩空气送入气缸的活塞杆（有杆腔）这一端，另一端的空气则被排出，机械滚轮行程阀1.4被压下。

④ 操作步骤1：转动旋钮1.2定位开关。与门阀的第二个条件也满足了，因此气压控制使阀门1.1换向，活塞杆在排气节流阀1.02情况下作前向运动，前向行程时间$t_1=0.6s$。在前端位置，活塞杆凸轮压下滚轮杆行程阀1.3，延时阀1.5被供气，压缩空气通过节流阀进入储气室，延时$t_2=1.0s$后，延时阀中的二位三通阀动作，输出控制信号使阀门1.1动作复位到初始位置。

⑤ 操作步骤2：阀门1.1控制活塞回程。回程速度受排气节流调节1.01，回程时间$t_3=0.4s$，至滚轮行程阀1.4再次被压下，回程结束。

⑥ 连续循环工作：如果启动开关阀门1.2保持在开启位置，则活塞杆将继续作往复运动。仅当该定位开关阀1.2回到初始位置，运动过程才会在一个循环完成后停止。

5.5　拓展知识

5.5.1　元件符号的表示

（1）气源的有关符号。

如图5-18所示，气源及其净化和调节元件的相关符号。

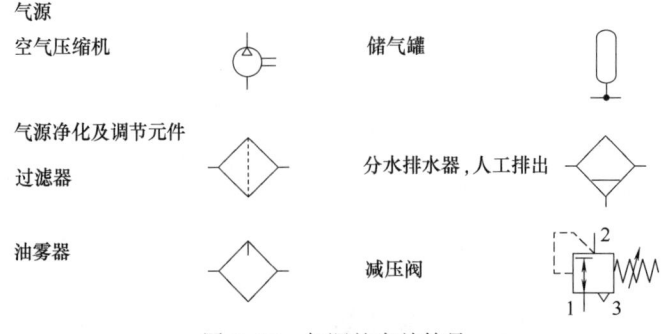

图5-18　气源的有关符号

（2）阀门的符号

通常，气动技术和液压技术所采用的元件符号是相同的，只是每种控制介质有自己的特征，如图5-19所示介绍部分元件及其符号。

（3）方向阀接口及其位置

方向控制阀可以用其控制的接口数目和位置数目来表示。每一个位置对应一个单独的方块，如图5-20所示。关键是在说明实际系统的回路符号和阀门时，每个接口要有专门的名称。为了保证线路连接的正确性，阀门与实际位置对应，必须明确控制回路和所用元件的关系。因此，要规定回路图中采用的符号，所用元件必须用正确的符号和名称加以标注。各种方向控制阀用数字符号加以区分。以前，曾用字母符号来表示方向阀接口，如表5-2所示。

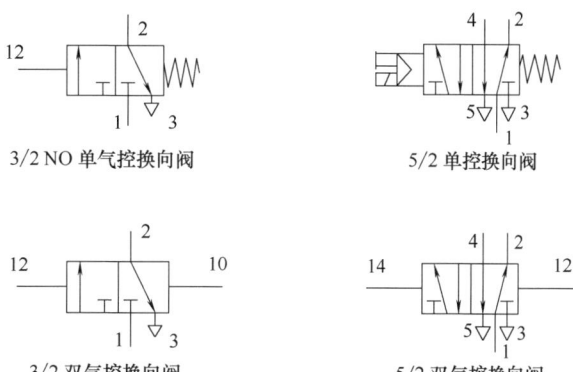

图 5-19 阀门的符号

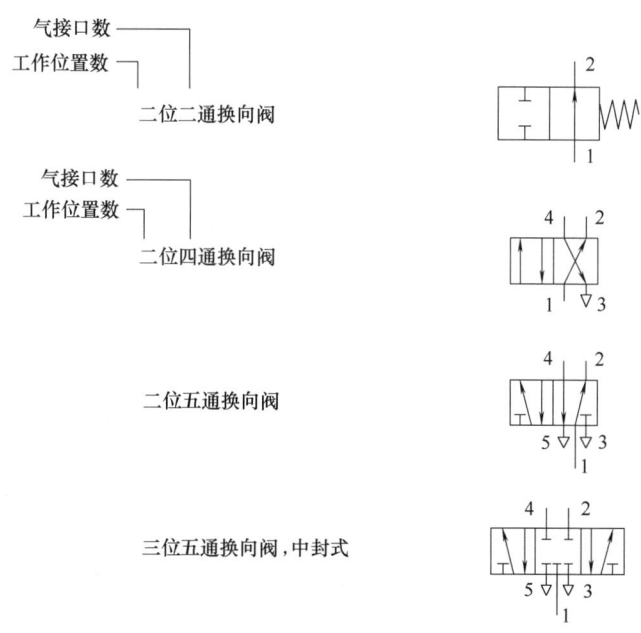

图 5-20 方向阀接口及其位置

（4）阀门控制方式

气动方向控制阀的控制方式可以根据任务的要求来决定，控制方式分为：机械式，气动式，电气式和组合操作方式。

当使用一个方向控制阀时，对阀门采用什么控制方式必须加以考虑，同时也应考虑复位动作的方式。通常，这是两种不同的方式。它们画在阀门符号的两侧。有的阀门可能有附加操作方法，如图5-21所示。

表 5-2　　　　　　　　　　　　　方向阀接口符号

接口	DIN ISO 5599	字母符号系统
压缩空气输入口	1	P
一个排气口	3	R(3/2 阀)
多个排气口	5,3	R,S(3/2 阀)
信号输出口	2,4	B,A
使 1 至 2 导通的控制管路接口	12	Z(单端气控 3/2 阀)
使 2 至 3 导通的控制管路接口	10	Y(双端气控 3/2 阀)
使 1 至 2 导通的控制管路接口	12	Y(5/2 阀)
使 1 至 4 导通的控制管路接口	14	Z(5/2 阀)
使阀门关闭的控制管路接口	10	Z,Y
辅助控制管路	81、91	P_Z

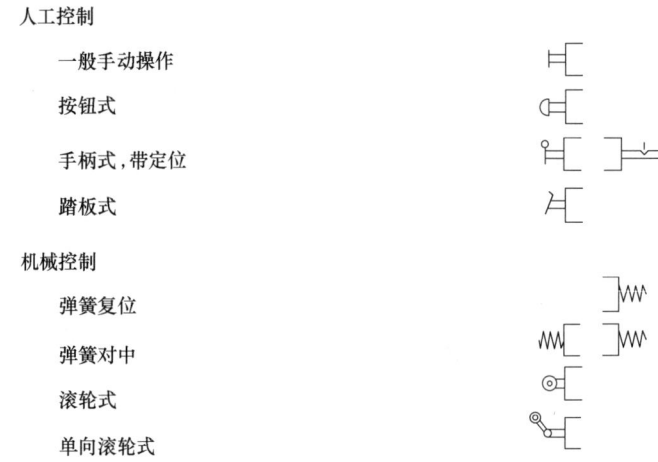

图 5-21　阀门控制方式示意图

5.5.2　气动回路图的规范绘制

气动系统应当根据控制流程图来画回路图。回路图中的信号流向是从下向上。一个控制系统中，能量供给是重要的，应当包括在回路图中。供气系统所需的元件应当画在回路图的下面，可以采用简化符号或者画出全部元件的符号。在大的回路图中，供气系统部分（调理组，梭阀，各种供气管道连接等）可以另外单独画。

回路图在布局时，不必考虑系统每个元件的实际位置。建议将图中所有气缸和方向控制阀门水平布置，且气缸运动的方向均为从左往右。这样，回路图更容易阅读理解。

（1）气动回路图的布局

问题：按下手动按钮或者脚踏板，双作用气缸的活塞杆就伸出。气缸完全伸出以后，如果这时手动按钮或脚踏板已经释放，则气缸返回它的初始位置，如图 5-22 所示。

图 5-22 中 1.3 阀门装在气缸完全伸出时所能碰到的位置。这个元件在回路图中画在信号输入层，不直接反映阀门所处的位置。而在图中气缸伸出时所能碰到的位置处有一个

项目 5　工件分送装置的安装与运行

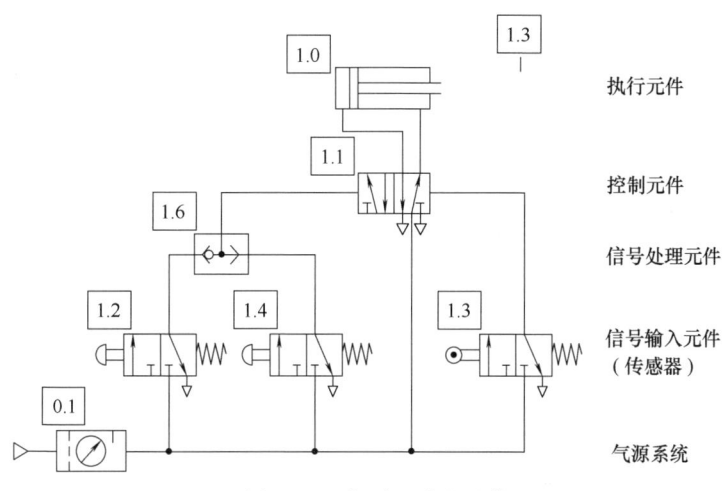

图 5-22　气动回路和元件

标记，这才是阀门 1.3 在工作线路中的实际位置。

当控制回路很复杂，包含许多工作元件时，可将控制系统分成几个控制部分。每个部分可根据其功能划分。

各个部分应该尽可能地按照操作运行的顺序依次画出来。

（2）回路中各元件的表示法

如图 5-23 所示，此图是气动直接控制回路中所画的每个元件应处于初始位置；图中这个阀门的初始位置是处于被开通的状态。这应当表示出来（例如，用一个箭头，或者对限位开关来说画一个带阴影线的凸起部分）。处于开通状态的阀门左边位置的管道接通了气源。由于滚轮被按下，初始状态时 1-2 口接通。

如表 5-3 所示，回路图中每个元件的编号与工作元件的对应关系和规定。

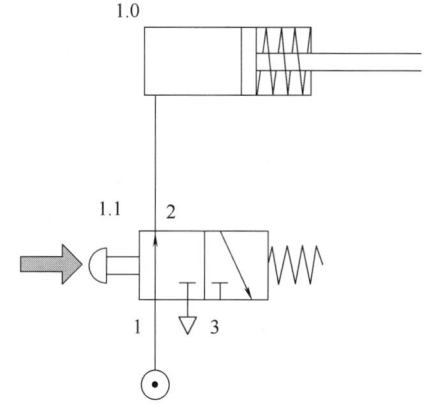

图 5-23　气动直接控制

表 5-3　回路图中每个元件的编号与工作元件的对应关系和规定

0	供气系统
1,2,3 等	各个工段或控制部分的编号
1.0,2.0 等	工作元件
.1	控制元件
.01,.02 等	介于控制元件和工作元件间的元件
.2,.4 等	对气缸前向冲程有作用的元件
.3,.5 等	对气缸回程有作用的元件

（3）绘制回路图的要点
① 信号流的方向是从回路图的下方向上。
② 气源可以用简化形式画出。
③ 图中不考虑实际元件的排列。
④ 尽可能将气缸和方向控制阀门水平绘制，气缸运动方向是从左往右。
⑤ 安装时使用的所有元件要与回路图中元件的名称标记一致。
⑥ 用标记表示输入信号的位置（如限位阀）。如果信号的产生是单方向的，就在标记上加一个箭头。
⑦ 图中每个元件处于控制的初始位置。已经被启动而动作的元件用带阴影线的凸起部分或者箭头加以区分。
⑧ 在画管道线时尽可能用直线，不要交叉，连结处画出一个明显的圆点表示。

5.5.3 气动位移-步骤图

气动位移-步骤图的画法，如图 5-24 所示。图中上部是执行件的动作过程，下部是信号转换。图 5-24 中"5=1"表示的是步骤 5 与步骤 1 相同，也可表示到此处可循环。

绘制气动位移步骤图时用两横线表示气缸的两个极端位置（0，1），用几条纵线表示工作的几个系统状态（1，2，3，…）。用粗直线表示各状态间的转换过程，在各状态点处用一定规则的点线表示传感元件的触发信号。

利用气动位移-步骤图可以方便地找出系统中产生故障的地方。

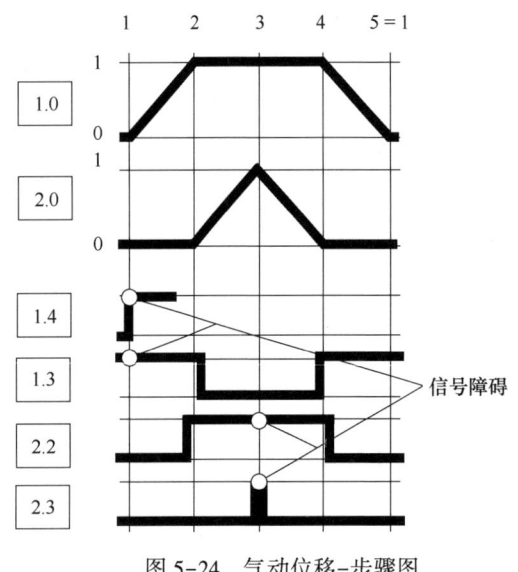

图 5-24　气动位移-步骤图

如图 5-25 所示的气动回路图，可以通过观察两个末级控制阀 1.1 和 2.1 上的气控信号识别信号的重叠。开始按按钮时 1.1 阀的两端都有气控信号，故不能启动。当使用惰轮杆后，可以消除 1.3 阀的启动障碍信号，如图 5-26 所示。

注意：

惰轮杆 2.2 的安装位置，不能达到气缸 1.0（A）的最外端；同时，惰轮杆的安装方向也要注意，如图箭头所示。

惰轮杆 1.3 的安装位置，不能达到气缸 2.0（B）的最内端；同时，惰轮杆的安装方向也要注意，如图箭头所示。

也就是说，利用惰轮杆阀的方法，在动作上是可以完成了；但是，由于惰轮杆阀 2.2 不能位于气缸 1.0 的最外端（假设气缸 1.0 的行程为 0~100mm）；否则，气缸 1.0 伸出，气缸 2.0 伸出，由于故障的（2.2 和 2.3）存在，回路不能进行下去，如图 5-26 所示。

项目5 工件分送装置的安装与运行

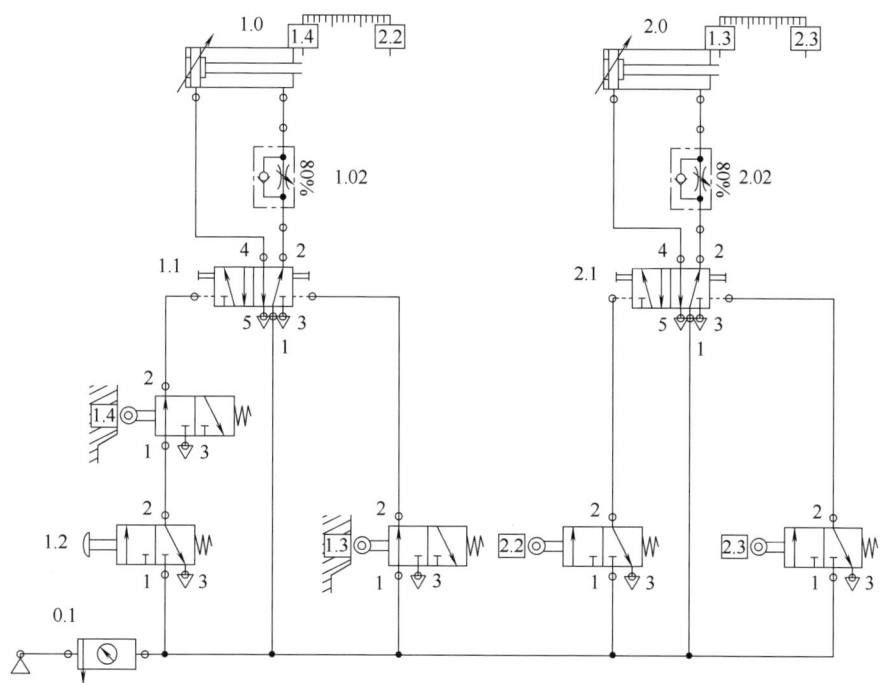

图 5-25 气动回路图

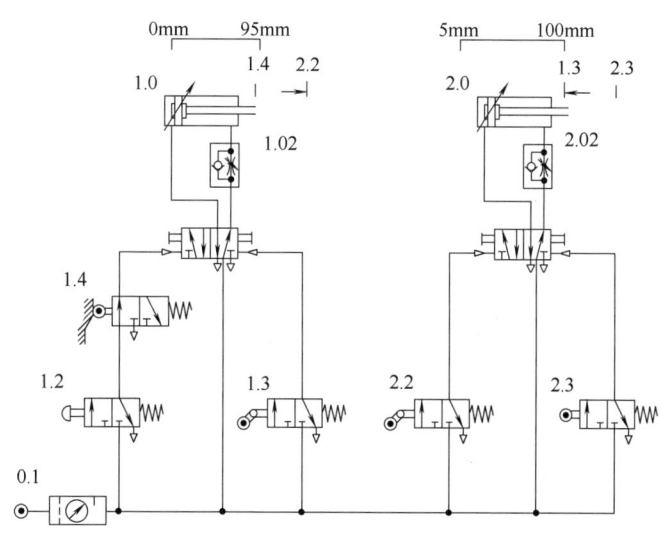

图 5-26 气动回路图（惰轮杆）故障一

同时，惰轮杆阀 1.3 不能位于气缸 2.0 的最内端（假设气缸 2.0 的行程为 0~100mm）；否则，系统只能完成第一次动作，接下来，就不能再循环了。如图 5-27 所示（已完成首次动作，但不能继续工作了）。

因此，利用图 5-28 的方法，只能用于对系统要求不高的场合。至于故障解决的方法，参考后面的章节。

利用气动位移-步骤图，画出在每个工步要动作时的条件，就可以找出故障的地点。

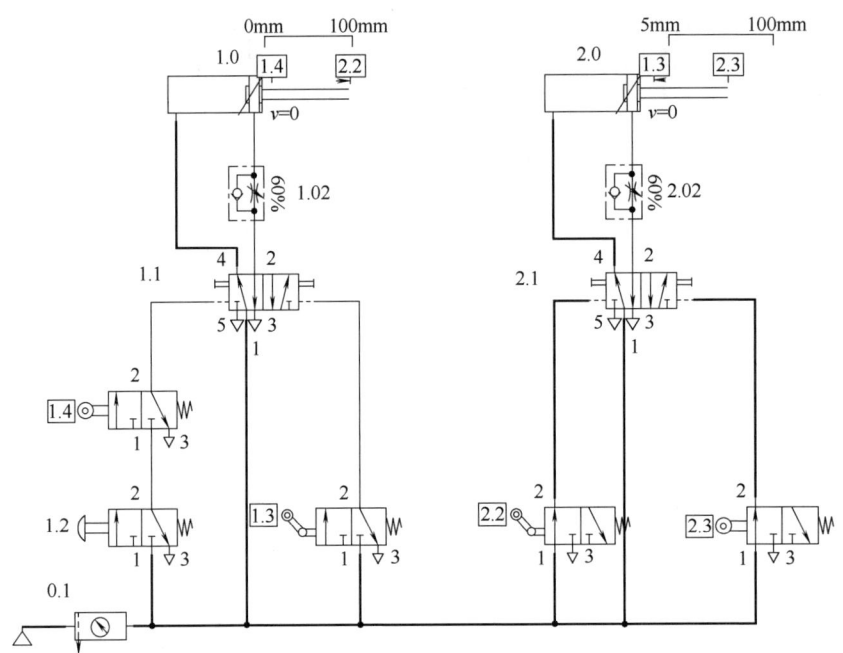

图 5-27 气动回路图（惰轮杆）故障二

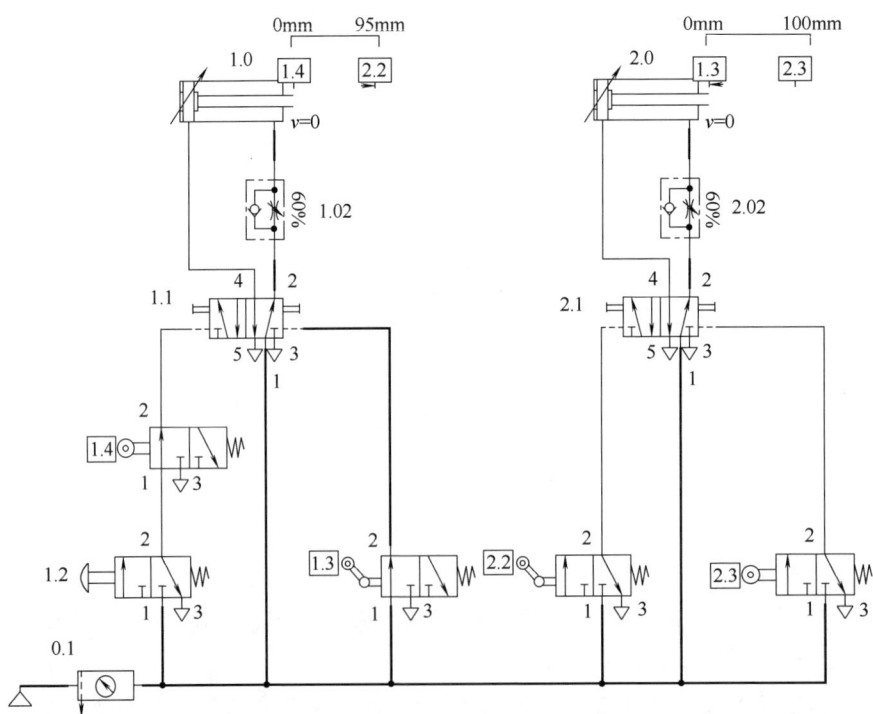

图 5-28 气动回路图（惰轮杆）故障三

思考与练习

1. 如何来设定延时阀的时间（如 5s）？
2. 在工业中，常见的气动换向阀有哪些？
3. 换向阀的工作方式有哪些？
4. 气动位移-步骤图的横线和纵线分别代表什么？
5. 如何通过气动位移-步骤图来查找故障？

项目5 思考与练习

实 训 报 告

实训项目						
实训目的						
所用元件	名称					
	图形符号					
	型号					
	数量					

写出本项目的动作过程

项目 6 垃圾集装压实机的安装与运行

项目6 垃圾集装压实机的安装与运行

6.1 实训设备和元器件

项目所需实训设备和元器件如表 6-1 所示。

表 6-1　　　　　　　　　　实训设备和元器件明细表

名称	数量	名称	数量
计算机（安装教学软件）	1	梭阀	1
气动实训台（含空压机）	1	二位三通手动换向阀	1
双作用气缸	2	压力顺序阀	1
二位五通双气控换向阀	2	气管	若干
二位三通滚轮行程阀	3		

6.2 项目目标

① 了解压力顺序阀的工作原理。
② 了解两个双作用气缸的间接控制。
③ 了解滚轮行程阀控制运动的步序。
④ 掌握带信号线的位移-步骤图描述。

6.3 基础知识

6.3.1 压力顺序阀

如图 6-1 所示，压力顺序阀主要有两个部分组成：一个溢流阀和一个 3/2 常开的气控阀组成。图 6-1 中，深色表示有压缩气体，浅色表示自由空气。其工作简介如下。

（1）压力顺序阀未驱动时

如图 6-1 所示，顺时针旋转调节旋钮，压下调节弹簧，带动 C 形顶杆向下动作，压下工字顶杆，从而将膜片紧紧地封闭住口 12（3/2 阀的气控口）。同时，3/2 阀由于口 1 有压缩气体，带动阀体向图中右边运动（因为进入口 1 的压力是相同的，但阀体的左右两边的面积不同，右边的面积大于左边的面积）；所以，阀体处于如图位置。密封件将 3/2 阀的口 1 和口 2 隔离，3/2 阀的口 3 和口 2 导通。

（2）压力顺序阀已驱动时

如图 6-2 所示，3/2 阀的口 12 有压缩气体进入。当其压力达到或超过调节弹簧的压

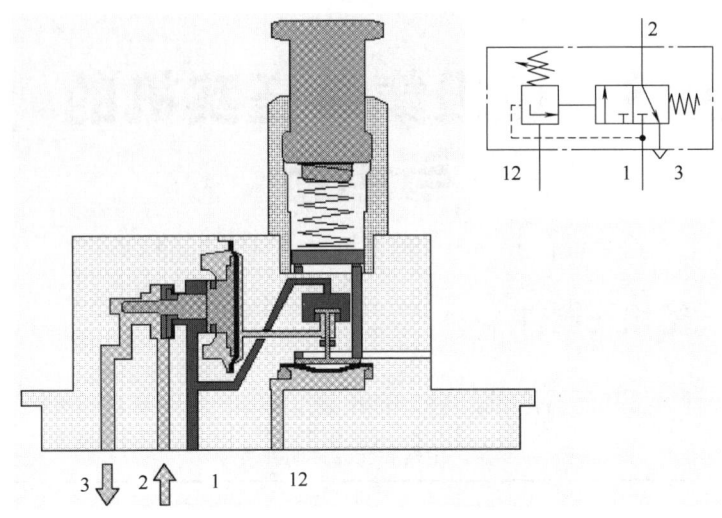

图 6-1 压力顺序阀（未驱动）

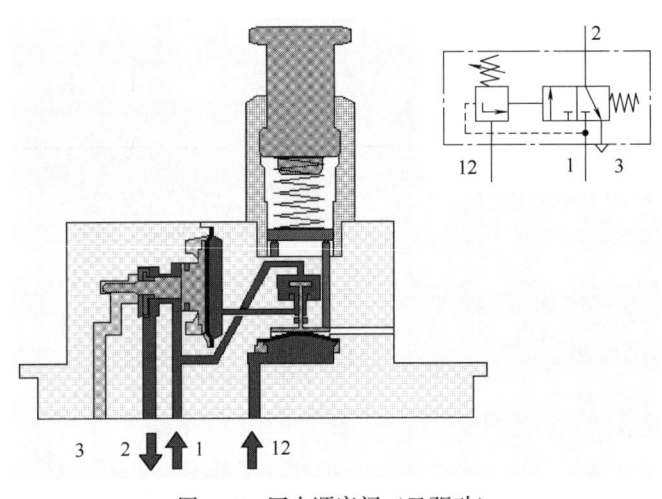

图 6-2 压力顺序阀（已驱动）

力（压力设定值）时，推动膜片连同工字顶杆、C 形顶杆往上动作，从而使口 1 进入的压缩气体，通过小气室进入 A 处，从而推动阀体向左运动，密封件将口 2 和口 3 隔断，口 1 和口 2 导通。那么，压缩气体可以从压力顺序阀的口 1 导通到口 2（工作口），从而可以实现压缩气体的顺序控制。当口 12 进入的气压降低或无气时，由于复位弹簧的作用，使得压力顺序阀回到初始未驱动的状态。

预先设定压力，当口 12 压力达到设定压力时，口 2 有信号输出。

压力顺序阀是依靠气路中压力的变化来控制执行元件按顺序动作的压力阀。顺序阀的动作原理与溢流阀基本一样，所不同的是溢流阀的出口为溢流口，输出压力为零。而顺序阀相当于二个控制开关，当进口的气体压力达到顺序阀的调整压力而将阀打开时，阀的出口输出二次压力。压力顺序阀的实物图如图 6-3 所示。

6.3.2 滚轮杆行程阀

在方向控制阀中按照控制方式可分为电磁控制、气压控制、机械控制和手动控制，滚轮杆行程阀和惰轮杆行程阀都属于机械控制。

（1）二位三通行程阀（球密封-1）

如图 6-4 所示，复位弹簧将阀芯挤压在阀座上，从而使阀口关闭，进气口 1 与工作口 2 不相通。该换向阀未驱动时，其进气口 1 关闭，工作口 2 与排气口 3 相通。

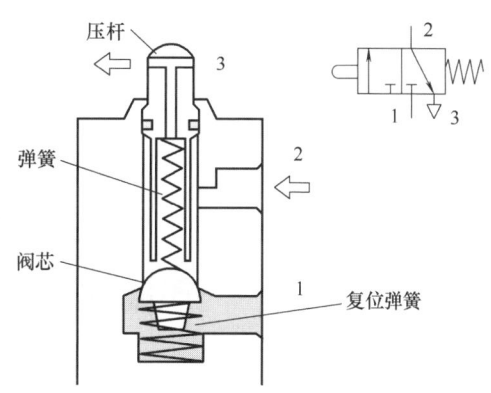

图 6-3　压力顺序阀实物图

图 6-4　二位三通行程阀（球密封-1）

（2）二位三通行程阀（球密封-2）

如图 6-5 所示，驱动推杆可将阀口打开。阀口打开时，须克服复位弹簧力和气压力（由压缩空气产生）。一旦阀口打开，进气口 1 就与工作口 2 相通，压缩空气可进入换向阀输出侧，即换向阀有气信号输出。

驱动力大小取决于换向阀通径。

这种换向阀结构紧凑，可安装各种类型的驱动头。对于直接驱动方式来说，驱动推杆动作的驱动力限制了其应用。大流量时，阀芯有效面积也大，这就需要较大的驱动力才能将阀口打开，因此，此类型换向阀通径不宜过大。

（3）二位三通行程阀（圆盘式）（未驱动）

如图 6-6 所示，这种换向阀采用圆盘密封结构，较小阀芯位移就可产生较大的过流面积，具有响应快的特点。

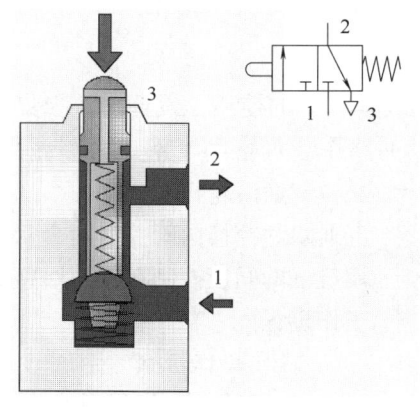

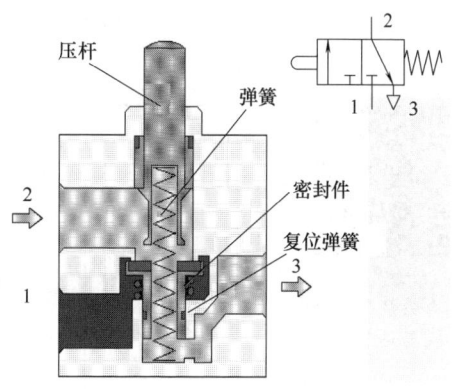

图 6-5　二位三通行程阀（球密封-2）

图 6-6　二位三通行程阀（圆盘式）（未驱动）

（4）二位三通行程阀（圆盘式）（已驱动）

如图6-7所示，即使缓慢驱动该换向阀，也不存在压缩空气损失。在未驱动状态下，进气口1与工作口2不相通的二位三通换向阀被称之为常开式换向阀。当按下顶杆时，工作口2与排气口3相通，压缩空气经排气口3排出。采用圆盘式密封结构的换向阀具有抗污染能力强、寿命长等特点。

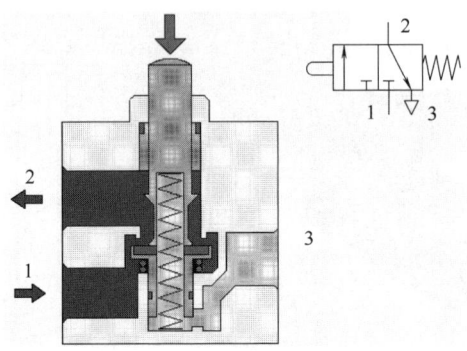

图6-7 二位三通行程阀（圆盘式）（已驱动）

6.4 实训操作

垃圾集装压实机的模型工作在最大工作压力 $p=300\mathrm{kPa}=0.3\mathrm{MPa}$ 的工况下，它装有预压实机（1.0），包括玻璃破碎机以及主压实机（2.0）。主压实机的最大工作压力 $F=2200\mathrm{N}$。当压下启动开关按钮。预压实机前向运动，然后主压实机前向运动。两个气缸的回程运动是同步的。

当垃圾箱装满时，主压实机的气缸不能达到前端位置，这时两气缸的回程则由压力顺序阀来控制。压力顺序阀设置在 $p=280\mathrm{kPa}=0.28\mathrm{MPa}$ 时动作，如图6-8所示。

实训操作1 气动仿真软件练习

（1）任务要求

通过气动教学软件的使用，设计出垃圾集装压实机的气动回路图。观察和了解压力顺序阀，二位三通滚轮行程阀，两个二位五通双气控换向阀控制两个双作用气缸的间接控制在气动回路的工作过程。

（2）操作步骤

① 打开计算机，运行气动教学软件 FluidSIM-P。

图6-8 垃圾集装压实机实体图模型

② 点击工具栏的"新建"按钮。
③ 根据实训说明在元件图库中选择所需元件,并拖动至右侧绘图区域中,在元件选定的气口之间绘制气管,完成气动回路的搭建。
④ 点选回路中的气动元件,通过鼠标右键菜单观看元件描述、元件图片和元件插图。
⑤ 仿真运行气动回路,观察回路的工作过程,如图6-9所示。
⑥ 完成实训报告。

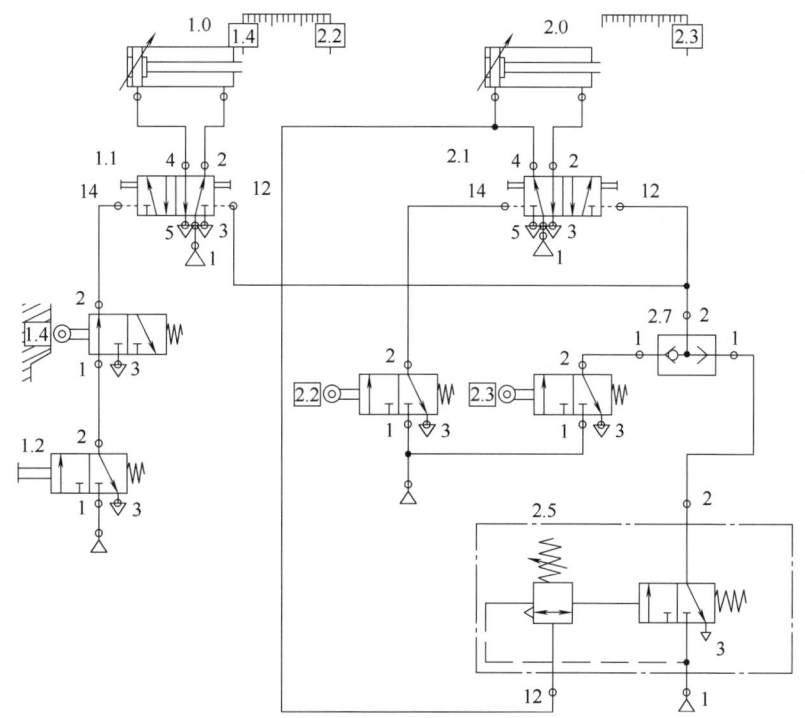

图6-9 垃圾集装压实机气动回路图

（3）分组讨论

通过观察教学软件中压力顺序阀元件的工作过程,分组讨论滚轮行程阀的工作过程,通过两个二位五通气控双稳记忆阀间接控制两个气缸的动作。

实训操作2 垃圾集装压实机的安装与运行

（1）任务要求

通过模拟仿真,在气动实训台上选择合适的元件进行连接,调试并运行。

（2）操作步骤

① 根据任务要求,设计基本回路,所设计的回路必须经过认真检查,确保正确无误。

② 按照检查无误的回路要求,选择所需的气动元件,并且检查其性能的完好性。

③ 初始位置:两个气缸的初始位置都在尾端位置。滚轮行程阀1.4被压下。

④ 操作步骤1:按下按钮开关阀1.2,二位五通双气控换向阀1.1换向,气缸1.0伸出,活塞杆凸轮压下行程开关——滚轮行程阀2.2。

⑤ 操作步骤2：滚轮杆行程阀2.2动作使二位五通双气控换向阀2.1换向，气缸2.0伸出，达到前端位置，活塞杆压下滚轮行程阀2.3。

⑥ 操作步骤3：滚轮杆行程阀2.3动作，使两个二位五通双气控换向阀1.1和2.1换向，两个双作用气缸回缩，在气缸1.0的尾端位置滚轮行程阀1.4再次被压下。

⑦ 压力顺序阀2.5，当垃圾箱装满，气缸2.0不能达到前端位置，则靠压力顺序阀动作，经或阀（梭阀）2.7使两个二位五通双气控换向阀换向，两个气缸回缩。

⑧ 实验完毕后，应当先关闭截止阀。经确认回路中压力降为零后，取下连接气管和元件，放入实训抽屉中。

（3）分组讨论

① 气缸的选型依据。

② 滚轮行程阀的作用。

③ 两个二位五通双气控换向阀的作用。

④ 压力顺序阀的作用。

6.5 拓展知识

6.5.1 节流阀

对于节流阀调节特性的要求是：流量调节范围大、阀芯的位移量与通过的流量呈线性关系。节流阀节流口的形状对调节特性影响较大。对于针阀型来说，当阀开度较小时调节比较灵敏，当超过一定开度时，调节流量的灵敏度就差了。三角沟槽型通流面积与阀芯位移量呈线性关系。圆柱斜切型的通流面积与阀芯位移量成指数（指数大于1）关系，能进行小流量精密调节，节流阀外形如图6-10所示。

其金属阀芯经研配密封，采用三角沟槽式节流口。调节螺纹为细牙螺纹，通过手轮调节阀芯的轴向位置即可调节通流面积。此阀常用于速度控制回路及延时回路，节流阀结构如图6-11所示。

图6-10 节流阀实物图

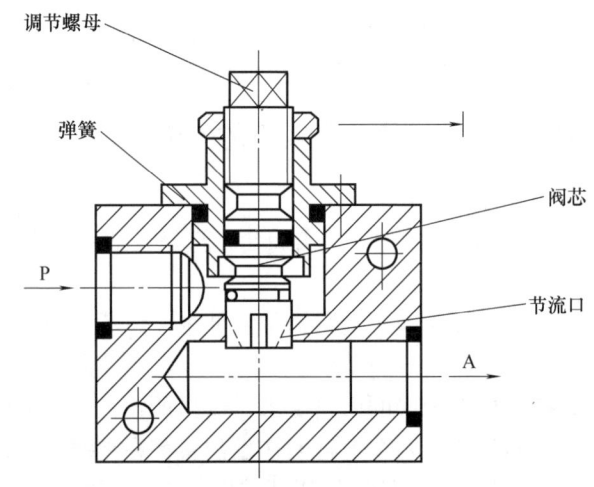

图6-11 节流阀结构示意图

6.5.2 可调单向节流阀

可调单向节流阀能够调节压缩空气流量，带锁定螺母，即对其开口度锁定。可调单向节流阀只能在一个方向上对流量进行控制，外形如图 6-12 所示。

可调单向节流阀由单向阀和可调节流阀组成，单向阀在一个方向上可以阻止压缩空气流动，此时，压缩空气经可调节阀流出，调节螺钉可以调节节流面积。在相反方向上，压缩空气经单向阀流出，如图 6-13 所示。

如图 6-14 所示，当气流正向流动时，从进口 P 流向出口 A，中间要经过节流阀的节流孔而受到控制。当气流反向流动时，从 A 口进入推开单向阀阀芯直接到达 P 口流出，不必经过节流阀的节流孔。此阀常用于单向节流调速回路中。

图 6-12 可调单向节流阀实物图

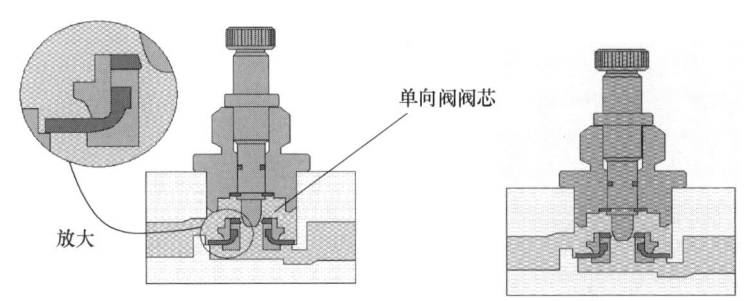

图 6-13 可调单向节流阀示意图

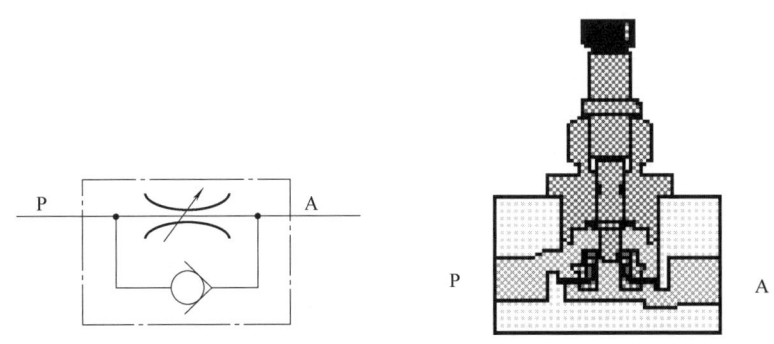

图 6-14 可调单向节流阀图形符号

6.5.3 进气节流控制

使用进气节流控制时，安装单向节流阀以便控制流向气缸的空气。排气可以通过出口侧的单向阀自由排出。活塞杆上的极小负载波动，例如通过限位开关时发生的波动，都会导致极不稳定的给料速度。

气缸运动方向上的负载会将气缸加速到设定值以上。因此进气节流控制广泛应用于单作用和小容积气缸。

6.5.4 排气节流控制

使用排气节流控制时,进气自由流向气缸,而排气阀中的节流阀为向外流动带来了阻力。活塞夹在两个气垫之间,气垫是通过进气压力和排气节流阀的阻力积累起来的。单向节流阀的这种设计可极大地改善进给状况。排气节流控制广泛应用于双作用气缸。

思考与练习

1. 在气动系统中,用来控制与调节压缩空气的"方向",可以由几种方式来实现?
2. 简述压力顺序阀的工作过程。
3. 滚轮杆行程阀的分类有哪些?
4. 简述滚轮杆行程阀的工作过程。
5. 简述进气节流和排气节流的区别。

实 训 报 告

实训项目						
实训目的						
所用元件	名称					
	图形符号					
	型号					
	数量					

写出本项目的动作过程

项目7 矿石筛选机的安装与运行

7.1 实训设备和元器件

项目所需实训设备和元器件如表7-1所示。

表7-1 实训设备和元器件明细表

名称	数量	名称	数量
计算机(安装教学软件)	1	二位三通双气控换向阀	1
气动实训台(含空压机)	1	压力调节阀	1
双作用气缸	2	二位三通滚轮行程阀	2
单作用气缸	1	二位五通带定位手控开关	1
二位五通双气控换向阀	2		

7.2 项目目标

① 了解二位五通双气控换向阀控制双作用气缸和二位三通双气控换向阀控制单作用气缸。
② 了解压力调节阀的工作原理。
③ 了解滚轮行程阀的功能。
④ 掌握用一个滚轮行程阀控制三个双气控换向阀。

7.3 基础知识

7.3.1 气动系统设计过程

（1）设计任务的分析
根据设计任务的具体性质确定该项目的目标。方案设计要在分析阶段之后方可进行。为了确定每个工作步骤的内容、时间、任务落实等也可以先设计整个项目计划的流程图。
（2）设计
首先是总的系统的设计，一般是确定系统硬件和控制手段。在这一阶段也可以考虑选择其他多种方案。
下一个阶段的设计包括以下几个方面：
① 硬件系统的设计。
② 说明文件的制定，初始资料的收集准备。

③ 确定进一步的要求。
④ 制定项目进度表。
⑤ 查阅产品目录及其说明。
⑥ 成本核算。
（3）实施方案

工程要按设计的技术要求来完成。首先要定购系统硬件，并准备好构造整个系统的其他部件。要根据工程进度要求确定交货日期，并制定一个工程进度表。在系统进行安装以前，必须先检测控制系统的性能，这对保证现场工作顺利进行是十分重要的。安装工作包括，控制部分、执行机构、传感器的安装和调整组件的连接。控制系统运行之前必须将安装工作全部完成。安装一旦结束，就要及时移交进入调试工作。先对所有元件进行性能测试，然后可对整个系统进行性能试验。最终要保证系统按条件顺序动作，机器遵照所要求的和规定的运行条件试运行，即包括元件发生故障，出现紧急情况，手动循环，自动循环，管道出现堵塞现象等。直到元件产品的质量能够保证机器正常工作，方可正式移交使用。

（4）评价

系统移交工作完成之后，要对系统的使用效果进行评价，与原始技术规定相比较。若能很好地维护机器和气动控制系统，显然将提高生产效益和减少成本。

（5）维护与改进

平时有规律地、仔细地维护控制系统可以增加系统的可靠性，减少运行费用。

系统运行一段时间以后，某些元件可能会出现磨损的现象，这可能是由于产品选择不当或者运行条件发生了变化所引起的。按规定的时间间隔进行防护性的维护检查，有助于诊断这类故障，避免系统因此而停止工作。

系统使用一段时间以后，可以换去旧的元件或者对控制系统加以改进，以便提高系统的可靠性。对于系统设计上的不足或以后增加的新功能进行酝酿、改进、不断完善该系统。

7.3.2 设计过程中必须考虑的安全问题

（1）突然停电、故障的安全要求

控制系统突然发生故障，或者设备断电，必须保证不会影响操作人员的生命安全，保证不会导致设备的严重损坏。

配有多个气缸的气动设备必须有一个紧急停止按钮开关作为保护措施。同时，要根据设备设计和操作的特点，决定是否采取下列紧急停止措施：

① 关断气源，使设备处于无压条件。
② 使所有工作气缸回到其初始位置。
③ 使所有气缸安全地停在现有运动位置上。
④ 可从上述三种可能的措施中任选两种。

（2）气动夹紧装置的安全要求

当气缸夹紧装置的控制系统在设计和安装时应当避免操作失误，这可以通过手动开关加装保护盖，或者控制线路内部互锁。

必须当心别让夹紧装置夹住操作人员的手。有夹紧装置的机器应当在夹紧装置完全夹紧后，方能允许驱动工作轴或进给装置。这可以通过采用：压力传感器，或者压力顺序阀来检查夹紧状况而实现。

当机器夹紧工件时，供气系统的故障不应造成夹紧装置松开的现象。可以通过以下办法来实现：

① 压缩空气储气罐。

② 控制回路内部自锁。

（3）对环境影响的考虑

气动系统可能出现两种形式的环境污染：

① 噪声：由压缩空气外泄所引起。

② 油雾：由通过压缩机或压缩空气调理组引进的润滑油所引起，每当排气时，油雾随压缩空气排入大气之中。机械工具或机械控制的机器排放出来的空气包含油雾。蒸汽状的油雾常常可以在室内停留很长时间，如果被人吸入将是有害的。对于有大量气动马达或者设备上装有大口径气缸的场合来说，环境污染问题实际上是很突出的。

应当采取有效的相应措施，以便及时减少排入大气中的油雾含量。

（4）排气噪声的控制

必须采取措施控制过大的排放噪声。

安装排放消声器，消声器可用来减少阀门排气口的噪声。消声器的工作原理是，通过增大或减小流体阻力的方法来控制排气气流。一般来说，消声器对活塞杆的速度影响很小。而采用节流消声器时，流体阻力则是可调节的。这种消声器可用来控制气缸活塞杆的速度和阀门动作响应时间。

减少噪声的另外一种办法是，安装一些支管，将其接到驱动阀门的排气口，然后通过一个大的公共消声器排放。

（5）操作安全

在对气动系统进行检修或操作时，应当十分小心地拆卸和取出供气管道。管内所积聚的能量将在极短时间内排射出来，并以很大的力使管道发生鞭打现象，以至伤及人身安全。因此，应当尽可能在拆卸管道以前先切断管道两端的压缩空气，并释放压力。还有一种危险情况也是值得注意的，压缩空气中混入的杂质颗粒随空气爆出时，可能伤害眼睛。为了保障人身安全，绝大多数气动控制系统装有安全装置和防护设备，一旦发现设备有问题，就应停止使用。

7.3.3 气动回路图设计

一般地说，绘制气动回路图的方法有两种：直觉法或称试凑法。

还有根据一定的规则设计，即系统设计法。

对于简单的气动系统可用功能叠加法，即根据各元件（组）的功能用有机叠加的办法来设计，再经实际搭接试验，最后优化定型。采用此法要求设计者具有一定的经验和知识的积累。

而采用后一种方法时，它的成功率很高，所花时间少，但要求熟悉一定的方法和掌握一定的基础理论。

无论采用哪一种回路设计方法,最终目的是要使系统具备一定的功能和实现可靠的操作控制。以前强调选用硬件价格不要太高的方案,而现在则更侧重于以清晰和布局明了的说明文件来保证系统的运行可靠和维护方便。

现在人们更多地采用系统设计方法。在系统设计方法中,控制系统总是根据规定的程序来构造,减少了设计人员人为因素的影响。但是,在大多数情况下,这种系统设计的方法所需元件要比采用直觉法构造同一个回路所需元件多。但是,由于在设计构思阶段比较节省时间,以及便于维护等,所以系统设计方法要用更多的元件这一不足之处可以得到弥补。

无论用哪一种方法或技术绘制回路图,都需要有关设备的全部基础知识和所用元件的开关特性方面的知识。

7.3.4 多缸控制回路设计

在设计多缸控制回路时,各缸动作的先后次序要明确,这是十分重要的。所有气缸的运动都用位移-步骤图来表示。有关启动顺序的条件也应加入。

如果系统运动图及附加的条件均已确定,就可以开始画回路图了。根据要求及标准的绘图方法和已有的草图,设计控制回路。

回路图的设计取决于所选择的信号加工方式。如果采用简单的控制方式,可通过惰轮式滚轮杆切除返回信号,但这是一种不常用的方法。

在绝大多数情况下,是利用换向阀切除信号。

利用换向阀构造回路图的方法是最容易掌握的,它用于控制回路中要用换向阀来切除信号的地方。以后的步进回路设计时也用此法。

另一点值得注意的是,控制回路中包括一系列附加条件。在回路的基本功能已经完成的情况下,再考虑这些附加条件。这些条件在回路中应当逐一地加以考虑。即回路图应当逐步地完善扩充。用这个方法可以使回路图从总体来说十分清楚,又可满足某些地方很细微的控制要求。

通过下面的各例题就能掌握这一方法的使用。

（1）协调动作

[**例 7-1**] 如图 7-1 所示,两个气缸被用来从料仓到滑槽传递工件。按下按钮,气缸 1.0 伸出,将工件从料仓推到气缸 2.0 前面的位置上,等待气缸 2.0 将其推入输送滑槽。工件被传递到位后,第一个气缸 1.0 回缩,接着第二个气缸 2.0 回缩。两个气缸的运动速度是可调节的。同时需要检测它们的伸出及回缩是否已经到位。

解：两气缸的位移情况如图 7-1 所示,执行机构的工作顺序是：气缸 1.0 伸出,然后 2.0 伸出。再气缸 1.0 返回,2.0 返回。在气缸的各极限位都有位置开关。

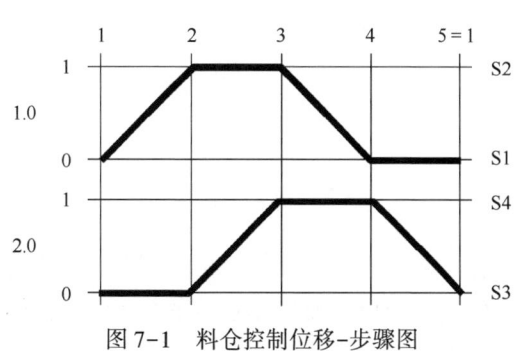

图 7-1 料仓控制位移-步骤图

① 系统分析。根据题意,首先要确定系统所用的元件,如表 7-2 所示。

表 7-2　元件的确定

序号	元件	数量	说明
1	双作用气缸	2	A 和 B,执行元件
2	3/2 机控换向阀,单控信号	4	气缸位置检测
3	5/2 双气控换向阀	2	分别用于切换气缸 A、B 的压缩气体的流动方向
4	3/2 单气控换向阀	1	用于启动信号
5	气源装置(套)	1	二联件或三联件,提供能源
6	单向节流阀	2	调速装置(可选),调节气缸 A 和 B 前向冲程的速度

② 气动回路设计。一般的气动系统主要可分为两个回路：主回路和控制回路。主回路一般主要包括执行元件、主控换向阀等元件；控制回路一般包括动作信号元件（输入/输出信号）、位置检测（控制信号）元件、速度调节元件等。当然，每个部分都必须要有能量源（气源）和管路（气管）等辅助装置。

第一，先设计该装置的主回路，如图 7-2 所示。

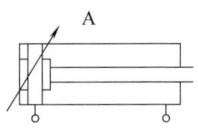
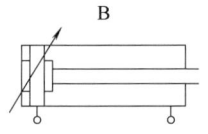
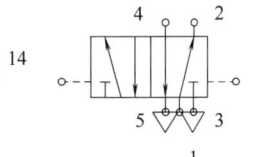
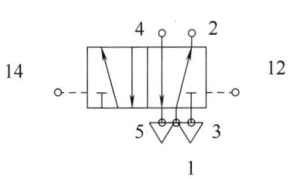

图 7-2　装置主回路图

第二，在此基础上决定每个执行元件的检测信号的位置。根据题意，已知：该系统中包含了 4 个位置检测装置参见表 7-2；所以，可以作出如图 7-3 所示的位置图。

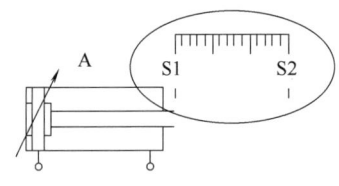
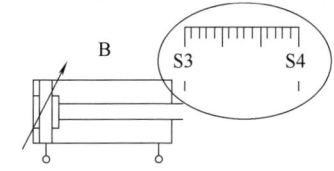
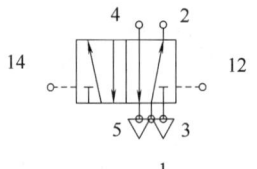
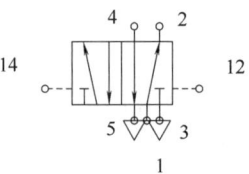

图 7-3　检测信号位置图

第三，画出检测信号元件布置图，一般用符号表示，如图 7-4 所示。

第四，在上述基础上，加入输入信号（气控按钮阀）和气源，得到系统各元件布置图，如图 7-5 所示。

第五，加入系统运行时的调速装置（单向节流阀，调节气缸前向行程的速度，方式

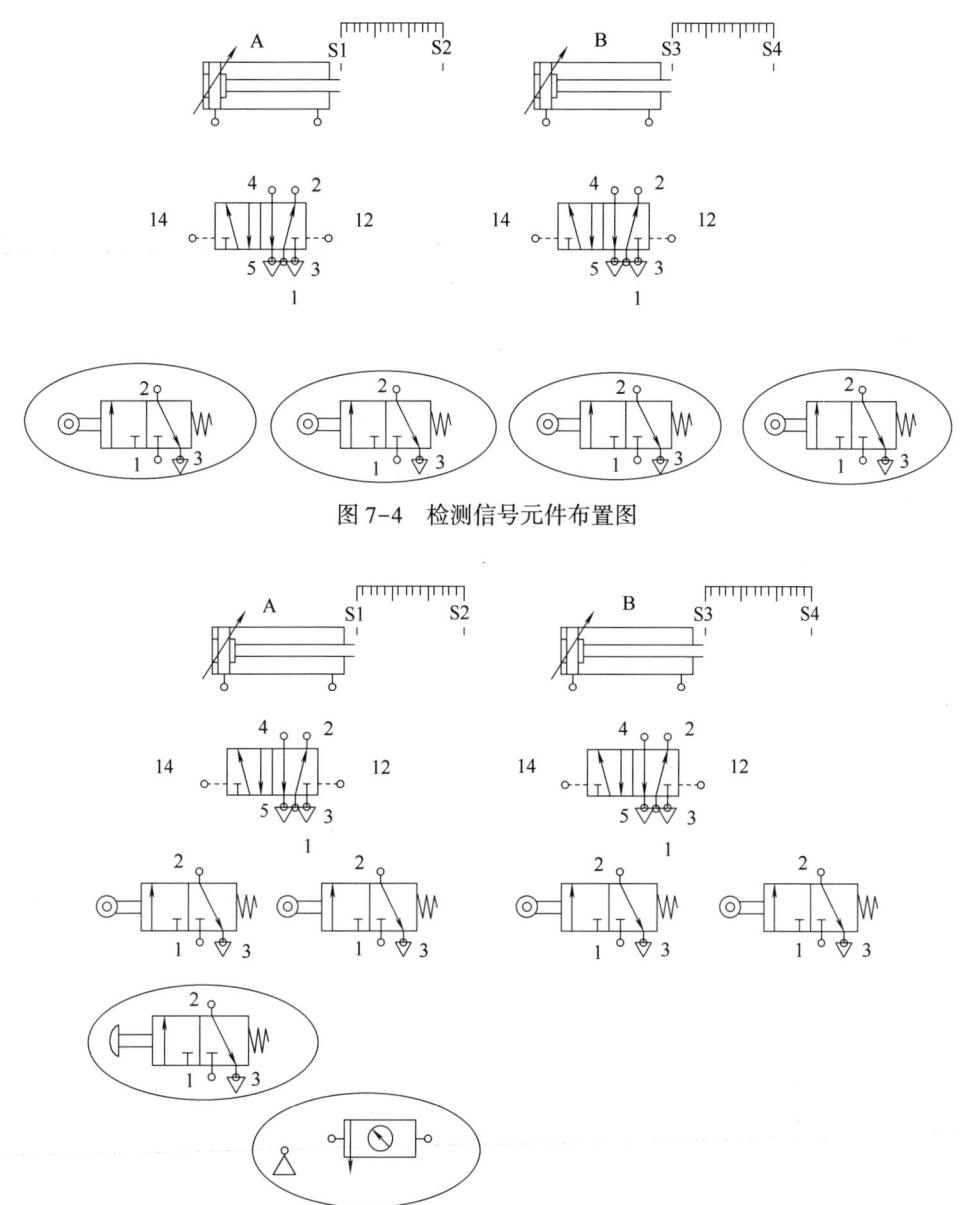

图 7-4 检测信号元件布置图

图 7-5 系统各元件布置图

为排气节流),得到系统全部元件布置图,如图 7-6 所示。

第六,确定检测元件与代号的关联。在初始情况下,两个气缸的活塞都处于回程的位置(最内端),其代号为 S1(A 气缸)和 S3(B 气缸)。当启动按钮发出信号后,气缸 A 前向行程,直到最外端的检测元件 S2 发出信号;然后,气缸 B 开始进行前向行程,直到最外端的检测元件 S4 发出信号。接着,气缸 A 开始进行反向回程,直到最内端的检测元件 S1 发出信号;最后,气缸 B 开始进行反向回程,直到最内端的检测元件 S3 发出信号。这样,就完成了一个工作循环。

根据上述过程,我们可以确定布置图中检测元件与代号的关联,如图 7-7 所示。

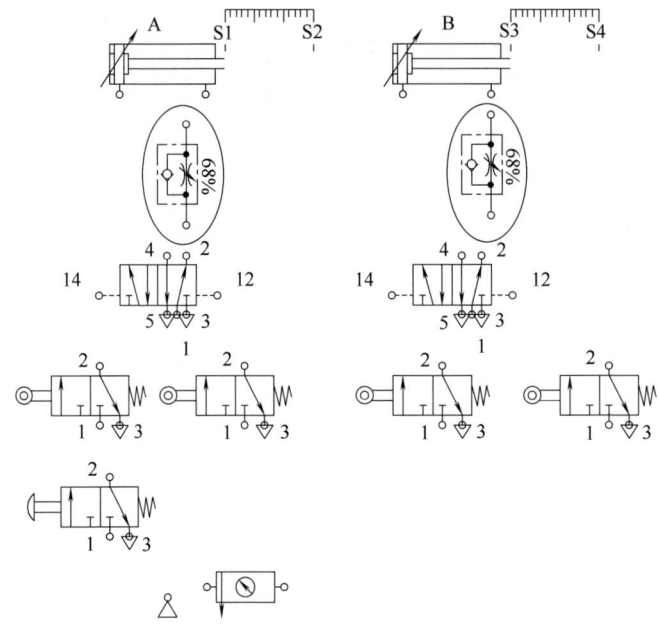

图 7-6　系统全部元件布置图

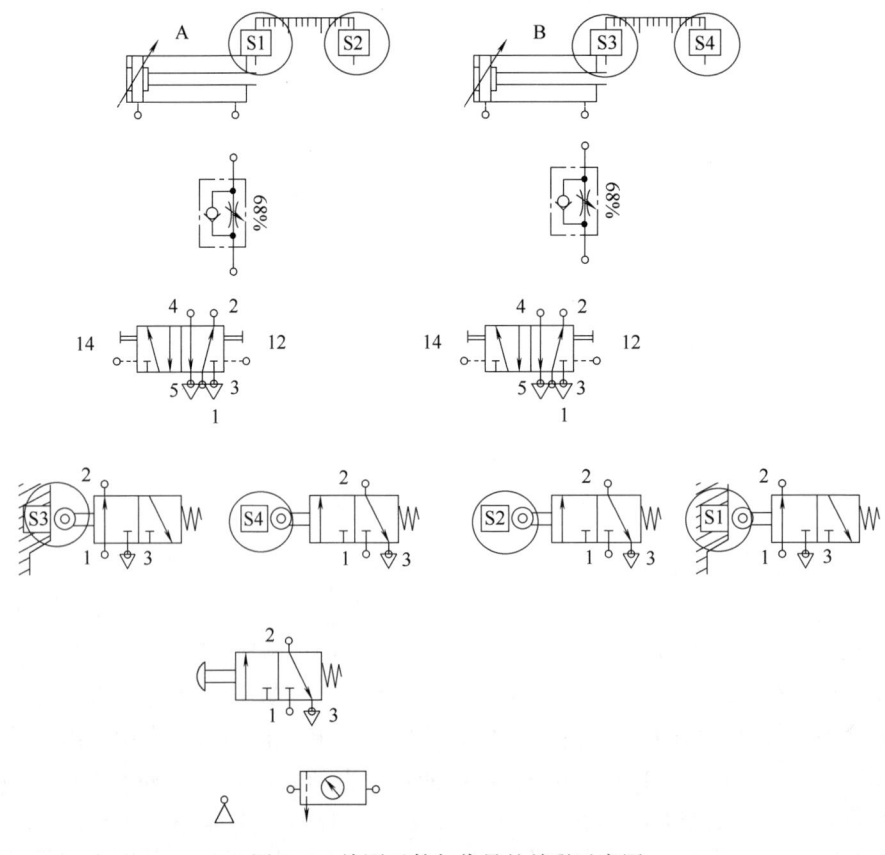

图 7-7　检测元件与代号的关联示意图

第七，给各个元件标号（数字）。根据气动回路图元件标识要求，再结合题意，就得到如图 7-8 所示的元件标号。

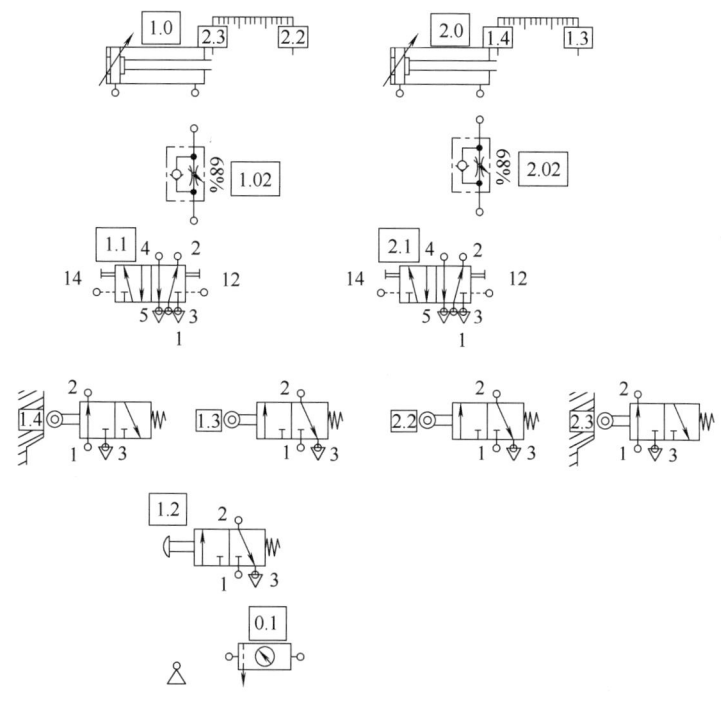

图 7-8　系统回路元件标号

说明：其实，根据要求可以得到图 7-9。该图也可以实现系统的要求。但是，在初始条件中如果没有"行程阀 1.4（S3）"；那么，该系统只能实现第一次工作循环；也就是说，该系统是不能正常连续工作的。所以，在初始条件中加上了"行程阀 1.4"；解决了该问题（请自行分析）。

③ 气路连接。对图 7-8 进行气路连接，就得到图 7-10。

④ 分析该回路的动作特性，看看有无故障。如图 7-10 所示，在初始状态，两个气缸 1.0 和 2.0 的活塞均处于回缩的位置（最内端），所以位置检测行程阀 1.4 和 2.3 均处于导通状态，也就是说，5/2 双气控阀 2.1 的气控口 12 已经有信号；当按下启动按钮阀 1.2 时，5/2 双气控阀 1.1 的气控口 14 也有信号，而其口 12 由于位置检测行程阀 1.3 是断开的；所以气缸 1.0 作前向行程（伸出）。

当气缸 1.0 到达最外端时，位置检测行程阀 2.2 导通，位置检测行程阀 2.3 断开；5/2 双气控阀 2.1 的气控口 14 有信号，其结果使得气缸 2.0 前向行程到达最外端；此时，气控阀 1.3 导通，那么在 5/2 双气控阀 1.1 的气控口 12 也有信号；所以，气缸 1.0 作反向回程（缩回）。

当气缸 1.0 到达最内端时，位置检测行程阀 2.3 导通，位置检测行程阀 2.2 断开；5/2 双气控阀 2.1 的气控口 12 有信号，其结果使得气缸 2.0 作反向回程（缩回）到达最内端。

从上述分析中，我们可以得知：图 7-10 中不存在影响系统正常工作的条件，我们一般称之为"故障"。根据上述分析，可以得到图 7-11。图 7-11（a）为系统的简易"位

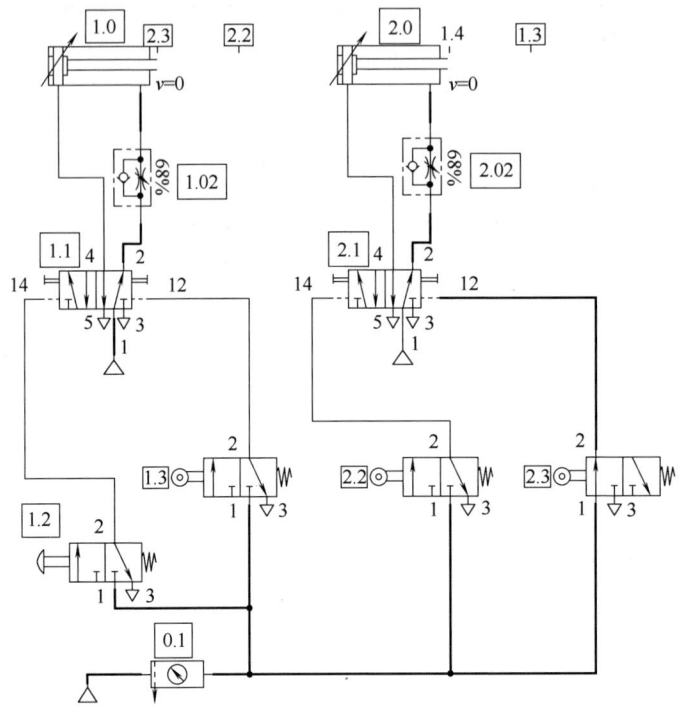

图 7-9 仅单周期工作,不能连续工作

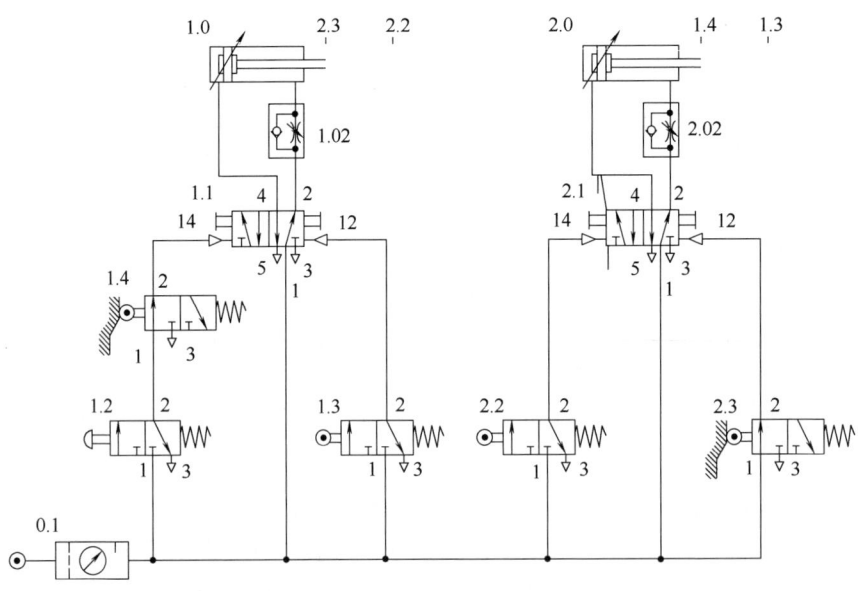

图 7-10 系统气动回路

移-步骤图",图 7-11(b)为系统的信号转换示意图。

由图 7-11 可知,位置检测行程阀 1.4 和 1.3 不会同时导通,所以 5/2 双气控阀 1.1 两个气控口 14/12 不会同时有信号,即气缸 1.0 的前向行程和反向回程都可以正常工作。同样,位置检测行程阀 2.2 和 2.3 不会同时导通,所以 5/2 双气控阀 2.1 两个气控口

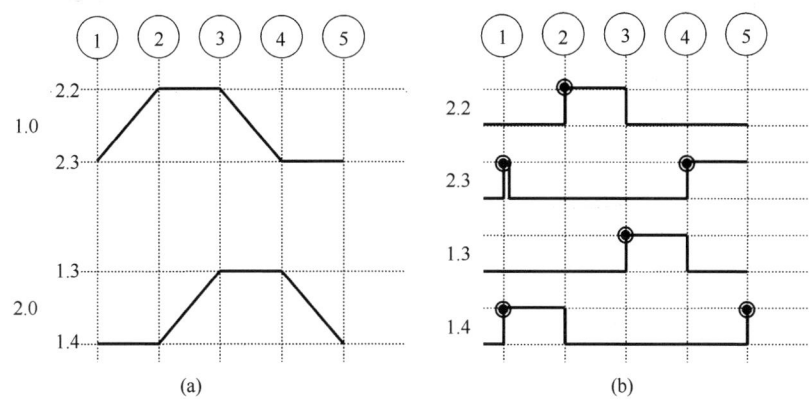

图 7-11 系统位移-步骤与信号转移图
(a) 位移-步骤图 (b) 信号转换示意图

14/12 不会同时有信号,即气缸 2.0 的前向行程和反向回程也都可以正常工作。

其次,再来看看系统在 4 个工步时的制约条件:

步骤①:制约条件为 1.4 和 2.3 同时满足;

步骤②:制约条件为 1.4 和 2.2 同时满足;

步骤③:制约条件为 1.3 和 2.2 同时满足;

步骤④:制约条件为 1.3 和 2.3 同时满足。

比较一下这四个制约条件,我们看到没有相同的情况,也就是说,该系统在运行时不会出现两个工步"竞争"的现象。

由此可知,该气动系统的回路完全满足"传递装置"的工作。

补充一下:步骤⑤等同于步骤①,系统又开始下一个循环。

(2)关于重叠信号

在运动控制系统中,只有一端出现气控信号时,5/2 记忆阀才能改变位置。如果两个气控信号同时出现,即两个气控信号同时作用在 5/2 阀上,就会出现信号重叠问题,如图 7-12 所示。

解决这个问题的方法很多,但是首先必须能识别这种现象。

[例 7-2] 问题:设计回路,实现图 7-12 所示运动。

解:可得到有故障存在的气动回路,如图 7-13 所示。

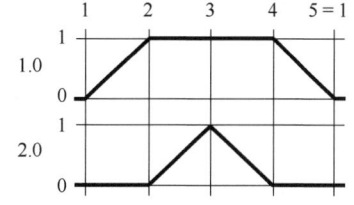

图 7-12 料仓控制位移-步骤图二

可以通过观察,两个末级控制阀 1.1 和 2.1 上的气控信号识别信号的重叠。开始按按钮时,1.1 阀的两端口 14/12 都有气控信号;故不能启动,用惰轮杆后,可以消除 1.3 阀的启动障碍信号。当气缸 1.0 前向行程后,位置检测行程阀 2.2 导通;同时,气缸 2.0 也开始前向行程,当到达最外端时,位置检测行程阀 2.3 导通;那么,2.1 阀的两端口 14/12 也都有气控信号,这样,气缸 2.0 也停止工作。用惰轮杆后,可以消除 2.2 阀的启动障碍信号。

此法又称为机械消障,它简单易行,适用于定位精度要求不高,速度不太大的场合。

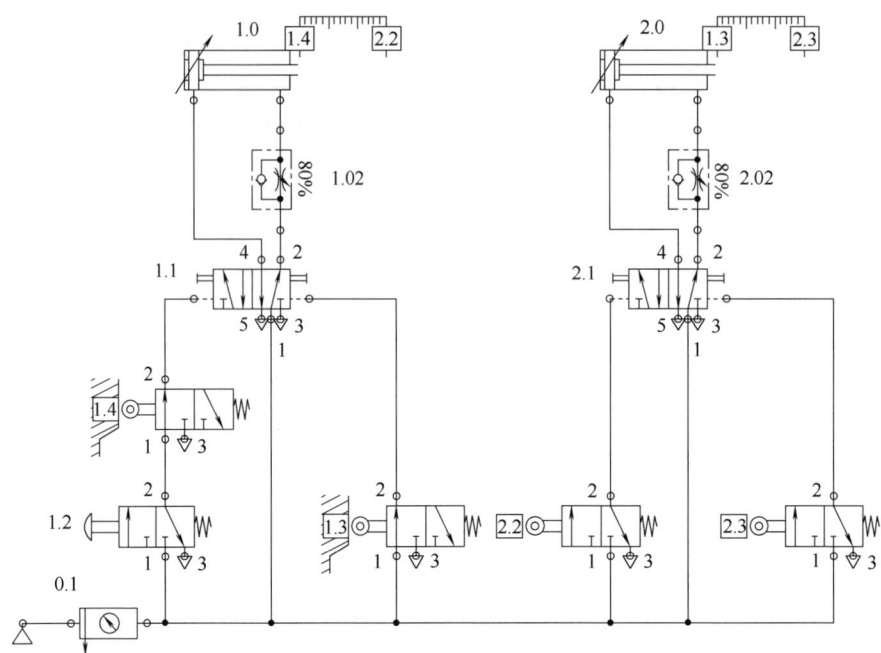

图 7-13　气动回路（有故障）

因程序运行时行程阀必须允许挡块通过，所以行程阀不能对气缸行程精确限位。

借助换向阀消除信号是一种常用的方法。用这种方法，各个换向阀所消除的信号可以被保持下来，这种方法在运行中是相当可靠的。它的基本思想是：在需要使记忆阀动作时，才允许控制信号起作用。这可通过用换向阀切断信号元件的供气输入来达到目的。即，仅仅在需要有信号时，才向信号元件供气；脉冲阀被用于起换向作用，但是主要的难点是怎样选择换向阀的信号。

办法是：缩短信号起作用的时间，即除非这一步骤上需要这个信号，否则就关闭这两个阀门的气源。此法又称为脉冲回路消障法，它是利用脉冲回路或脉冲阀将有障信号变为脉冲信号。

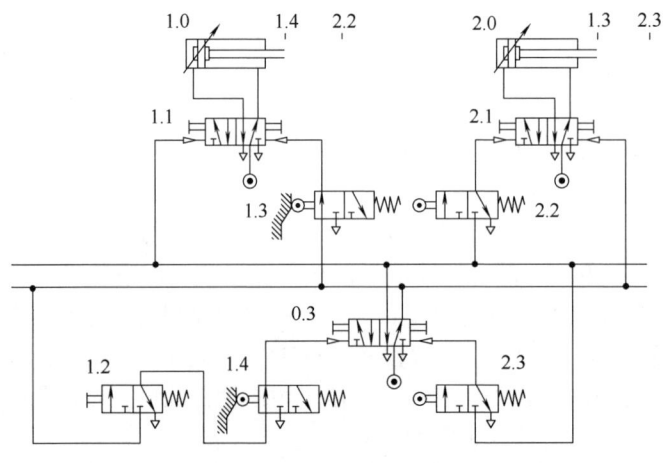

图 7-14　料仓控制回路图

该气动回路设计步骤：

① 画出该气动系统的主回路图。根据前面的知识，得到图 7-15 的主回路图。

② 设计控制回路。对于图 7-15 可见：由于位置检测行程阀 1.2、2.2 和 2.3 的进气口（P 或口 1）在系统的整个工作周期总是一直连到气源的，所以会导致 5/2 双气控阀 1.1 和 2.1 在一个工作周期内的某个时刻，出现它们的两个气控口 14/12 同时有信号（重叠）。

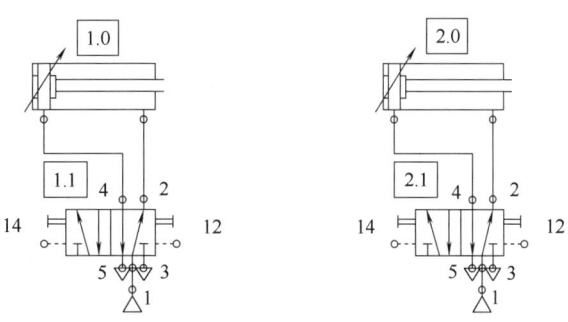

图 7-15　主回路图

因此，现在的设计思路就是：避免位置检测行程阀 1.2、2.2 和 2.3 的进气口（P 或口 1）在系统的整个工作周期一直连到同一个气源。这可以用下述方法来实现：分别将 5/2 双气控阀 1.1 和 2.1 的气控口 14 和 12 连到两路相互排斥（一路有气时，另一路无气）的气源管路上，如图 7-16 所示。

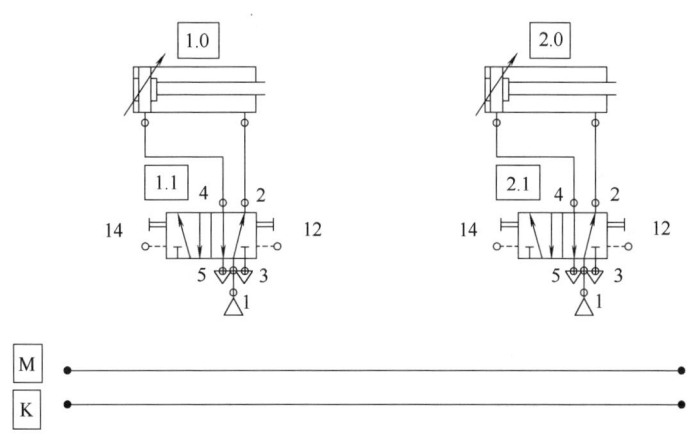

图 7-16　气动回路修改后

如图 7-16 所示，假设两条管路标记为 M 和 K，其中管路 K 初始是有压缩空气的，管路 M 初始无压缩空气。那么，对于 5/2 双气控阀（1.1 和 2.1）的口 14，可以直接或通过其他控制阀连到管路 M，而对于 5/2 双气控阀（1.1 和 2.1）的口 12，也可以直接或通过其它控制阀连到管路 K。由于管路 M 和管路 K，它们是相互排斥的（一路有气时，另一路无气）；所以，5/2 双气控阀（1.1 和 2.1）的口 14 和口 12 不会同时有控制信号。也就是说，系统完全可以正常运行。

下面，来解决如何实现管路 M 和管路 K 的相互排斥特性。其实，可以用一个 5/2 双气控阀，两条相互排斥的管路就可以解决该问题，如图 7-17 所示。

那么，在系统执行元件作前向行程时，我们让管路 M 接通进气源，这可以让图 7-16 中的 5/2 双气控阀的 14 口有信号即可。在系统执行元件作反向回程时，我们让管路 K 接通进气源，这可以让图 7-17 中的 5/2 双气控阀的 12 口有信号即可。

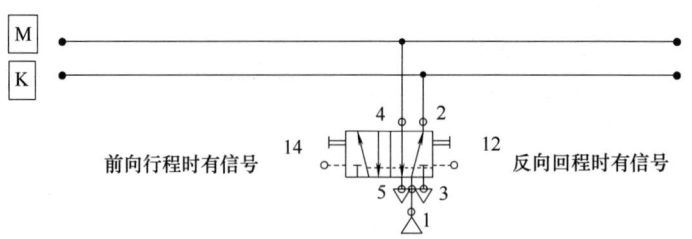

图 7-17 两条相互排斥的管路

有了这个思路，可以根据系统的要求，逐步添加元件。

a. 在布局时，建议以"管路 M 和管路 K"作为分界线；在其上方主要布置"主回路"及其控制气缸前向/反向行程的位置检测阀。注意：一般第一个动作（工步）不需要加条件。

根据工作要求，可以得到图 7-18 所示的动作（工步）与其对应的条件。

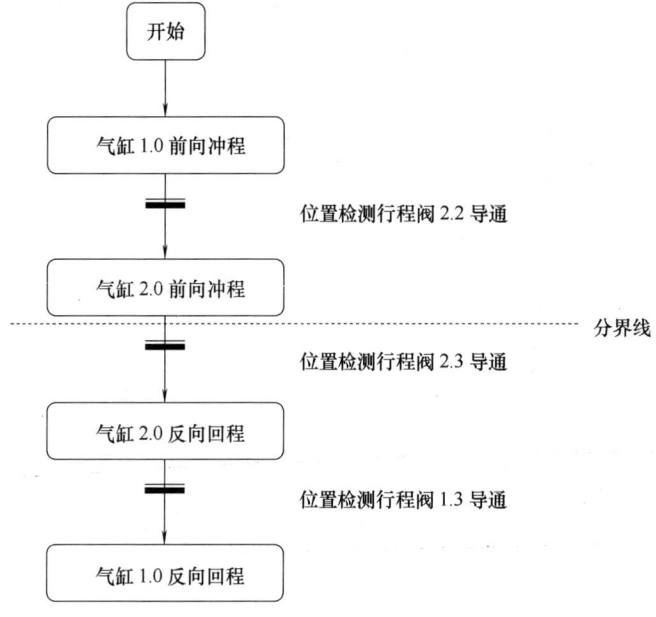

图 7-18 动作示意图

b. 画出系统前向行程的布局图，如图 7-19 所示。

如图 7-19 所示，1.2 为启动信号。由于系统第一个动作（工步）是气缸 1.0 作前向行程；所以阀 1.1 的 14 口直接连到管路 M。而系统第二个动作（工步）是气缸 2.0 作前向行程，其动作的前提是：气缸 1.0 到达行程的最外端，即阀 2.2 已导通；所以阀 1.1 的 14 口通过阀 2.2 连到管路 M。

按钮阀 1.2 作为启动信号，主要是让管路 M 有压缩空气。那么，就可以将其布置在管路的下方，去控制 5/2 双气控阀 0.3（主要切换管路 M/K 中的压缩空气）的 14 口即可。同时，在初始状态下，管路 K 有压缩空气气源，所以将按钮阀 1.2 的进气口 1 连到管路 K 上；为系统启动作好准备。

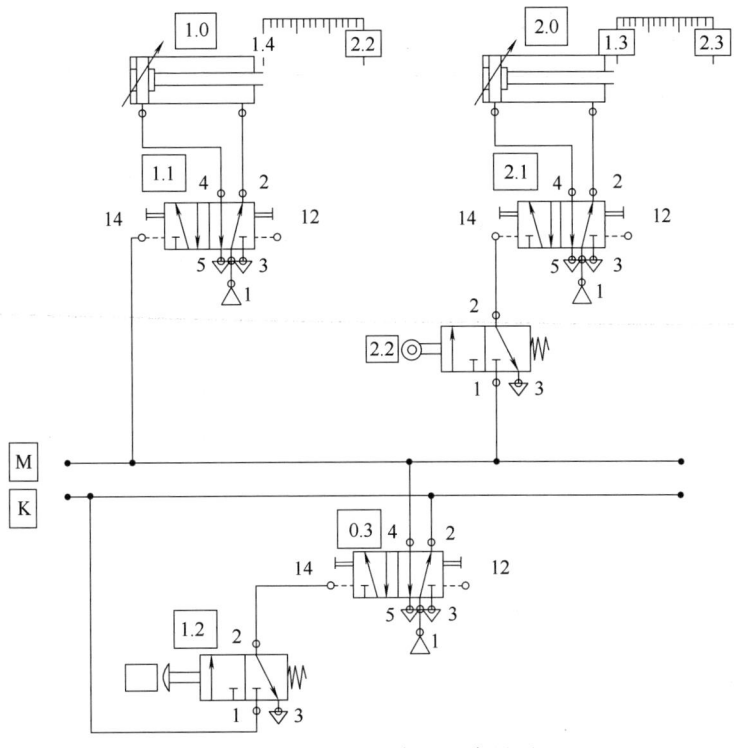

图 7-19 系统前向行程的布局图

c. 画出系统反向回程的布局图,如图 7-20 所示。

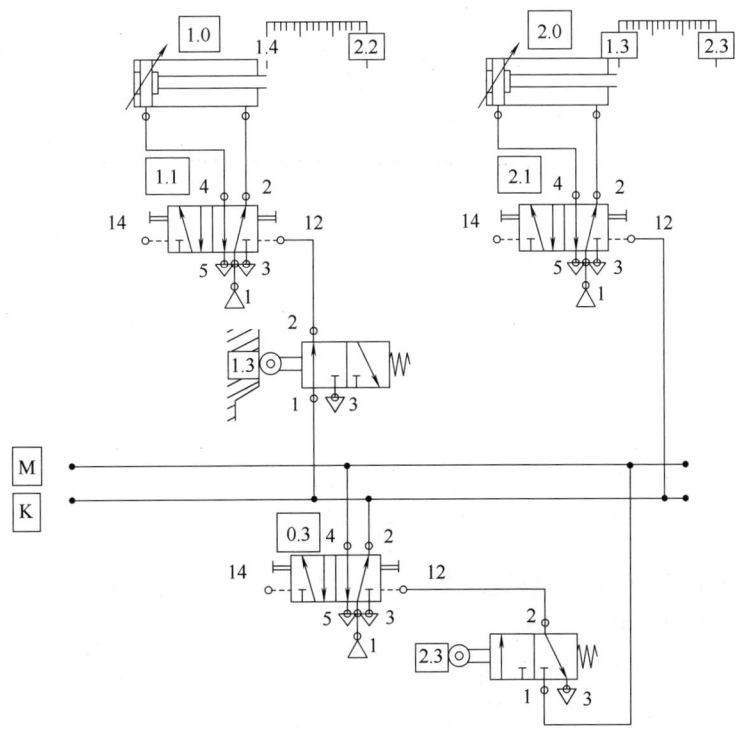

图 7-20 系统反向回程的布局图

首先，系统执行元件作反向回程时，必须切换管路 M 和 K 中的压缩空气气源；也就是需要切换阀 0.3 的工位（图中所示的右边工位）。切换的前提条件是：气缸 2.0 已到达行程的最外端，即行程阀 2.3 已导通。那么，我们就可以用行程阀 2.3 的口 2 去控制阀 0.3 的口 12 即可。

要注意的是：行程阀 2.3 的进气口 1 的连接。由于在管路 M 和 K 切换前，管路 M 是有压缩空气气源的，所以，将行程阀 2.3 的进气口 1 连到管路 M 上。这样，有两个好处：第一，为切换阀 0.3 作好准备。第二，当阀 0.3 切换后（图中所示的右边工位），管路 M 中无压缩空气气源，管路 K 中有压缩空气气源；这样，可以确保阀 0.3 的口 12 受到的控制信号是短暂（瞬时）的，为下一次切换作好了准备。

其次，由于系统反向回程的第一个动作（工步）是气缸 2.0 作反向回程；所以，可以直接将阀 2.1 的口 12 连到管路 K 上。只有当气缸 2.0 的活塞到达最内端，即行程阀 1.3 导通后才能使气缸 1.0 作反向回程；所以，阀 1.1 的口 12 通过行程阀 1.3 的口 2 连到管路 K 上。

d. 画出系统气路图。综合上述，得到图 7-21 的系统气动回路图（初步）。

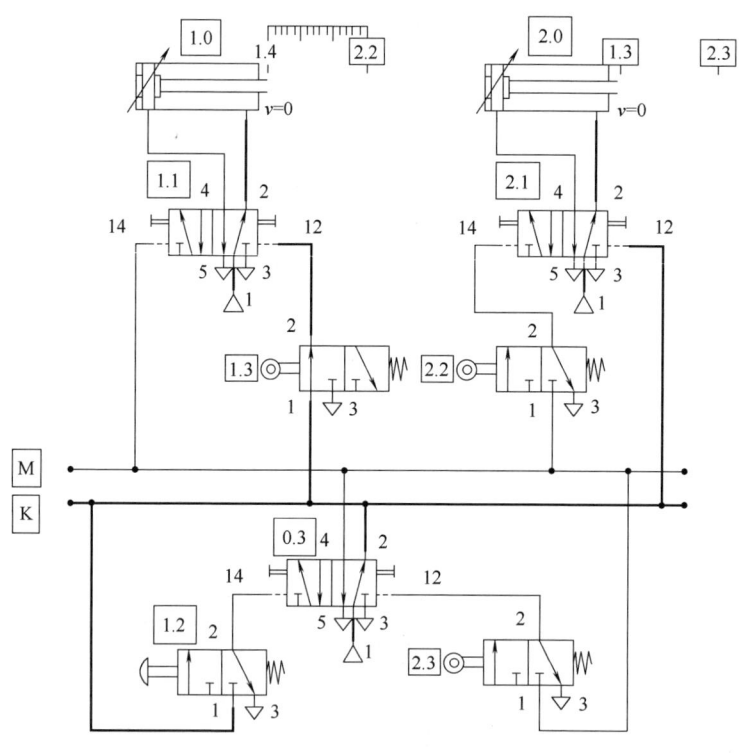

图 7-21 气动回路图（初步）

③ 对已设计的回路图进行验证。对于图 7-21，在原理上是行得通的；但在实际操作中，我们会发现有以下几个问题：

a. 如果作用在按钮阀 1.2 上的信号是瞬时（短暂）的，那么系统是可以正常运行的。但是，如果由于某种原因（如机械结构卡死等），使得其信号较长；那么，当气缸 1.0 和 2.0 作完前向行程后，阀 2.3 导通→阀 0.3 切换至右工位；但是，如果此时按钮阀 1.2 导通→阀 0.3 切换至左工位。这样导致管路 M 和 K 频繁切换，系统无法继续工作。

b. 根据 a. 的情况，该系统是无法进行"连续"工作的。

c. 当系统在运行过程中，如果出现故障时，系统无法复位。

④ 故障解决。对于上述三种故障情况的 a. 和 b.，主要是阀 0.3 的口 14 一直是有气信号的；所以，在运行中，当阀 0.3 的口 12 有气信号时，阀 0.3 就不能正常工作。那么，要解决的问题是：将阀 0.3 的口 14 的控制信号变为瞬时信号；这可以在阀 0.3 的口 14 通道中加上一个限制条件即可。在该系统中，发现有一个初始位置检测行程阀 1.4 未使用；那么，将它也作为阀 0.3 的口 14 限制条件，这样就可以解决 a. 和 b. 的问题，请自行分析一下。当然，如果要区分"单周期"和"连续循环"的工作方式，只要在启动信号中，加入一个"3/2 定位阀（单控，NO）"，如图 7-22 所示。

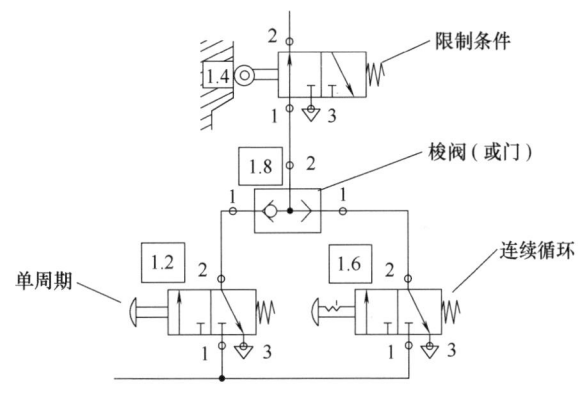

图 7-22 系统启动信号（未驱动）

说明：在图 7-22 中，加了一个"梭阀"，原因如下：

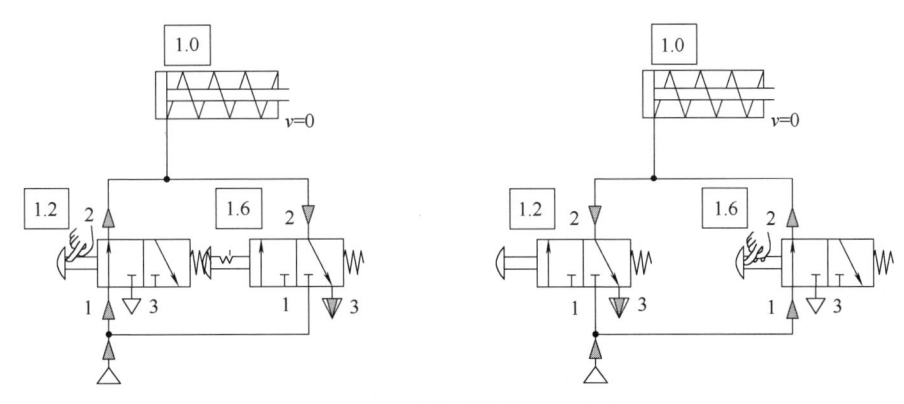

图 7-23 系统启动信号（已驱动）

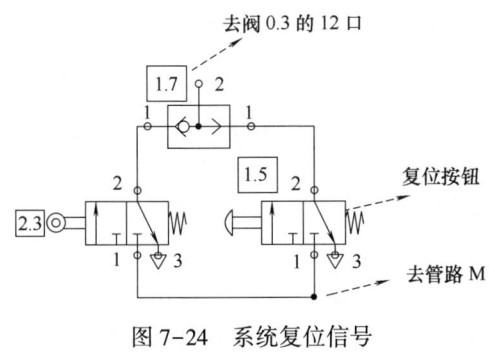

图 7-24 系统复位信号

如图 7-23 所示，不管是阀 1.2（单周期）还是阀（连续循环）有信号，执行元件 1.0 永远不会动作。请观察图中的气源走向（三角箭头）。

对于故障 c.，可以在阀 0.3 的口 12 通道中也加一个限制条件即可，如图 7-24 所示（请自行分析）。

⑤ 完整的系统回路。综合上述情况，得到图 7-25。

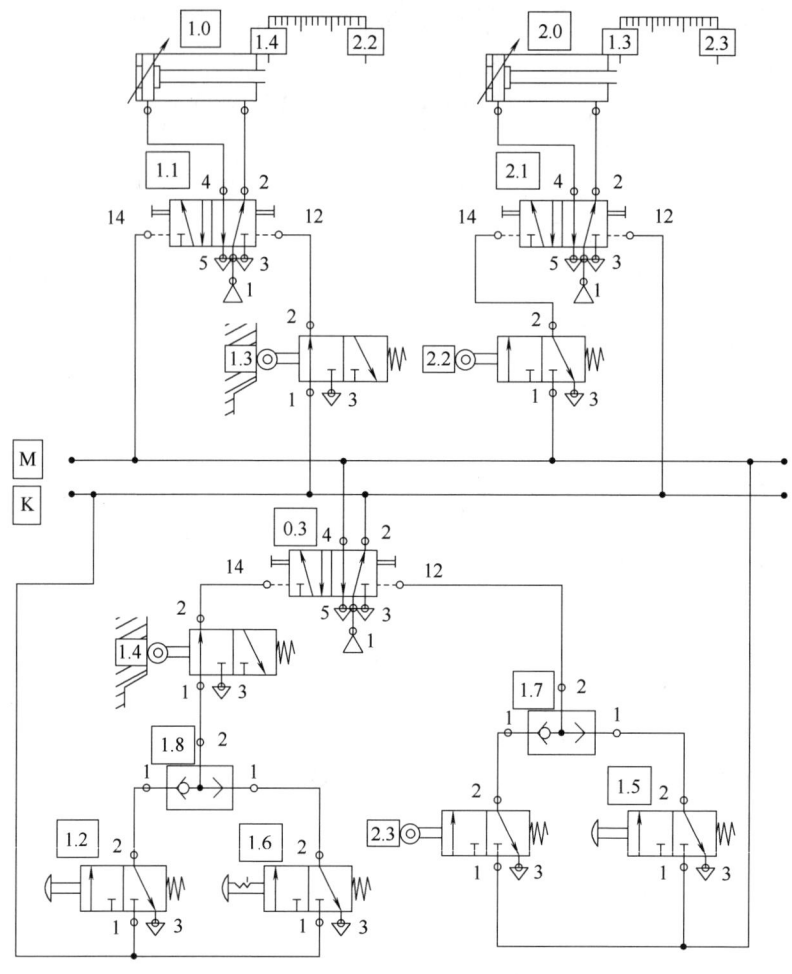

图 7-25 系统回路图

7.4 实训操作

矿石从碎石辊机（粉碎机）中通过传送带送到振动筛里筛选，上方的细筛（1.0）与下方的粗筛（2.0）作相反方向的交替运动。通过调节供气量将两个双作用气缸的震动频率设置为 $f=1$ Hz。反向运动是由处于端点的行程开关——滚轮杆行程阀来控制的。第三个气缸（3.0）通过二根缆绳使筛上下震动。筛选机的启动与停止是用一个定位开关阀控制，如图 7-26 所示。

实训操作 1 气动仿真软件练习

（1）任务要求

通过气动教学软件的使用，设计出矿石筛选机的气动回路图。观察和了解压力调节阀元件，用一个滚轮杆行程阀控制三个双气控换向阀工作过程。

项目 7　矿石筛选机的安装与运行

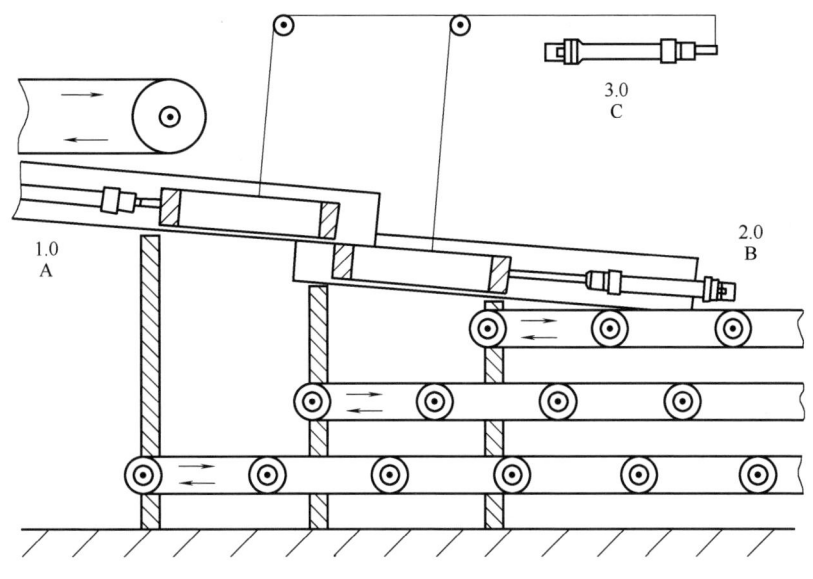

图 7-26　矿石筛选机示意图

（2）操作步骤

① 打开计算机，运行气动教学软件 FluidSIM-P。

② 点击工具栏的"新建"按钮。

③ 根据实训说明在元件图库中选择所需元件，并拖动至右侧绘图区域中，在元件选定的气口之间绘制气管，完成气动回路的搭建。

④ 点选回路中的气动元件，通过鼠标右键菜单观看元件描述、元件图片和元件插图。

⑤ 仿真运行气动回路，观察回路的工作过程，如图 7-27 所示。

⑥ 完成实训报告。

（3）分组讨论

通过观察教学软件中压力调节阀元件的工作过程，分组讨论滚轮行程阀控制多个双气控换向阀的作用，通过二位五通带定位手控单位实现气缸的手自动切换。

实训操作 2　矿石筛选机控制回路设计

（1）任务要求

通过模拟仿真，在气动实训台上选择合适的元件进行连接，调试并运行。

（2）操作步骤

① 根据任务要求，设计基本回路，所设计的回路必须经过认真检查，确保正确无误。

② 按照检查无误的回路要求，选择所需的气动元件，并且检查其性能的完好性。

③ 初始位置：双作用气缸 1.0 细筛和单作用气缸 3.0 的初始位置在尾端，双作用气缸 2.0-粗筛在前端位置。滚轮行程阀 1.4 被压下。

④ 操作步骤 1：扳动定位开关阀 1.2，二位五通双气控换向阀 1.1，2.1 和二位三通双气控换向阀 3.1 换向，双作用气缸 1.0 和单作用气缸 3.0 前向运动，双作用气缸 2.0 作反向回程运动。压下滚轮行程阀 2.2。

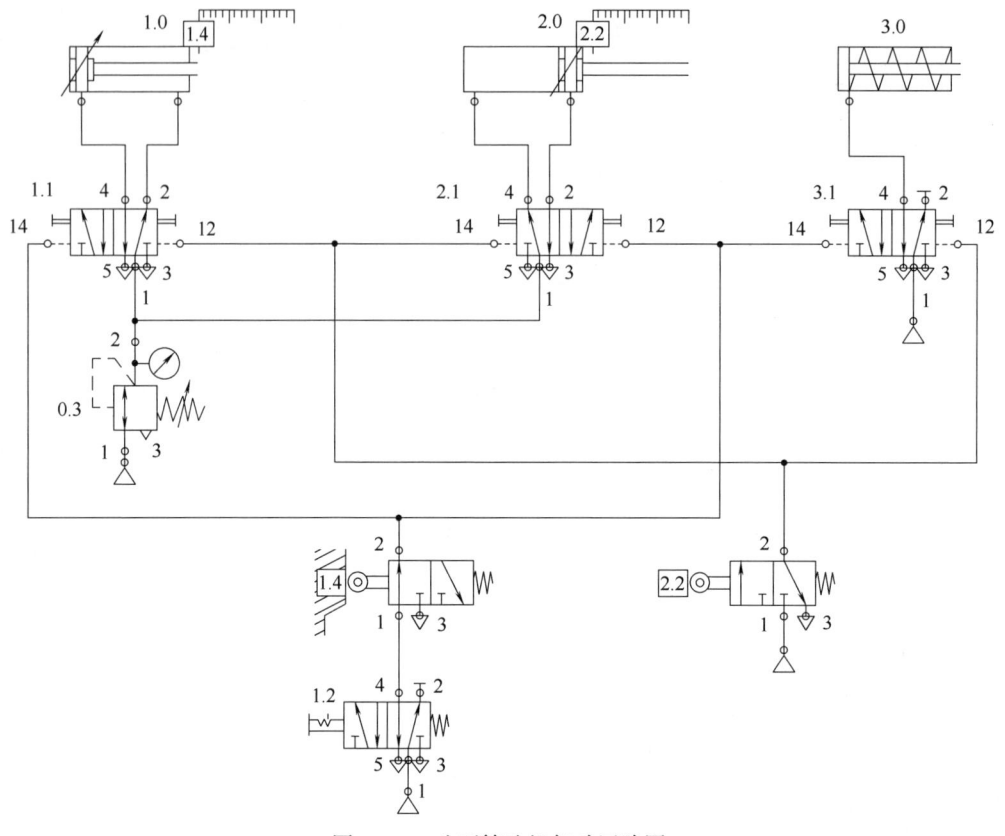

图 7-27 矿石筛选机气动回路图

⑤ 操作步骤2：滚轮行程阀 2.2 动作，使三个双气控换向阀换向，气缸 2.0 前向运动，气缸 3.0 回程，气缸 1.0 也回程并压下滚轮行程阀 1.4。

⑥ 在连续循环动作中，只要定位开关阀门 1.2 保持开通，运动过程就不断重复。如果阀门 1.2 复位，则系统在一个循环结束后停止在初始位置。

⑦ 实验完毕后，应当先关闭截止阀。经确认回路中压力降为零后，取下连接气管和元件，放入实训抽屉中。

（3）分组讨论

① 气缸的选型依据。

② 与阀和或阀的区别。

③ 滚轮行程阀的作用。

④ 排气节流阀的作用。

7.5 拓展知识

7.5.1 溢流阀

（1）溢流阀介绍

图 7-28（a）表示正常工作时的情况，图 7-28（b）表示工作压力增大的情况。

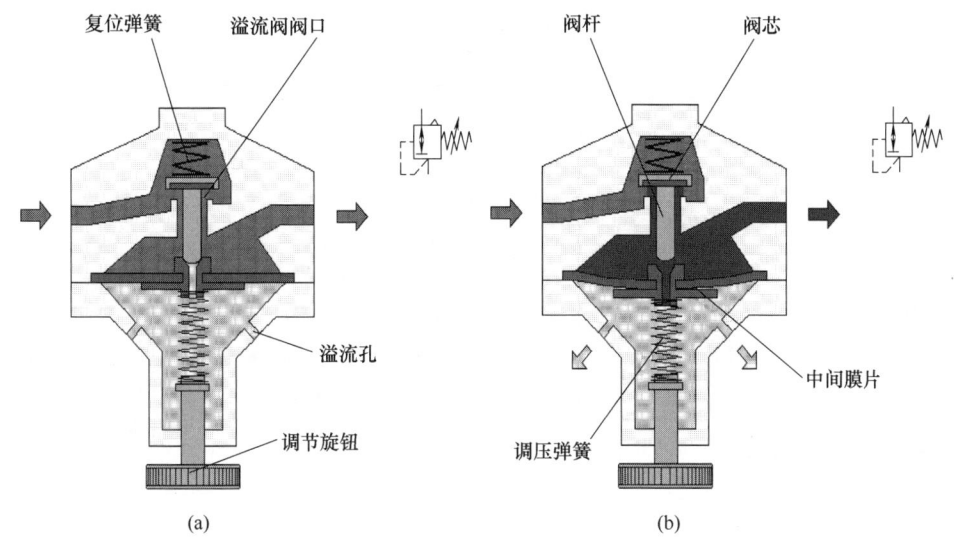

图 7-28 溢流阀工作示意图

不论进气压力是否波动,溢流阀都可以保持工作进口处的压力恒定不变。当耗气量增加时,工作压力降低,在调压弹簧作用下,溢流阀阀口开大,进入的压缩空气流量就增大。若工作压力增大,则中间膜片打开,压缩空气就经阀体上的溢流孔排出。

溢流阀的结构有球阀式和膜片式,按动作原理分则有直动式和先导式两种。

(2)溢流阀的使用

① 作溢流阀用。用于调节和稳定系统压力。正常工作时,溢流阀有一定的开启量,使一部分多余气体溢出,以保持进口处的气体压力基本不变,即保持系统压力基本不变。所以溢流阀的调节压力等于系统的工作压力。

② 作安全阀用。用于保护系统,当系统以调整的压力正常工作时,此阀关闭,不溢流。只有当系统因某些原因(如过载等)使系统压力升高到超过工作压力一定数值时,此阀开启,溢流泄压,对系统起到安全保证作用。所以用作安全阀时其调整压力要高于系统工作压力。

(3)溢流阀与减压阀的对比

溢流阀与减压阀,它们两者在结构上很相似,主阀体和(先导阀)一般可通用,所不同的是主阀芯的结构。溢流阀在初始状态下阀口是关闭的,而减压阀是全开的。还有,溢流阀是利用进口压力来控制阀芯移动,保持进口压力基本恒定的;而减压阀是利用出口压力来控制阀芯移动的,所以它保证出口压力基本恒定,以上两点差别从它们的图形符号上也可以看出。

思考与练习

1. 简述气动回路设计的要点。
2. 简述气动回路设计的注意事项。
3. 简述溢流阀和减压阀的区别。
4. 如何设定压力顺序阀的压力?

项目7 思考与练习

实 训 报 告

实训项目						
实训目的						
所用元件	名称					
	图形符号					
	型号					
	数量					

写出本项目的动作过程

模块 2

电气动控制系统设计

项目 8　分拣装置的安装与运行

8.1　实训设备和元器件

项目所需实训设备和元器件如表 8-1 所示。

表 8-1　　　　　　　　　　　　实训设备和元器件明细表

名称	数量	名称	数量
计算机(安装教学软件)	1	24V 电源	1
气动实训台(含空压机)	1	中间继电器	2
单作用气缸	1	按钮开关	1
二位三通单电控换向阀	1	气管	若干
二位五通单电控换向阀	1		

8.2　项目目标

① 了解什么是电气动。
② 了解电气动系统组成。
③ 了解电气控制回路。
④ 掌握单电控电磁换向阀的工作原理。

8.3　基础知识

气动技术虽然发展历史不长，但由于其优越的特点，在当前的自动化系统中，其应用已越来越广泛。其控制方式也有多种，适应于不同的场合。从由气动逻辑元件或气控阀组成的纯气动控制，到由电气技术参与的电-气控制，直到目前的可编程逻辑控制器(PLC)控制。

纯气动控制虽然发展了由计算机辅助设计的逻辑控制方式，也发展了位置控制系统，发展了通用程序控制器等，但面对庞大、复杂、多变的控制系统，纯气动控制就显得"力不从心"了。所以，目前除了一些简单、特殊的应用场合，已很少采用纯气动控制。

电-气控制主要由继电器回路控制发展而来。其主要特点是用"电信号"和"电控制元件"来取代"气信号"和"气控制元件"；如用"电磁阀"代替"气控阀"，"按钮、继电器"来代替"气控逻辑阀"和"气控组合阀"。其可操作性和效率远远高于纯气动控制。同时，该控制方法也适用于 PLC 控制，使庞大、复杂、多变的气动系统的控制简单明了，使程序的编制、修改变得更容易。

如今，随着工业的发展，自动化程度越来越高，气动的应用领域越来越广，加上检测技术的发展，气动控制乃至自动化控制越来越离不开 PLC，而阀岛技术的发展，通信变得容易，使 PLC 在气动控制中变得更加得心应手。

需要说明的是：对于电气控制原理的设计，请参照其他有关的书籍（如电气控制技术等）。

8.3.1 电气动系统的组成

电-气控制主要由继电器回路控制发展而来。其主要特点是用电信号和电控制元件来取代气信号和气控制元件。例如，用电磁阀代替气控阀，按钮、继电器代替气控逻辑阀和气控组合阀。其可操作性远远高于纯气动控制。同时，该控制方法也适用于 PLC 控制，使庞大、复杂、多变的气动系统的控制简单明了，使程序的编制、修改变得容易。

电气系统由三部分组成：

① 能量供应部分。其作用类似人的心脏。它提供气动执行组件和电气控制作用所需要的能量。如提供压缩气体的气源系统，提供电气控制组件的电源（交流电或直流电）。

② 电气控制部分。电气控制部分的作用相当于人的大脑。对于不同的应用环境，需要按照指定的逻辑控制气动组件的动作。

③ 气动执行部分。可以将气动执行部分比喻成人的手和腿。它是整个系统的终端输出，将压缩空气的压力能转化为机械能，直接驱动应用对象。

8.3.2 电气控制回路设计要求

电气回路图通常以一种层次分明的梯形法表示，也称梯形图。梯形图的绘图原则为：

① 图形上端为火线，下端为接地线。

② 电路图的构成是由左而右进行。为便于读图，接线上要加上线号。

③ 控制元件的连接线，接于电源母线之间，且应力求直线。

④ 连接线与实际的元件配置无关，其由上而下，依照动作的顺序来决定。

⑤ 连接线所连接的元件均以电气符号表示，且均为未操作时的状态。

⑥ 在连接线上，所有的开关、继电器等的触点位置由水平电路的上侧的电源母线开始连接。

⑦ 一个梯形图网络有多个梯级组成，每个输出元素（继电器线圈等）可构成一个梯级。

⑧ 在连接线上，各种负载、如继电器、电磁线圈、指示灯等的位置通常是输出元素，要放在水平电路的下侧。

⑨ 在以上的各元件的电气符号旁注上文字符号。

8.3.3 单电控电磁换向阀

单控电磁铁换向阀阀芯的移动靠电磁铁，而复位靠弹簧，因而换向冲击较大，一般制成小型阀，如图 8-1 所示是二位五通单电控换向阀。

（1）二位三通单电控换向阀（常开式，弹簧复位）

当电磁线圈得电时，二位三通单电控换向阀的口 1 与口 2 接通。电磁线圈失电，二位

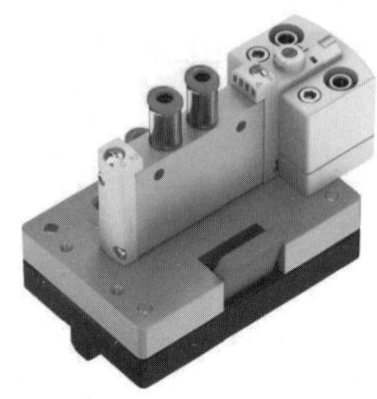

图 8-1 二位五通单电控换向阀

三通单电控换向阀在弹簧作用下复位，则口 1 关闭。如果没有电压作用在电磁线圈上，则二位三通单电控换向阀可以手动驱动，如图 8-2 所示。

（2）二位三通单电控换向阀（常闭式，弹簧复位）

电磁线圈得电，二位三通单电控换向阀的口 1 关闭。电磁线圈失电，二位三通单电控换向阀在弹簧作用下复位，则口 1 与口 2 接通。如果没有电压作用在电磁线圈上，则二位三通单电控换向阀可以手动驱动，如图 8-3 所示。

（3）二位五通单电控换向阀（弹簧复位）

电磁线圈得电，二位五通单电控换向阀的口 1 与口 4 接通。电磁线圈失电，二位五通单电控换向阀在弹簧作用下复位，则口 1 与口 2 关闭。如果没有电压作用在电磁线圈上，则二位五通单电控换向阀可以手动驱动。如图 8-4 所示。

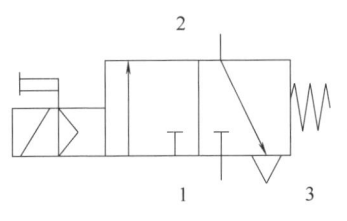

图 8-2 二位三通单电控换向阀（常开）

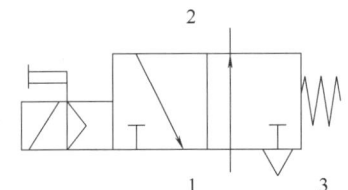

图 8-3 二位三通单电控换向阀（常闭）

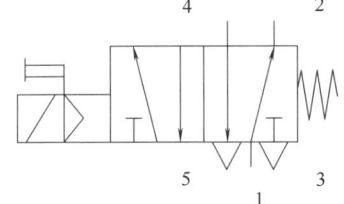

图 8-4 二位五通单电控换向阀

8.3.4 按钮

开关安装在电路中，用于为电路中的耗能装置供应电流或中断电流。这些开关可分为按钮和控制开关，如图 8-5 所示。

图 8-5 按钮按键开关盒

使用按钮时，只要驱动按钮，将始终维持选中的开关位置。

按钮是一种短时接通或断开小电流电路的手动电器，常用于控制电路，以发出启动或停止等指令，并控制继电器等电器的线圈电流的接通或断开，再由它们去接通或断开主电路，如图8-6所示为按键、按钮图形符号。

按钮开关，驱动该按钮开关时，触点闭合；释放该按钮开关时，触点立即断开。

按键开关，当驱动该开关时，触点闭合，并锁定触点闭合状态。

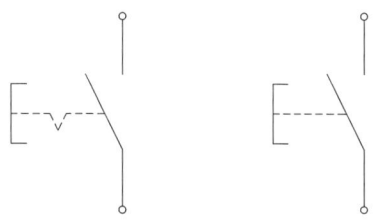

图8-6　按键、按钮图形符号

8.4　实训操作

实训操作1　分拣装置的安装与运行

传送带上的工件通过分拣装置被转移到其他位置。

传送带启动按钮后，单作用气缸的活塞杆将工件从传送带上推出。松开按钮后，活塞杆返回到末端位置，如图8-7所示。

实训操作1　分拣装置的安装与运行仿真　　实训操作1　分拣装置的安装与运行仿真

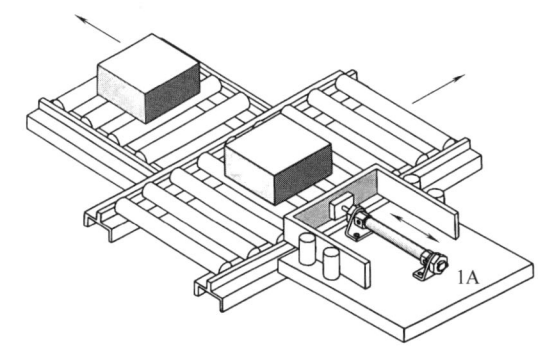

图8-7　分拣装置示意图

8.4.1　气动回路设计与仿真

（1）任务要求

通过气动教学软件的使用，设计出分拣装置的气动回路图和电器控制回路图。观察和了解二位三通单电控换向阀在气动回路的作用。

（2）操作步骤

① 打开计算机，运行气动教学软件FluidSIM-P。

② 点击工具栏的"新建"按钮。

③ 根据实训说明在元件图库中选择所需元件，并拖动至右侧绘图区域中，在元件选定的气口之间绘制气管，完成气动回路的搭建。

④ 根据系统要求，将24V和0V拖至绘图区域，选择普通按钮和电磁阀线圈，完成电气控制回路的搭建。

⑤ 点选回路中的气动元件，通过鼠标右键菜单观看元件描述、元件图片和元件插图。

⑥ 仿真运行分拣装置直接/间接控制回路，观察回路的工作过程，如图8-8所示。

⑦ 完成实训报告。

（3）分组讨论

通过观察图8-8所示电气控制回路图，教学软件中二位三通单电控换向阀的作用，分组讨论直接控制与间接控制的区别，通过二位三通单电控换向阀实现气缸的伸缩。

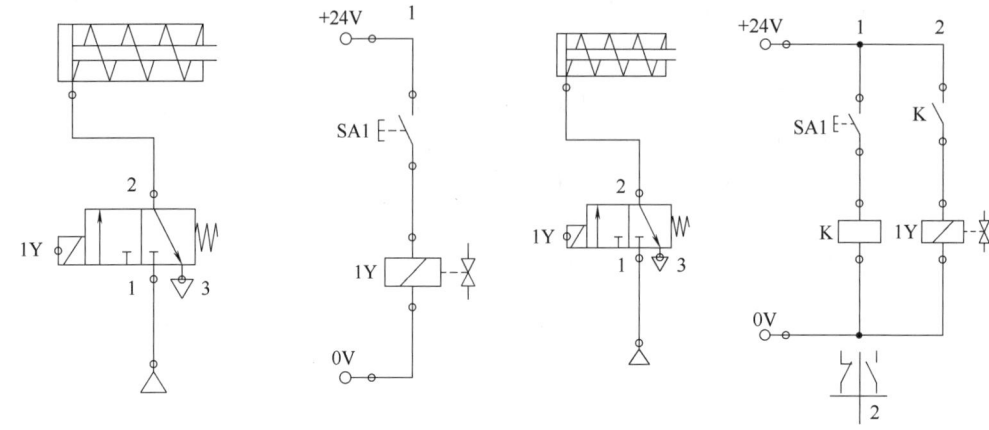

图 8-8 分拣装置直接/间接控制回路

8.4.2 气动回路，电气控制回路的搭建

（1）任务要求

通过模拟仿真，在气动实训台上选择合适的元件进行连接，调试并运行。

（2）操作步骤

① 根据任务要求，设计气动回路和电气控制回路，所设计的回路必须经过认真检查，确保正确无误。

② 按照检查无误的回路要求，选择所需的气动元件和电气控制元件，并且检查其性能的完好性。

③ 初始位置：单作用气缸受弹簧作用力使活塞杆缩回到尾端位置，二位三通单电控换向阀通过弹簧作用力在电磁阀右位。

④ 操作步骤1：按下按钮 SA 后，电气回路中的线圈 1Y 闭合，二位三通单电控换向阀被触发。单作用气缸的活塞杆前进到末端位置。

⑤ 操作步骤2：松开按钮 SA 后，电气回路中的线圈 1Y 打开，二位三通单电控换向阀回到初始位置。活塞杆返回到末端位置。

⑥ 实验完毕后，应当先断电，然后关闭截止阀。经确认回路中压力为零后，取下连接的气管，气动元件，电器元件，放入实训抽屉中。

（3）分组讨论

① 气缸的选型依据。

② 直接控制和间接控制的区别。

③ 继电器的作用。

④ 二位三通单电控换向阀的作用。

实训操作2 安装端盖的安装与运行

使用端盖安装装置将端盖压在塑料桶上。

按下启动按钮后，活塞杆伸出，球形端盖被按在塑料桶上。松开按钮后，活塞杆回到开始位置，如图 8-9 所示。

8.4.3 气动回路设计与仿真

（1）任务要求

通过气动教学软件的使用，设计出安装端盖的气动回路图和电气控制回路图。观察和了解二位五通单电控换向阀在气动回路的作用。

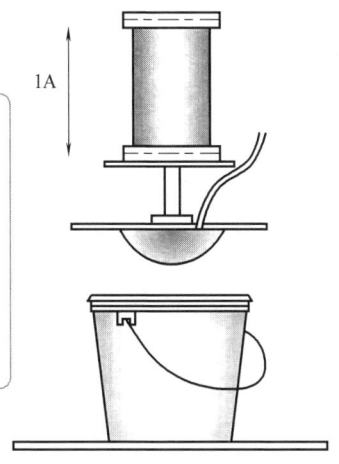

图 8-9 安装端盖示意图

（2）操作步骤

① 打开计算机，运行气动教学软件 FluidSIM-P。

② 点击工具栏的"新建"按钮。

③ 根据实训说明在元件图库中选择所需元件，并拖动至右侧绘图区域中，在元件选定的气口之间绘制气管，完成气动回路的搭建。

④ 根据系统要求，将 24V 和 0V 拖至绘图区域，选择普通按钮和电磁阀线圈，完成电气控制回路的搭建。

⑤ 点选回路中的气动元件，通过鼠标右键菜单观看元件描述、元件图片和元件插图。

⑥ 仿真运行安装端盖气动和电气控制回路，观察回路的工作过程，如图 8-10 所示。

⑦ 完成实训报告。

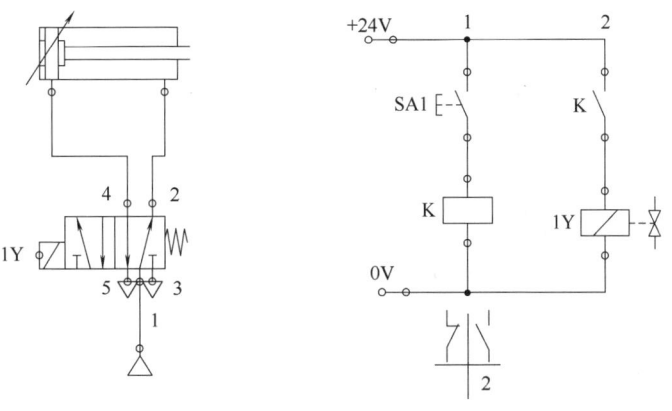

图 8-10 安装端盖气动和电气控制回路图

（3）分组讨论

通过观察图 8-10 电气控制回路，教学软件中二位五通单电控换向阀的作用，分组讨论直接控制与间接控制的区别，通过二位五通单电控换向阀实现气缸的伸缩。

8.4.4 气动回路，电气控制回路的搭建

（1）任务要求

通过模拟仿真，在气动实训台上选择合适的元件

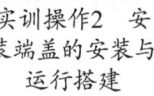

进行连接，调试并运行。

（2）操作步骤

① 根据任务要求，设计气动回路和电气控制回路，所设计的回路必须经过认真检查，确保正确无误。

② 按照检查无误的回路要求，选择所需的气动元件和电气控制元件，并且检查其性能的完好性。

③ 初始位置：双作用气缸受二位五通单电控换向阀弹簧作用力作用使其缩回到尾端位置，二位五通单电控换向阀通过弹簧作用力在电磁阀右位。

④ 操作步骤1：按下按钮SA1后，电气回路中继电器K闭合。线圈1Y闭合，二位五通单电控换向阀被触发。双作用气缸的活塞杆前进到末端位置。

⑤ 操作步骤2：松开按钮SA1后，继电器K断开。线圈1Y打开，二位五通单电控换向阀回到初始位置，活塞杆返回到末端位置。

⑥ 实验完毕后，应当先断电，然后关闭截止阀。经确认回路中压力为零后，取下连接的气管，气动元件，电器元件，放入实训抽屉中。

（3）分组讨论

① 气缸的选型依据。

② 是否可以用直接控制。

③ 继电器的作用。

④ 二位五通单电控换向阀的作用。

8.5 拓展知识

8.5.1 常用电气元件符号及说明

① 电源负极0V：电源负极0V接线端，如图8-11所示。

② 电源正极24V：电源正极24V接线端，如图8-12所示。

③ 接线端：接线端是连接电缆的位置，如图8-13所示。

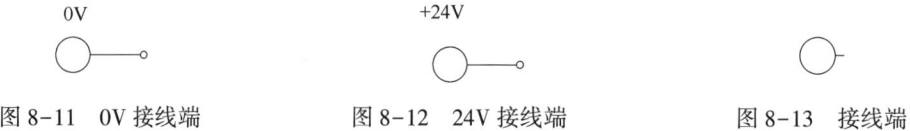

图8-11 0V接线端　　　　图8-12 24V接线端　　　　图8-13 接线端

④ 电缆线：电缆线用于连接两个接线端。注意：接线端既可以为简单连接，也可以为T形连接。电缆线并不引起电压降，即忽略其电阻值，如图8-14所示。

⑤ T形接线端：T形连接最多可连接三条电缆，因此，其具有唯一的电压值，如图8-15所示。

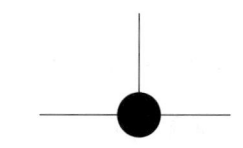

图8-14 电缆线符号　　　　图8-15 T形接线端符号

⑥ 指示灯：如果有电流通过，则指示灯按用户定义颜色发光，如图 8-16 所示。

⑦ 蜂鸣器：如果有电流通过，则在蜂鸣器四周会发出光环。此外，如果在"选项"菜单下，执行"声音"命令，激活"蜂鸣器"，则只要安装声卡，蜂鸣器就会发出声音，如图 8-17 所示。

⑧ 常闭触点：根据驱动常闭触点的电气元件类型，其可变为另一种触点。

例如，如果常闭触点通过标签与延时断开继电器连接，则其就变为回路图中延时断开的常闭触点，如图 8-18 所示。

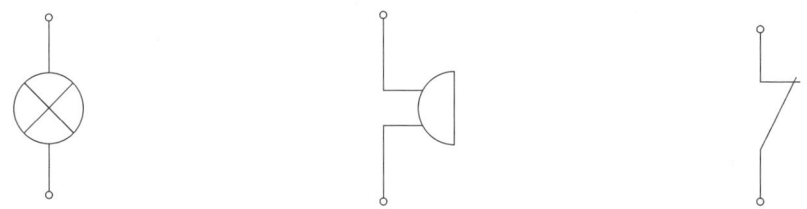

图 8-16　指示灯图形符号　　图 8-17　蜂鸣器图形符号　　图 8-18　常闭触点图形符号

⑨ 常开触点：根据驱动常开触点的电气元件类型，其可以变为另一种触点。

例如如果常开触点通过标签与延时闭合继电器连接，则其就变为回路图中延时闭合的常开触点，如图 8-19 所示。

⑩ 转换触点：根据驱动转换触点的电气元件类型，其可以变为另一种转换触点。

例如，如果转换触点通过标签与延时闭合继电器连接，则其就变为回路图中延时闭合的转换触点，如图 8-20 所示。

⑪ 通电延时断开触点：这种触发动作后，将延时一定时间后触点才会断开。采用常闭触点和设定标签可以创建延时断开的常闭触点，如图 8-21 所示。

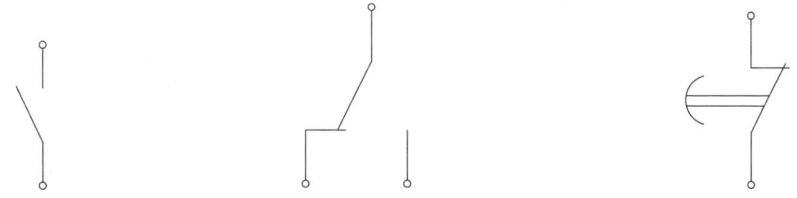

图 8-19　常开触点图形符号　　图 8-20　转换触点图形符号　　图 8-21　通电延时断开触点图形符号

⑫ 通电延时闭合触点：这种触点动作后，经过一段延时才闭合。采用常开触点和设定标签可以创建延时闭合的常开触点，如图 8-22 所示。

⑬ 断电延时闭合触点：这种触点动作后，经过延时一定时间后触点才会闭合。采用常闭触点和设定标签可以创建延时闭合的常闭触点，如图 8-23 所示。

⑭ 断电延时断开触点：这种触点断开后，经过一段延时才断开。采用常开触点和设定标签可以创建延时断开的常开触点，如图 8-24 所示。

⑮ 行程开关（常闭触点）：该行程开关由与气缸活塞杆连接的凸轮断开。当凸轮已经通过了该行程开关时，其立即闭合。采用常闭触点和设定标签可以创建该行程开关的常闭触点，如图 8-25 所示。

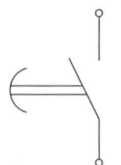 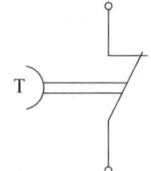 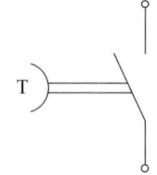

图 8-22　通电延时闭合触点图形符号　　图 8-23　断电延时闭合触点图形符号　　图 8-24　断电延时断开触点图形符号

⑯ 行程开关（常开触点）：该行程开关由与气缸活塞杆相连的凸轮闭合。当凸轮已经通过了该行程开关时，其立即断开。采用常开触点和设定标签可以创建该行程开关的常开触点，如图 8-26 所示。

⑰ 行程开关（转换触点）：该行程开关由与气缸活塞杆相连的凸轮进行状态转换。当凸轮已经通过了该行程开关时，其立即变回原来状态。采用转换触点和设定标签可以创建该行程开关的转换触点，如图 8-27 所示。

  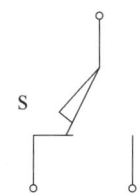

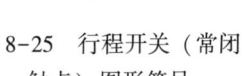

图 8-25　行程开关（常闭触点）图形符号　　图 8-26　行程开关（常开触点）图形符号　　图 8-27　行程开关（转换触点）图形符号

⑱ 按钮开关（常闭）：驱动该按钮开关时，触点断开；释放该按钮开关时，触点立即闭合，如图 8-28 所示。

⑲ 按钮开关（常开）：驱动该按钮开关时，触点闭合；释放该按钮开关时，触点立即断开，如图 8-29 所示。

⑳ 按钮转换开关：驱动按钮转换开关时，触点进行状态转换；释放按钮转换开关时，触点立即复位，如图 8-30 所示。

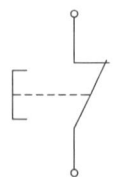  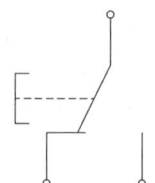

图 8-28　按钮开关（常闭）图形符号　　图 8-29　按钮开关（常开）图形符号　　图 8-30　按钮转换开关图形符号

㉑ 按键开关（常闭）：当驱动该开关时，触点断开，并锁定触点断开状态，如图 8-31 所示。

㉒ 按键开关（常开）：当驱动该开关时，触点闭合，并锁定触点闭合状态，如图 8-32 所示。

㉓ 按键转换开关：当驱动按键转换开关时，触点进行状态转换，并锁定触点转换状态，如图 8-33 所示。

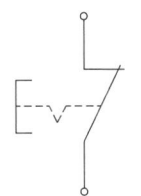
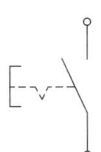
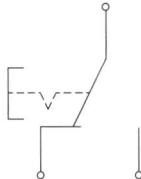

图 8-31　按键开关（常闭）图形符号　　　图 8-32　按键开关（常开）图形符号　　　图 8-33　按键转换开关触点图形符号

㉔ 气-电转换器：如果超过压差开关的设定值，则气-电转换器就有电信号输出，如图 8-34 所示。

㉕ 磁感应式接近开关：当该开关接近磁场时，开关触点闭合，如图 8-35 所示。

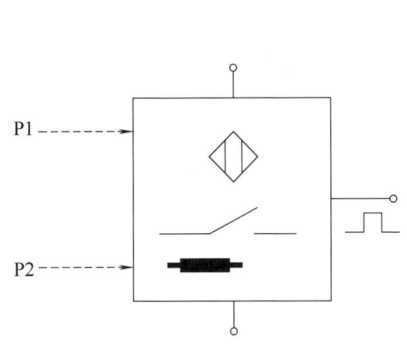
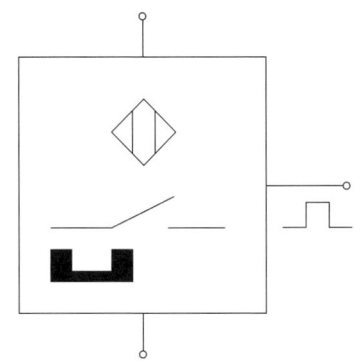

图 8-34　气-电转换器图形符号　　　　　　图 8-35　磁感应式接近开关图形符号

㉖ 电感式接近开关：当该开关感应电磁场变化时，开关触点闭合，如图 8-36 所示。

㉗ 电容式接近开关：当该开关静电场变化时，开关触点闭合，如图 8-37 所示。

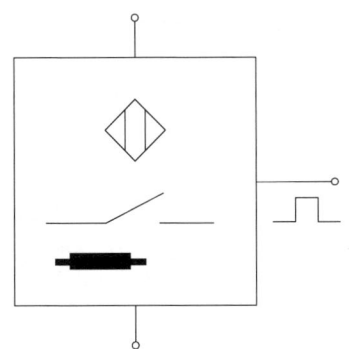
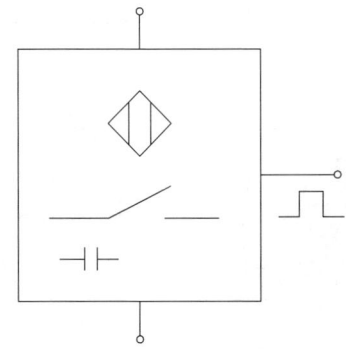

图 8-36　电感式接近开关图形符号　　　　　图 8-37　电容式接近开关图形符号

㉘ 光电式接近开关：当该开关光路被阻碍时，开关触点闭合，如图8-38所示。

㉙ 继电器线圈：当继电器线圈流过电流时，继电器触点闭合；当继电器线圈无电流时，继电器触点立即断开，如图8-39所示。

㉚ 延时闭合继电器：当继电器线圈流过电流时，经过预置时间延时，继电器触点闭合；当继电器线圈无电流时，继电器触点断开，如图8-40所示。

㉛ 延时断开继电器：当继电器线圈流过电流时，继电器触点闭合；当继电器线圈无电流时，经过预置时间延时，继电器触点断开，如图8-41所示。

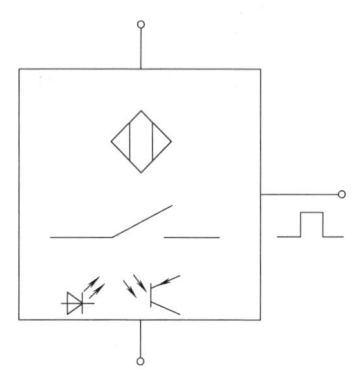

图8-38 光电式接近开关图形符号

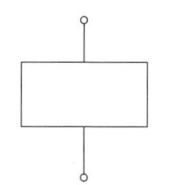

图8-39 继电器线圈图形符号

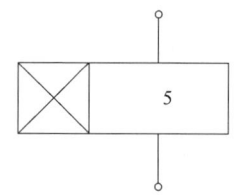

图8-40 延时闭合继电器图形符号

㉜ 电子计数器：接线端A1和A2之间的脉冲数达到预置电流脉冲数后，继电器触点闭合；如果在接线端R1和R2之间施加电压，则电子计数器被复位至预置值，如图8-42所示。

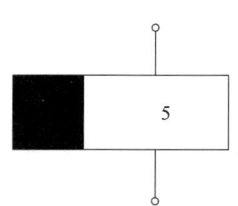

图8-41 延时断开继电器图形符号

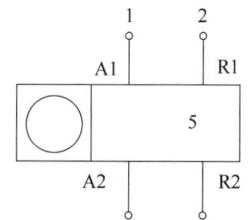

图8-42 电子计数器图形符号

思考与练习

1. 气动技术与电子气动的区别是什么？
2. 电-气控制在工业中的应用场合有哪些？
3. 电-气控制的系统组成有哪些？
4. 电-气控制的控制部分是哪个？
5. 电控换向阀和气控换向阀的区别是什么？

实 训 报 告

实训项目						
实训目的						
所用元件	名称					
	图形符号					
	型号					
	数量					

写出本项目的动作过程

项目9 切割装置的安装与运行

9.1 实训设备和元器件

项目所需实训设备和元器件如表9-1所示。

表 9-1　　　　　　　　　　　实训设备和元器件明细表

名称	数量	名称	数量
计算机(安装教学软件)	1	24V 电源	1
气动实训台(含空压机)	1	中间继电器	2
双作用气缸	1	按钮	2
二位五通单电控换向阀	1	气管	若干

9.2 项目目标

① 了解中间继电器的作用。
② 了解二位五通单电控换向阀的作用。
③ 掌握电气控制回路中的与功能连接。
④ 掌握电气控制回路中的或功能连接。

9.3 基础知识

9.3.1 继电器的结构及应用

继电器是一种电控制器件,是当输入量的变化达到规定要求时,在电气输出电路中使被控量发生预定的阶跃变化的一种电器。它具有控制系统和被控制系统之间的互动关系。通常应用于自动化的控制电路中,它实际上是用小电流去控制大电流运作的一种"自动开关"。故在电路中起着自动调节、安全保护、转换电路等作用。

继电器是由固定铁芯、动铁芯、弹簧、动触点、静触点、线圈、接线端子和外壳组成。线圈通电,动铁芯在电磁力作用下动作吸合,带动动触点动作,使常闭触点分开,常开触点闭合,线圈断电,动铁芯在弹簧的作用下带动动触点复位。

继电器一般都有能反映一定输入变量(如电流、电压、功率、阻抗、频率、温度、压力、速度、光等)的感应机构(输入部分);有能对被控电路实现"通""断"控制的执行机构(输出部分);在继电器的输入部分和输出部分之间,还有对输入量进行耦合隔离,功能处理和对输出部分进行驱动的中间机构(驱动部分)。中间继电器的实物外形如图 9-1 所示。中间继电器图形符号及触点如图 9-2 所示。

作为控制元件,概括起来,继电器有如下几种作用:

① 扩大控制范围:例如,多触点继电器控制信号达到某一定值时,可以按触点组的不同形式,同时换接、开断、接通多路电路。

② 放大:例如,灵敏型继电器、中间继电器等,用一个很微小的控制量,可以控制很大功率的电路。

③ 综合信号:例如,当多个控制信号按规定的形式输入多绕组继电器时,经过比较综合,达到预定的控制效果。

④ 自动、遥控、监测:例如,自动装置上的继电器与其他电器一起,可以组成程序控制线路,从而实现自动化运行。

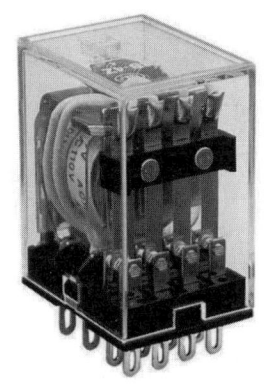

图 9-1 中间继电器实物图

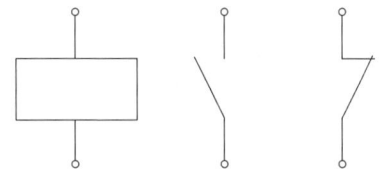

图 9-2 中间继电器图形符号及触点

9.3.2 双电控电磁换向阀

(1)二位五通双电控换向阀

电磁线圈得电,二位五通双电控换向阀的口 1 与口 4 接通,且具有记忆功能,只有当另一个电磁线圈得电,二位五通双电控换向阀才复位,即口 1 与口 2 接通。如果没有电压作用在电磁线圈上,则二位五通双电控换向阀可以手动驱动,二位五通双电控换向阀实物图如图 9-3 所示,其图形符号如图 9-4 所示。

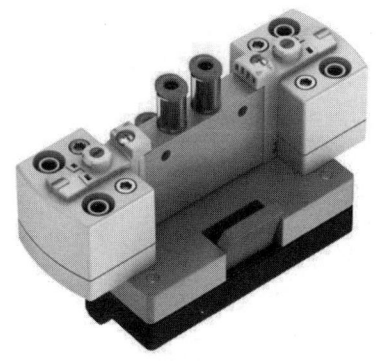

图 9-3 二位五通双电控换向阀实物图

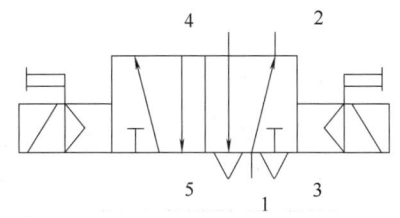

图 9-4 二位五通双电控换向阀图形符号

（2）三位五通双电控换向阀（中封式）

电磁线圈得电，三位五通双电控换向阀的口1与口4接通或口1与口2接通。电磁线圈失电，三位五通双电控换向阀在弹簧作用下复位，此时，口1、口2和口4皆被关闭。如果没有电压作用在电磁线圈上，则三位五通双电控换向阀可以手动驱动，三位五通双电控换向阀实物图如图9-5所示，其图形符号如图9-6所示。

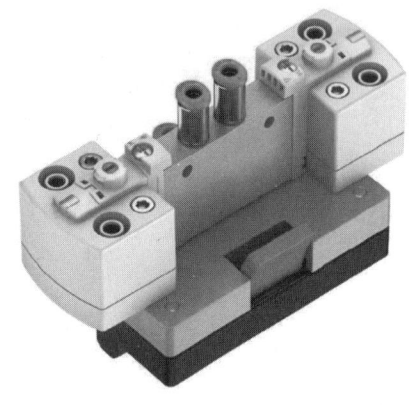

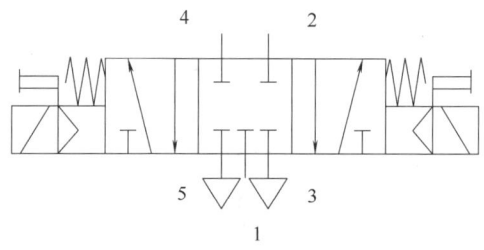

图9-5 三位五通双电控换向阀实物图

图9-6 三位五通双电控换向阀图形符号

9.4 实训操作

实训操作1　切割装置的安装与运行

使用切割装置剪切固定尺寸的纸张。

按下两个启动按钮后，切割刀前伸对纸张进行剪切。松开按钮后，切割刀缩回到开始位置，如图9-7所示。

9.4.1 气动回路设计与仿真

（1）任务要求

通过气动教学软件的使用，设计出切割装置的气动回路图和电气控制回路图。观察和了解间接控制输入信号的与功能在回路的作用。

（2）操作步骤

① 打开计算机，运行气动教学软件FluidSIM-P。

② 点击工具栏的"新建"按钮。

③ 根据实训说明在元件图库中选择所需元件，并拖动至右侧绘图区域中，在元件选定的气口之间绘制气管，完成

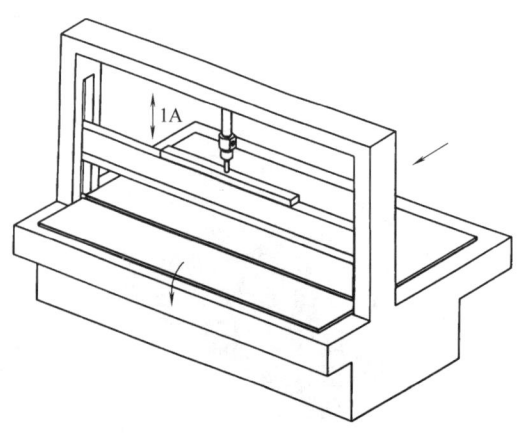

图9-7 切割装置示意图

气动回路的搭建。

④ 根据系统要求，将 24V 和 0V 拖至绘图区域，选择按钮开关，中间继电器和电磁阀线圈，完成电气控制回路的搭建。

⑤ 点选回路中的气动元件和电器控制元件，通过鼠标右键菜单观看元件描述、元件图片和元件插图。

⑥ 仿真运行切割装置气动和电气控制回路，观察回路的工作过程，如图 9-8 所示。

⑦ 完成实训报告。

（3）分组讨论

通过观察教学软件中二位五通单电控换向阀的作用，分组讨论电气控制回路中与连接，通过单电控换向阀实现气缸的伸缩。

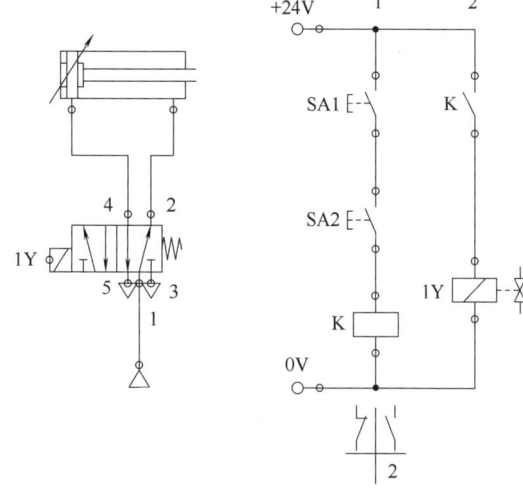

图 9-8 切割装置气动和电气回路图

9.4.2 气动回路、电气控制回路的搭建

（1）任务要求

通过模拟仿真，在气动实训台上选择合适的元件进行连接，调试并运行。

配套课件　配套视频

实训操作1 切割装置的安装与运行搭建　实训操作1 切割装置的安装与运行搭建

（2）操作步骤

① 根据任务要求，设计气动回路和电气控制回路，所设计的回路必须经过认真检查，确保正确无误。

② 按照检查无误的回路要求，选择所需的气动元件和电气控制元件，并且检查其性能的完好性。

③ 初始位置：双作用气缸受二位五通单电控换向阀弹簧作用力使活塞杆缩回到尾端位置。

④ 操作步骤1：按下按钮 SA1 和 SA2 后，电气回路中的中间继电器 K 闭合。线圈 1Y 闭合，二位五通单电控换向阀被触发。双作用气缸的活塞杆前进到末端位置。

⑤ 操作步骤2：松开按钮 SA1 和 SA2 中任意一个，电气回路中的线圈 1Y 打开，二位五通单电控换向阀回到初始位置。双作用气缸活塞杆返回到末端位置。

⑥ 实验完毕后，应当先断电，然后关闭截止阀。经确认回路中压力为零后，取下连接的气管，气动元件，电器元件，放入实训抽屉中。

（3）分组讨论

① 气缸的选型依据。

② 间接控制输入信号的与功能。

③ 中间继电器的作用。

④ 二位五通单电控换向阀的作用。

实训操作2　挡料板的安装与运行

节拍控制用于将容器中的材料清空。

按下启动按钮后，节拍控制开始，容器中的材料被清空。松开按钮后，运动停止，如图9-9所示。

9.4.3　气动回路设计与仿真

（1）任务要求

通过气动教学软件的使用，设计出挡料板的气动回路图和电气控制回路图。观察和了解间接控制输入信号的或功能在回路的作用。

图9-9　挡料板示意图

（2）操作步骤

① 打开计算机，运行气动教学软件FluidSIM-P。

② 点击工具栏的"新建"按钮。

③ 根据实训说明在元件图库中选择所需元件，并拖动至右侧绘图区域中，在元件选定的气口之间绘制气管，完成气动回路的搭建。

④ 根据系统要求，将24V和0V拖至绘图区域，选择普通按钮和电磁阀线圈，完成电气控制回路的搭建。

⑤ 点选回路中的气动元件和电气控制元件，通过鼠标右键菜单观看元件描述、元件图片和元件插图。

⑥ 仿真运行挡料板气动和电气控制回路，观察回路的工作过程，如图9-10所示。

⑦ 完成实训报告。

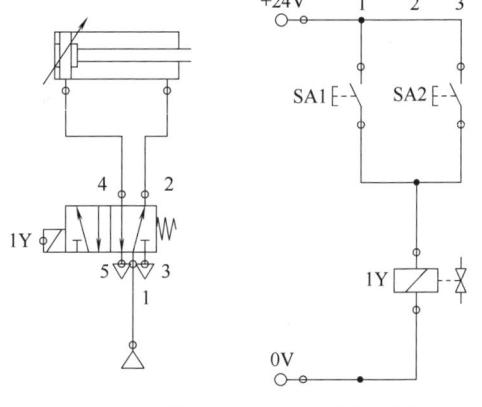

图9-10　挡料板气动和电气控制回路图

（3）分组讨论

通过观察教学软件中二位五通单电控换向阀的作用，分组讨论电气控制回路中的或连接，通过单电控换向阀实现气缸的伸缩。

9.4.4　气动回路、电气控制回路的搭建

（1）任务要求

通过模拟仿真，在气动实训台上选择合适的元件进行连接，调试并运行。

（2）操作步骤

① 根据任务要求，设计气动回路和电气控制回路，所设计的回路必须经过认真检查，确保正确无误。

② 按照检查无误的回路要求，选择所需的气动元件和电气控制元件，并且检查其性能的完好性。

③ 初始位置：双作用气缸受二位五通单电控换向阀弹簧作用力使活塞杆缩回到尾端位置。

④ 操作步骤 1：按下按钮 SA1 或 SA2 后，电气回路中的中间继电器 K 闭合。线圈 1Y 闭合，二位五通单电控换向阀被触发。双作用气缸的活塞杆前进到末端位置。

⑤ 操作步骤 2：同时松开按钮 SA1 和 SA2，电气回路中的线圈 1Y 打开，二位五通单电控换向阀回到初始位置。双作用气缸活塞杆返回到末端位置。

⑥ 实验完毕后，应当先断电，然后关闭截止阀。经确认回路中压力为零后，取下连接的气管，气动元件，电器元件，放入实训抽屉中。

（3）分组讨论

① 气缸的选型依据。

② 间接控制输入信号的或功能。

③ 二位五通单电控换向阀的作用。

9.5 拓展知识

9.5.1 时间继电器

时间继电器是电气控制系统中一个非常重要的元器件，在许多控制系统中，需要使用时间继电器来实现延时控制，如图 9-11 所示。时间继电器是一种利用电磁原理或机械动作原理来延迟触头闭合或断开的自动控制电器，如图 9-12、图 9-13 所示。其特点是，自吸引线圈得到信号起至触头动作中间有一段延时。时间继电器一般用于以时间为函数的电动机启动过程控制。

图 9-11 时间继电器实物图

时间继电器的主要功能是作为简单程序控制中的一种执行器件，当它接受了启动信号后开始计时，计时结束后它的工作触头进行开或合的动作，从而推动后续的电路工作。一般来说，时间继电器的延时性能在设计的范围内是可以调节的，从而方便调整它的延时时间长短。单凭一只时间继电器恐怕不能做到开始延时闭

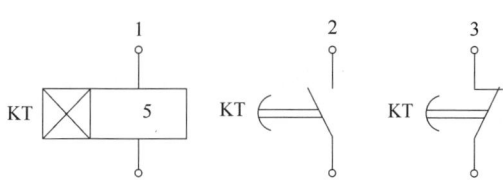

图 9-12 延时闭合继电器、触点符号

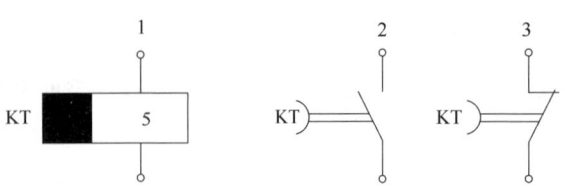

图 9-13 延时断开继电器、触点符号

合,闭合一段时间后,再断开,先实现延时闭合后延时断开,但总体上说,通过配置一定数量的时间继电器和中间继电器都是可以做到的。随着电子技术的发展,电子式时间继电器在时间继电器中已成为主流产品,采用大规模集成电路技术的电子智能式数字显示时间继电器,具有多种工作模式,不但可以实现长延时时间,而且延时精度高,体积小,调节方便,使用寿命长,使得控制系统更加简单可靠。

选用时间继电器时应注意,其线圈(或电源)的电流种类和电压等级,按控制要求选择延时方式、触点形式、延时精度以及安装方式。

(1)通电延时回路

如图 9-14 所示为通电延时电路初始状态,初始状态时继电器 K1、时间继电器 T1、指示灯 HL1 和蜂鸣器 BZ1 均未被激励,SSW 为自锁的选择开关。当 SSW 合上后,蜂鸣器 BZ1 开始鸣叫,如图 9-14(b)所示。如图 9-15 所示为通电延时计时过程状态,按钮 SA1 被按下后,K1 线圈被激励,其常开辅助触头闭合,K1 线圈被保持在得电状态。从而使时间继电器 T1 线圈得电,并开始计时。在计时过程中,电路状态如图 9-15(a)所示。当计时到设定值后,其状态如图 9-15(b)所示,蜂鸣器 BZ1 断开,而指示灯 HL1 被激励(点亮)。当 SSW 断开或按钮 TA 被按下后,K1 线圈失电,T1 线圈失电,系统又恢复初始状态一或二。

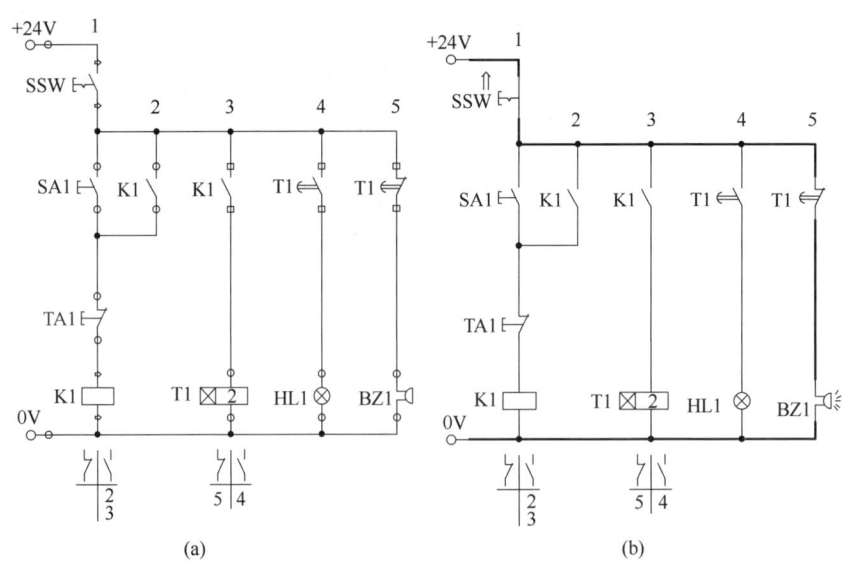

图 9-14 通电延时电路初始状态

(2)断电延时回路

如图 9-16 所示为断电延时电路初始状态。初始状态时继电器 K2、时间继电器 T2、

项目9 切割装置的安装与运行

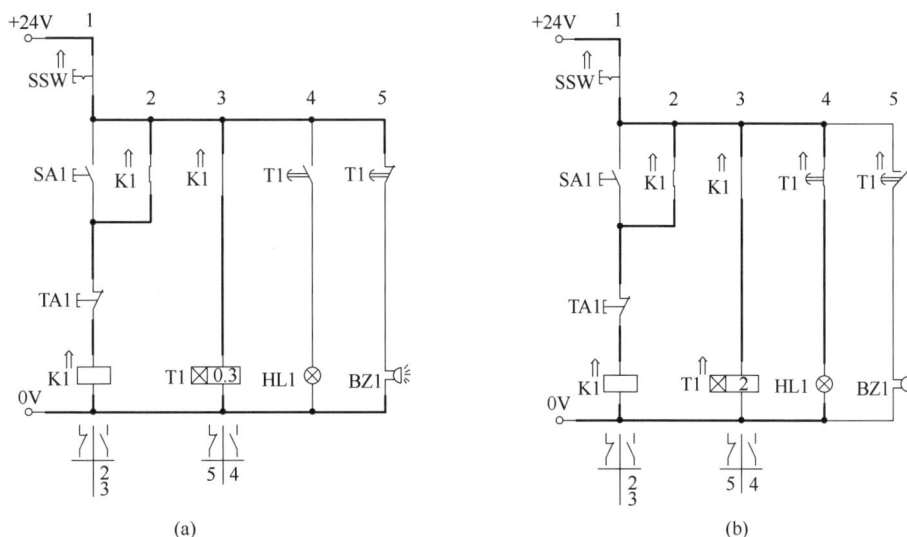

图 9-15 通电延时计时过程状态

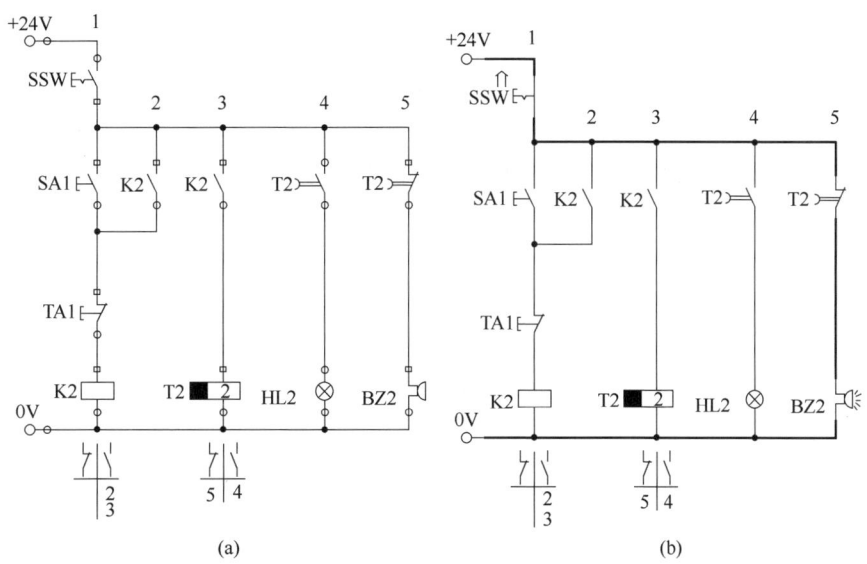

图 9-16 断电延时电路初始状态

指示灯 HL2 和蜂鸣器 BZ2 均未被激励,SSW 为自锁的选择开关。当 SSW 合上后,蜂鸣器 BZ2 开始鸣叫,如图 9-16(b)。如图 9-17 所示为断电延时工作状态,按钮 SA1 被按下后,K2 线圈被激励,其常开辅助触头闭合,K2 线圈被保持在得电状态;从而使时间继电器 T2 线圈得电。同时,蜂鸣器 BZ1 断开,而指示灯 HL1 被激励(点亮)。当按钮 TA 被按下后,K2 线圈失电,T2 线圈失电,从而使时间继电器 T2 开始计时。在计时过程中,电路状态如图 9-17(a)所示。当计时到设定值后,其状态如图 9-17(b)所示。

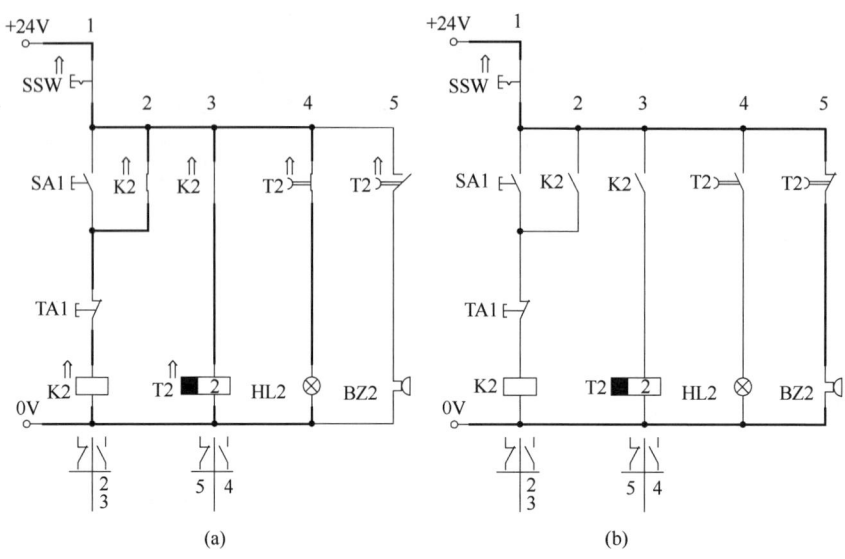

图 9-17 断电延时工作状态
(a) 计时过程状态　(b) 计时完成后状态

思考与练习

1. 在电气控制回路中,两个串联开关的作用和纯气动回路中什么元件的功能一样?
2. 在电气控制回路中,两个并联开关的作用和纯气动回路中什么元件的功能一样?
3. 双电控换向阀和单电控换向阀的区别是什么?

实 训 报 告

实训项目						
实训目的						
所用元件	名称					
	图形符号					
	型号					
	数量					

写出本项目的动作过程

项目10 重力自流进料的安装与运行

10.1 实训设备和元器件

项目所需实训设备和元器件如表10-1所示。

表10-1　　　　　　　　实训设备和元器件明细表

名称	数量	名称	数量
计算机(安装教学软件)	1	24V 电源	1
气动实训台(含空压机)	1	中间继电器	2
双作用气缸	1	按钮	2
二位五通双电控换向阀	1	气管	若干
电气行程开关	1		

10.2 项目目标

① 了解二位五通双电控换向阀的作用。
② 了解电气行程开关的作用。
③ 掌握电气回路中的自动回缩。

10.3 基础知识

10.3.1 电控换向阀

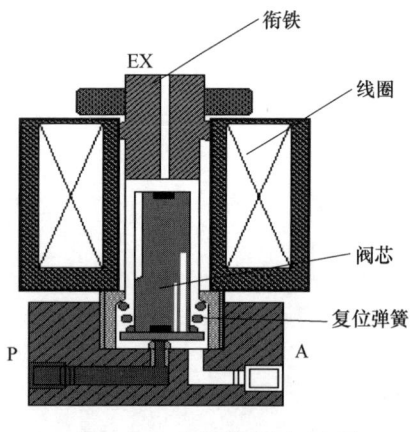

图 10-1　电控换向阀示意图

如图 10-1 所示，当电磁线圈得电时，由电磁学原理可知：电磁力使阀芯向上移动，打开 P 到 A 的通道；断电后弹簧复位。

10.3.1.1 直动式电磁阀

由电磁铁的衔铁直接推动换向阀的阀芯；可分为单控电磁铁换向阀和双控电磁铁换向阀。

（1）单控电磁换向阀

如图 10-2 所示，单控电磁换向阀阀芯的移动靠电磁铁，而复位靠弹簧，因而换向冲击较大，一般制成小型阀。

（2）双控电磁换向阀

如图 10-3 所示，将单控电磁换向阀阀芯复

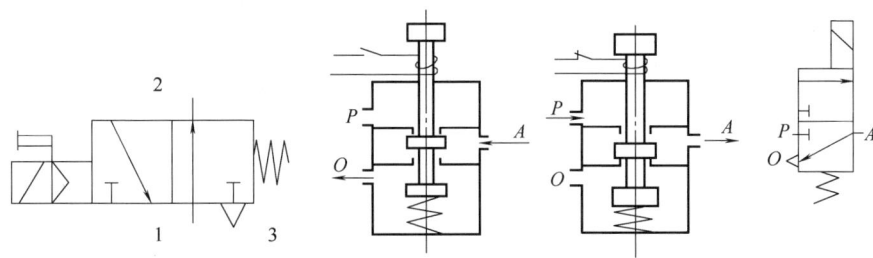

图 10-2 单控电磁换向阀

位弹簧改成电磁铁就成为双控电磁直动式换向阀,该阀的两个电磁铁只能交替工作,不能同时得电,否则会产生误动作或烧坏线圈。这种阀具有"工位的记忆"和"控制信号(线圈得电的时间长度)的脉冲"功能。

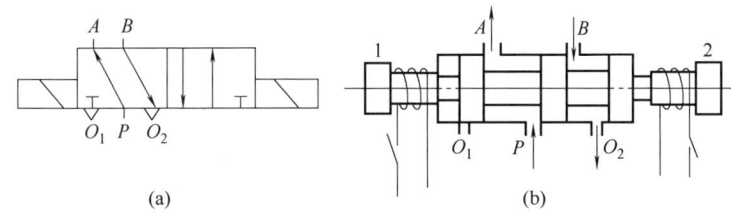

图 10-3 双控电磁换向阀
(a) 图形符号 (b) 结构图

（3）下面给出几种"直动式电磁阀"的图形符号和简单说明。

① 单电控二位三通阀,常开式,弹簧复位。电磁线圈得电,单电控二位三通阀的口 1 与口 2 接通。电磁线圈失电,单电控二位三通阀在弹簧作用下复位,则口 1 关闭。如果没有电压作用在电磁线圈上,则单电控二位三通阀可以手动驱动,如图 10-4 所示。

② 单电控二位三通阀,常闭式,弹簧复位。电磁线圈得电,单电控二位三通阀的口 1 关闭。电磁线圈失电,单电控二位三通阀在弹簧作用下复位,则口 1 与口 2 接通。如果没有电压作用在电磁线圈上,则单电控二位三通阀可以手动驱动。

③ 单电控二位五通阀,弹簧复位。电磁线圈得电,单电控二位五通阀的口 1 与口 4 接通。电磁线圈失电,单电控二位五通阀在弹簧作用下复位,则口 1 与口 2 关闭。如果没有电压作用在电磁线圈上,则单电控二位五通阀可以手动驱动,如图 10-5 所示。

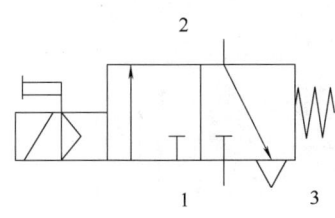
图 10-4 单电控二位三通阀

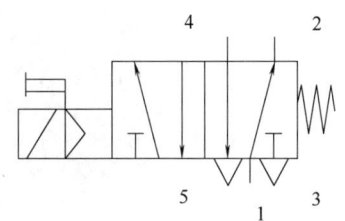
图 10-5 单电控二位五通阀

④ 双电控二位五通阀。电磁线圈得电，双电控二位五通阀的口1与口4接通，且具有记忆功能，只有当另一个电磁线圈得电，双电控二位五通阀才复位，即口1与口2接通。如果没有电压作用在电磁线圈上，则双电控二位五通阀可以手动驱动，如图10-6所示。

⑤ 双电控三位五通阀，中封式。电磁线圈得电，双电控三位五通阀的口1与口4接通或口1与口2接通。电磁线圈失电，双电控三位五通阀在弹簧作用下复位，此时，口1、口2和口4皆被关闭。如果没有电压作用在电磁线圈上，则双电控三位五通阀可以手动驱动，如图10-7所示。

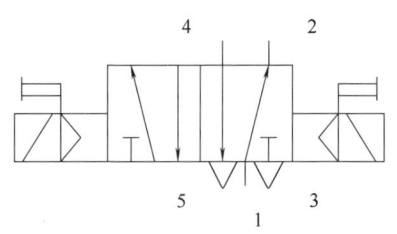

图10-6 双电控二位五通阀

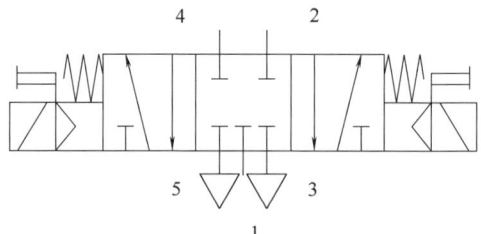

图10-7 双电控三位五通阀

10.3.1.2 先导阀

先导阀属于间接操作式的控制阀，它可以减小操作力和阀外形尺寸。

首先，由电磁铁控制从主阀气源节流出来的一部分气体，产生先导压力，然后去推动主阀阀芯，所以称之为先导式电磁阀。

先导式电磁阀由先导阀和主阀两部分组成。电磁控制部分，实际上是一个电磁阀，称之为电磁先导阀，由它控制的用以改变气流方向的阀称之为主阀。图10-8为先导阀的结构示意图。

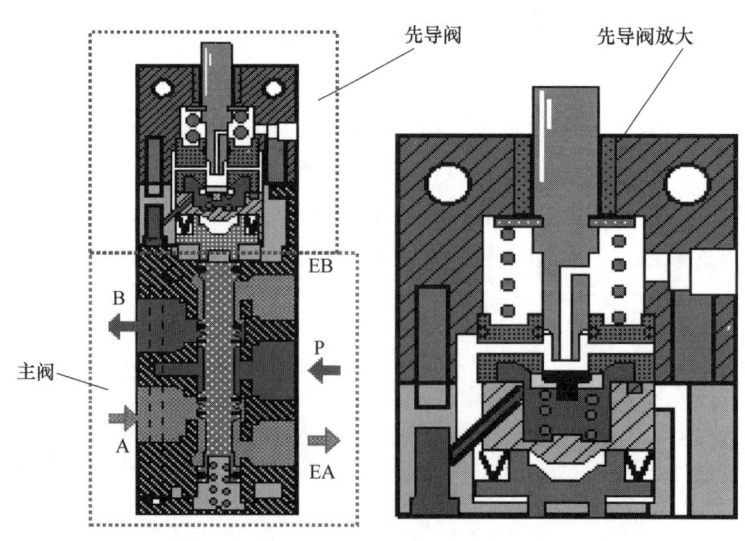

图10-8 先导阀示意图

10.3.2 典型电气控制回路

（1）直接控制回路

如图 10-9 所示，初始状态时继电器 K1 和指示灯未被激励，当按钮 SA1 被按下并保持后，K1 和灯被激励。当释放 SA1 后，K1 和灯又恢复初始状态。

（2）间接控制回路

如图 10-10 所示，初始状态时继电器 K、电磁阀 Y1 和指示灯均未被激励。当按钮 SA2 被按下并保持后，K 被激励，其常开辅助触头闭合，从而使 Y1 和灯被激励。当释放 SA2 后，K 线圈释电，其常开辅助触头断开，Y1 和灯又恢复初始状态。

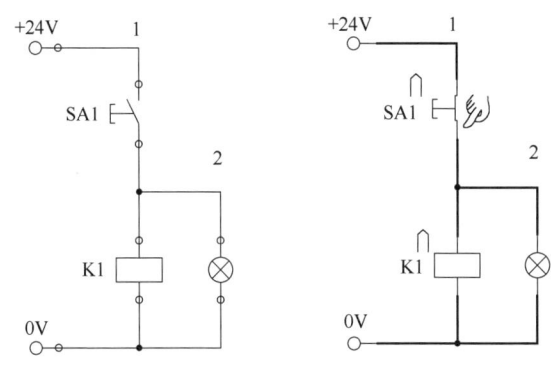

图 10-9 直接控制回路图

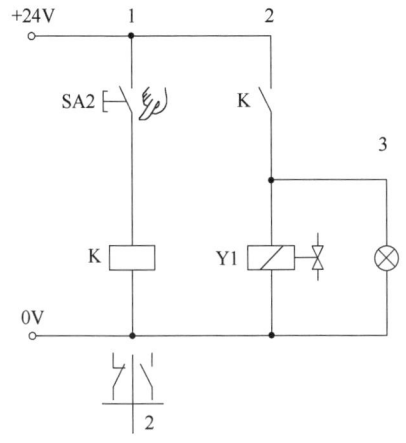
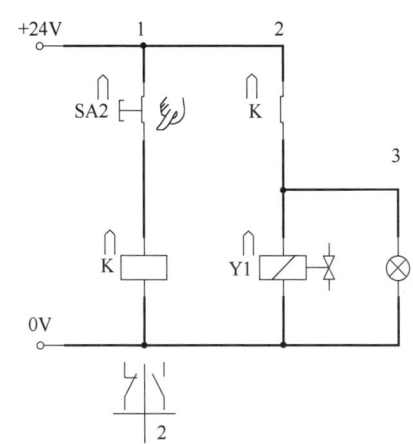

图 10-10 间接控制回路图

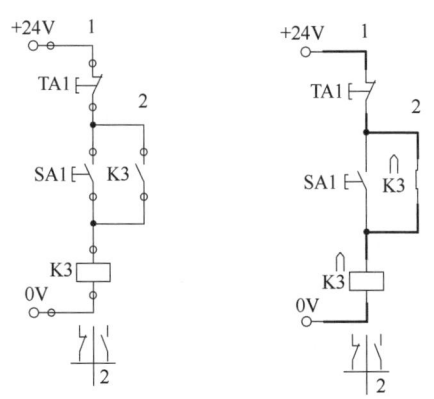

图 10-11 自锁回路图

（3）自锁回路

如图 10-11 所示，初始状态时继电器 K3 未被激励，当按钮 SA1 被按下后，K3 线圈被激励，其常开辅助触头闭合，K3 线圈被保持在得电状态。当被按下后，K3 线圈释电，K3 又恢复初始状态。但要注意该电路：在该电路中，按钮 SA1 被按下后可以很快释放，K3 线圈继续得电，除非按下按钮 TA1；所以说，该电路是自锁回路。

（4）启动优先回路

如图 10-12 所示，初始状态时继电器 K2 未被激励,当按钮 SA 被按下后,K2 线圈被激励,其常开辅助触头闭合,K2 线圈被保持在得电状态。当按钮 TA 被按下后,K2 线圈释电,K2 又恢复初始状态。但要注意该电路:如果先将按钮 TA 按下并保持断开状态,然后再按下按钮 SA,继电器 K2 还是被激励;也就是说,该电路是启动优先的。

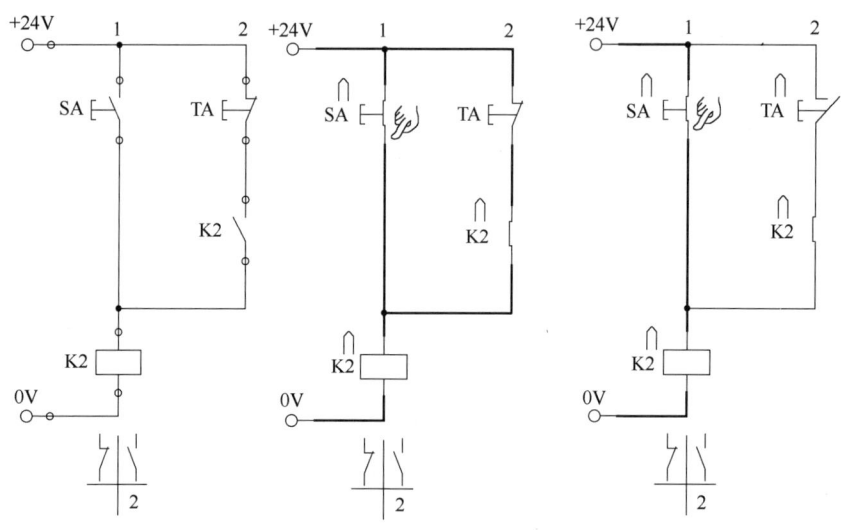

图 10-12　启动优先回路图

(5) 停止优先回路

如图 10-13 所示,初始状态时继电器 K1 未被激励,当按钮 SA1 被按下后,K1 线圈被激励,其常开辅助触头闭合,使得 K1 线圈被保持。当按钮 TA 被按下后,K1 线圈释电,K1 又恢复初始状态。但要注意该电路:如果先将按钮 TA 按下并保持断开状态,然后再按下按钮 SA,继电器 K2 永远不能被激励;也就是说,该电路是断开或停止优先的。

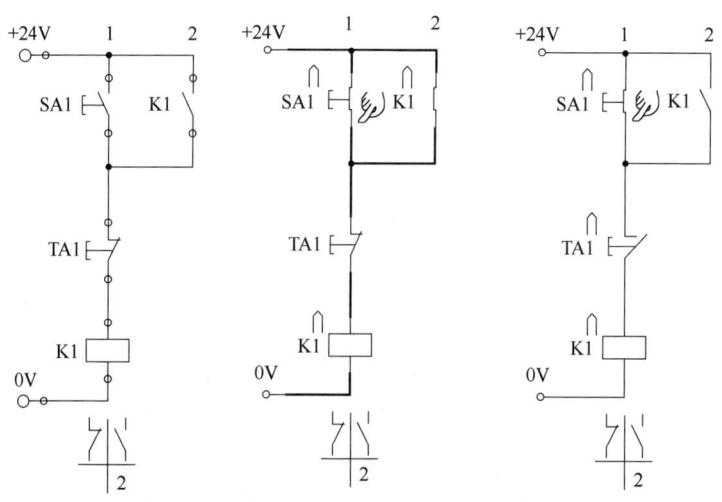

图 10-13　停止优先回路图

10.4 实训操作

实训操作 1　重力自流进料的安装与运行

木板从重力自流料仓落下，被推到一个夹紧装置上。

按下启动按钮后，活塞杆将从重力自流料仓中落下的木板推出。活塞杆达到前进末端位置时回到初始位置，如图 10-14 所示。

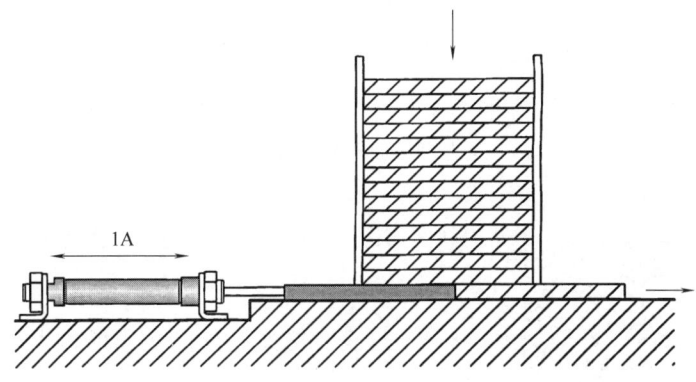

图 10-14　重力自流进料示意图

10.4.1　气动回路设计与仿真

（1）任务要求

通过气动教学软件的使用，设计出重力自降进料的气动回路图和电气控制回路图。观察和了解电子限位开关直接控制行程。

配套课件　　配套视频

实训操作1　重力自流进料的安装与运行仿真　　实训操作1　重力自流进料的安装与运行仿真

（2）操作步骤

① 打开计算机，运行气动教学软件 FluidSIM-P。

② 点击工具栏的"新建"按钮。

③ 根据实训说明在元件图库中选择所需元件，并拖动至右侧绘图区域中，在元件选定的气口之间绘制气管，完成气动回路的搭建。

④ 根据系统要求，将 24V 和 0V 拖至绘图区域，选择按钮开关，电气行程开关和二位五通双电控换向阀，完成电气控制回路的搭建。

⑤ 点选回路中的气动元件和电器控制元件，通过鼠标右键菜单观看元件描述、元件图片和元件插图。

⑥ 仿真运行重力自流进料气动和电气控制回路，观察回路的工作过程，如图 10-15 所示。

⑦ 完成实训报告。

（3）分组讨论

通过观察教学软件中二位五通双电控换向阀的作用，分组讨论电气控制回路中二位五通双电控换向阀的作用，通过电气行程开关控制气缸的自动伸缩。

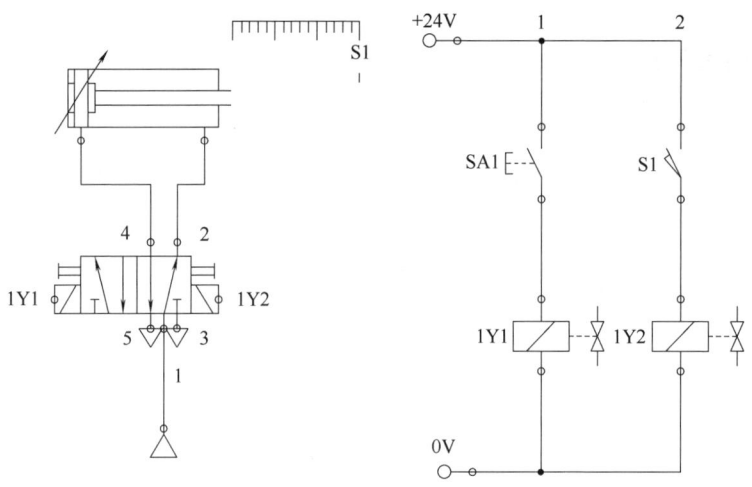

图 10-15 重力自流进料气动和电气控制回路图

10.4.2 气动回路、电气控制回路的搭建

（1）任务要求

通过模拟仿真，在气动实训台上选择合适的元件进行连接，调试并运行。

（2）操作步骤

① 根据任务要求，设计气动回路和电气控制回路，所设计的回路必须经过认真检查，确保正确无误。

② 按照检查无误的回路要求，选择所需的气动元件和电气控制元件，并且检查其性能的完好性。

③ 初始位置：双作用气缸缩回到尾端位置。

④ 操作步骤1：按下按钮 SA1 后，电气回路中二位五通双电控换向阀 1Y1 闭合，二位五通双电控电磁阀被触发。双作用气缸的活塞杆前进到末端位置。松开按钮 SA1 后，线圈 1Y1 断开。

⑤ 操作步骤2：双作用气缸的活塞杆前进到末端位置后触发电气行程开关 S1。电气回路中的二位五通双电控换向阀 1Y2 闭合，二位五通双电控电磁换向阀回到初始位置。双作用气缸的活塞杆返回到末端位置。松开电气行程开关 S1 后，线圈 1Y2 断开。

⑥ 实验完毕后，应当先断电，然后关闭截止阀。经确认回路中压力为零后，取下连接的气管，气动元件，电器元件，放入实训抽屉中。

（3）分组讨论

① 气缸的选型依据。

② 电气行程开关的功能。

③ 二位五通双电控换向阀的作用。

实训操作2　多通道重力自流进料的安装与运行

工件从多通道重力自流料仓中被推到一个夹紧装

置中。

按下启动按钮后,从料仓中落下的工件被推出。当活塞杆达到末端位置时返回到初始位置,如图10-16所示。

10.4.3 气动回路设计与仿真

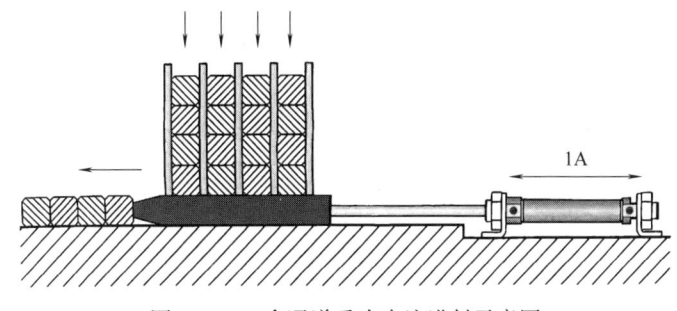

图10-16 多通道重力自流进料示意图

(1)任务要求

通过气动教学软件的使用,设计出多通道重力自降进料的气动回路图和电气控制回路图。观察和了解电子限位开关直接控制行程。

(2)操作步骤

① 打开计算机,运行气动教学软件 FluidSIM-P。

② 点击工具栏的"新建"按钮。

③ 根据实训说明在元件图库中选择所需元件,并拖动至右侧绘图区域中,在元件选定的气口之间绘制气管,完成气动回路的搭建。

④ 根据系统要求,将24V和0V拖至绘图区域,选择按钮开关,电气行程开关,中间继电器和二位五通双电控换向阀,完成电气控制回路的搭建。

⑤ 点选回路中的气动元件和电器控制元件,通过鼠标右键菜单观看元件描述、元件图片和元件插图。

⑥ 仿真运行多通道重力自流进料气动和电气控制回路,观察回路的工作过程,如图10-17所示。

⑦ 完成实训报告。

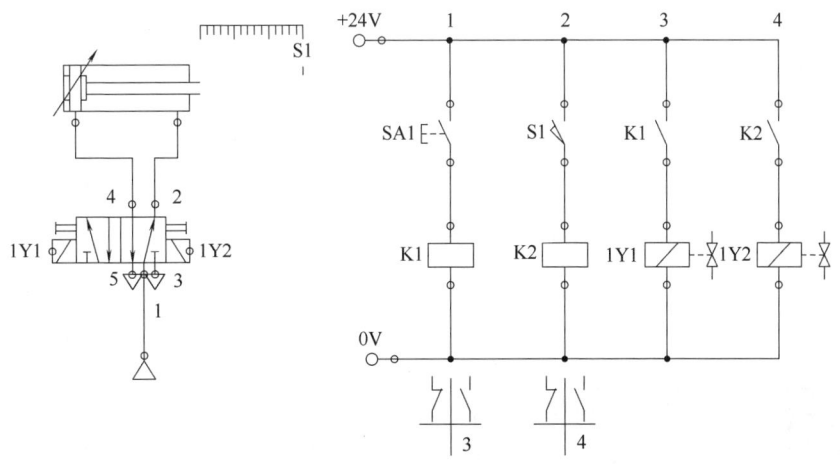

图10-17 多通道重力自流进料气动和电气控制回路图

(3)分组讨论

通过观察教学软件中二位五通双电控换向阀的作用,分组讨论电气控制回路中二位五通双电控换向阀的作用，通过电气行程开关控制气缸的自动伸缩。

10.4.4　气动回路，电气控制回路的搭建

（1）任务要求

通过模拟仿真，在气动实训台上选择合适的元件进行连接，调试并运行。

（2）操作步骤

① 根据任务要求，设计气动回路和电气控制回路，所设计的回路必须经过认真检查，确保正确无误。

② 按照检查无误的回路要求，选择所需的气动元件和电气控制元件，并且检查其性能的完好性。

③ 初始位置：双作用气缸缩回到尾端位置。

④ 操作步骤1：按下按钮 SA1 后，电气回路中继电器 K1 闭合。电气控制回路中二位五通双电控换向阀 1Y1 闭合，二位五通双电控电磁换向阀被触发。双作用气缸的活塞杆前进到最前端，当松开按钮 SA1 后，继电器 K1 打开，线圈 1Y1 得电触发。

⑤ 操作步骤2：双作用气缸的活塞杆前进到末端位置后触发电气行程开关 S1。电气回路中的继电器 K2 闭合，二位五通双电控电磁阀回到初始位置。双作用气缸的活塞杆返回到末端位置。电气回路中的继电器 K2 断开，线圈 1Y2 也断开。

⑥ 实验完毕后，应当先断电，然后关闭截止阀。经确认回路中压力为零后，取下连接的气管，气动元件，电器元件，放入实训抽屉中。

（3）分组讨论

① 气缸的选型依据。

② 电气行程开关的功能。

③ 二位五通双电控换向阀的作用。

思考与练习

1. 二位五通和三位五通换向阀的区别是什么？
2. 电气行程开关的功能有哪些？
3. 直接控制与间接控制的区别是什么？

项目 10 重力自流进料的安装与运行

实 训 报 告

实训项目						
实训目的						
所用元件	名称					
	图形符号					
	型号					
	数量					

写出本项目的动作过程

项目 11 旋转转盘的安装与运行

11.1 实训设备和元器件

项目所需实训设备和元器件如表 11-1 所示。

表 11-1　　　　　　　　　实训设备和元器件明细表

名称	数量	名称	数量
计算机(安装教学软件)	1	24V 电源	1
气动实训台(含空压机)	1	中间继电器	2
双作用气缸	1	按键开关	2
二位五通双电控换向阀	1	气管	若干
电气行程开关	2		

11.2 项目目标

① 了解电子气动的基本知识。
② 了解电气行程开关与机械行程开关的区别。

11.3 基础知识

开关安装在电路中,用于为电路中的耗能装置供应电流或中断电流。这些开关可分为按钮和控制开关。

使用按钮时,只要驱动按钮,将始终维持选中的开关位置。例如,使用按钮驱动指示灯。

使用控制开关时,将以机械方式锁定两个切换位置,并且在再次驱动开关之前,将维持每个切换位置。家用电灯的开关是控制开关的应用之一。

11.3.1 按键开关

(1) 常开触点

对于常开触点,当按钮处于其初始位置,即未驱动位置时,电流中断。当驱动控制杆闭合电路时,电流流向耗能装置。当释放控制杆时,弹簧力使按钮回到其初始位置,并且电路中断,如图 11-1(a)所示。

(2) 常闭触点

对于常闭触点,当按钮处于其初始位置时,通过弹簧力闭合电路。当驱动按钮时,电路断开，如图 11-1（b）所示。

11.3.2 按键转换开关

转换触点在一个装置中结合了常闭触点和常开触点。它们通过切换操作闭合一个电路并断开另一个电路。在转换时，两个电路均短暂中断，如图 11-2 所示。

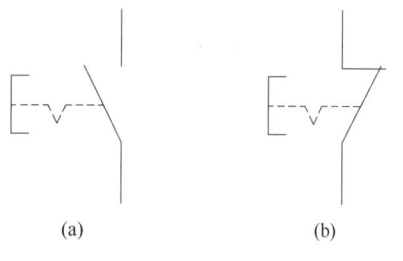

图 11-1 按键开关图形符号

11.3.3 计数器

接线端 A1 和 A2 之间的脉冲数达到预置电流脉冲数后，继电器触点闭合；如果在接线端 R1 和 R2 之间施加电压，则电子计数器被复位至预置值，如图 11-3 所示。

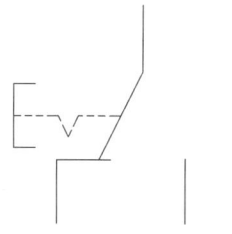

图 11-2 按键转换开关图形符号

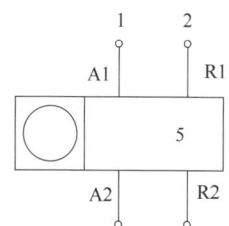

图 11-3 计数器图形符号

11.4 实训操作

使用一个旋转转盘使塑料容器分离，如图 11-4 所示。

按下启动按钮后，气缸活塞杆的振荡驱动轮盘旋转。当再次按下按钮后，运动停止。

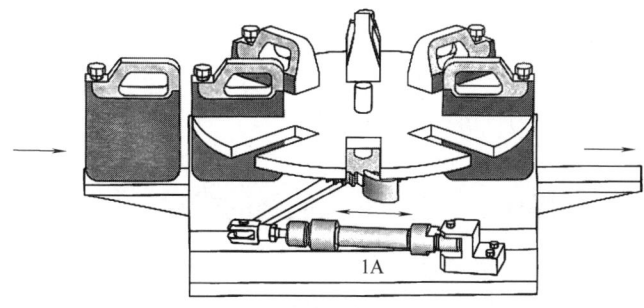

图 11-4 旋转转盘示意图

实训操作 1　气动教学软件仿真

（1）任务要求

通过气动教学软件的使用，设计出旋转转盘的气动回路图和电气控制回路图。观察和了解电子限位开

配套课件

实训操作1　旋转转盘的安装与运行仿真

配套视频

实训操作1　旋转转盘的安装与运行仿真

关控制的自动循环回路。

（2）操作步骤

① 打开计算机，运行气动教学软件 FluidSIM-P。

② 点击工具栏的"新建"按钮。

③ 根据实训说明在元件图库中选择所需元件，并拖动至右侧绘图区域中，在元件选定的气口之间绘制气管，完成气动回路的搭建。

④ 根据系统要求，将 24V 和 0V 拖至绘图区域，选择按键开关，电气行程开关，中间继电器和二位五通双电控换向阀，完成电气控制回路的搭建。

⑤ 点选回路中的气动元件和电器控制元件，通过鼠标右键菜单观看元件描述、元件图片和元件插图。

⑥ 仿真运行旋转转盘气动和电气控制回路，观察回路的工作过程，如图 11-5 所示。

⑦ 完成实训报告。

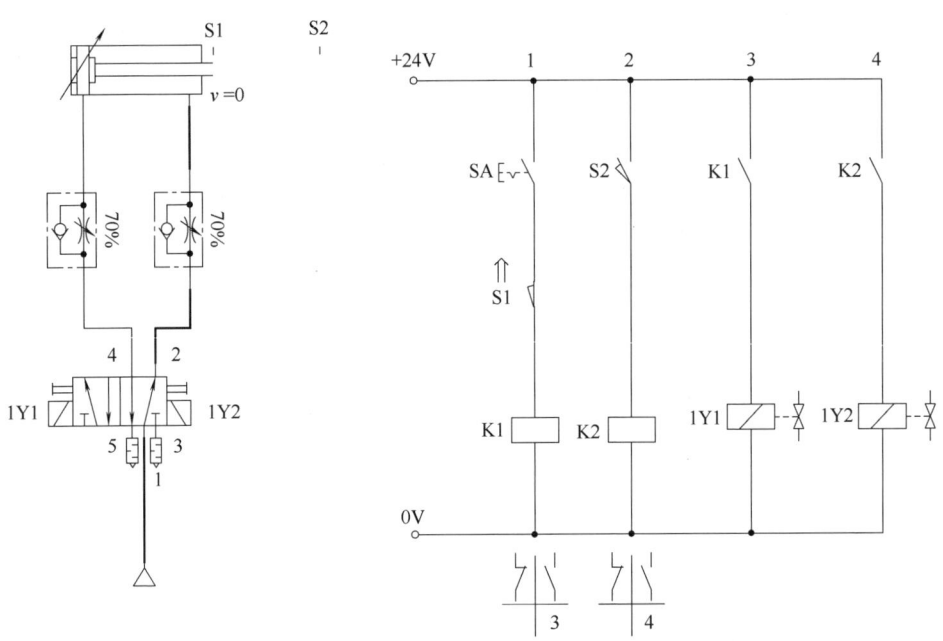

图 11-5 旋转转盘气动和电气回路图

实训操作2 旋转转盘的安装与运行搭建

实训操作2 旋转转盘的安装与运行搭建

实训操作 2　旋转转盘回路的搭建

（1）任务要求

通过模拟仿真，在气动实训台上选择合适的元件进行连接，调试并运行。

（2）操作步骤

① 根据任务要求，设计气动回路和电气控制回路，所设计的回路必须经过认真检查，确保正确无误。

② 按照检查无误的回路要求，选择所需的气动元件和电气控制元件，并且检查其性能的完好性。

③ 初始位置：双作用气缸缩回到尾端位置，压下电气行程开关 S1。

④ 操作步骤 1：按下按键按钮 SA 后，电气回路中的继电器 K1 闭合，二位五通双电控换向阀线圈 1Y1 闭合被触发。双作用气缸的活塞杆前进到末端位置，触发行程开关 S2，当离开末端位置后，继电器 K1 断开。

⑤ 操作步骤 2：通过电气行程开关 S2，电气回路中的继电器 K2 闭合，二位五通双电控换向阀 1Y2 闭合，电磁换向阀回到初始位置。双作用气缸的活塞杆返回到末端位置，触发行程开关 S1，当离开末端位置后，1Y2 线圈断开。

⑥ 通过按键开关 SA 和触点 K1，继电器 K1 再次闭合。线圈 1Y1 闭合，二位五通双电控电磁阀被触发。双作用气缸的活塞杆再次前进到末端位置。

⑦ 当按键开关 SA 恢复到初始位置，气缸完成当前动作后，回缩到末端位置，继电器 K1，K2 断电，电气行程开关 S1 被压下。

⑧ 实验完毕后，应当先断电，然后关闭截止阀。经确认回路中压力为零后，取下连接的气管，气动元件，电器元件，放入实训抽屉中。

（3）分组讨论

① 气缸的选型依据。

② 按键开关的作用。

③ 电气行程开关的功能。

④ 二位五通双电控换向阀的作用。

思考与练习

1. 按键开关与按钮开关的区别是什么？
2. 按键转换开关的用途和场合有哪些？
3. 计数器的工作方式有哪些？

项目11 思考与练习

实 训 报 告

实训项目						
实训目的						
所用元件	名称					
	图形符号					
	型号					
	数量					

写出本项目的动作过程

项目 12　滑动台的安装与运行

配套课件

项目12 滑动台的安装与运行

12.1　实训设备和元器件

项目所需实训设备和元器件如表 12-1 所示。

表 12-1　　　　　　　　　　实训设备和元器件明细表

名称	数量	名称	数量
计算机(安装教学软件)	1	24V 电源	2
气动实训台(含空压机)	1	中间继电器	2
双作用气缸	2	按钮	4
二位五通单电控换向阀	2	气管	若干

12.2　项目目标

① 了解按钮开关常开和常闭的区别。
② 掌握电气控制回路中的自锁控制回路。
③ 掌握电气控制回路中的停止优先回路。
④ 掌握二位五通单电控和二位五通双电控的区别。

12.3　基础知识

12.3.1　自锁回路

初始状态时继电器 K1 未被激励，当按钮 SA1 被按下后，K1 线圈被激励，其常开辅助触头闭合，K1 线圈被保持在得电状态。当被按下后，K1 线圈释电，K1 又恢复初始状态。但要注意该电路：在该电路中，按钮 SA1 被按下后可以很快释放，K1 线圈继续得电，除非按下按钮 SA2；所以说，该电路是自锁回路，如图 12-1 所示。

12.3.2　启动优先回路

初始状态时继电器 K2 未被激励，当按钮 SA1 被按下后，K2 线圈被激励，其常开辅助触头闭合，K2 线圈被保持在得电状态。当按钮 SA2 被按下后，K2 线圈释电，K2 又恢复初始状态。但要注意该电路：如果先将按钮 SA2 按下并保持断开状态，然后再按下按钮 SA，继电器 K2 还是被激励；也就是说，该电路是启动优先回路，如图 12-2 所示。

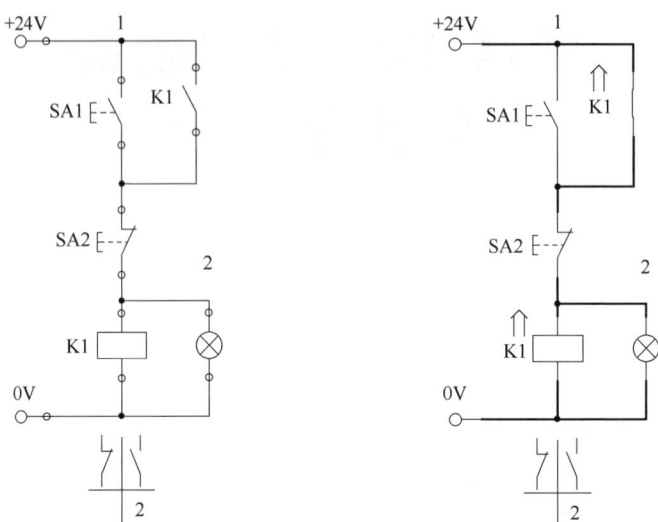

图 12-1 自锁回路初始、按钮按下状态

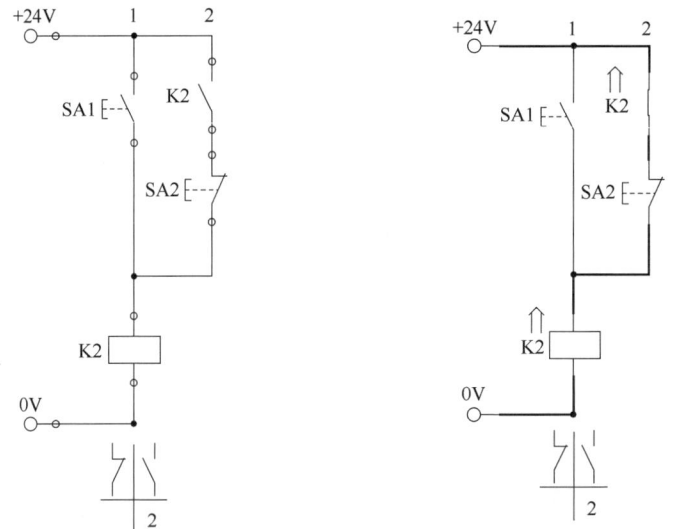

图 12-2 启动优先回路初始、按钮按下状态

12.3.3 停止优先回路

初始状态时继电器 K3 未被激励，当按钮 SA1 被按下后，K3 线圈被激励，其常开辅助触头闭合，使得 K3 线圈被保持。当按钮 SA2 被按下后，K3 线圈释电，K3 又恢复初始状态。但要注意该电路：如果先将按钮 SA2 按下并保持断开状态，然后再按下按钮 SA，继电器 K3 永远不能被激励；也就是说，该电路是停止优先回路，如图 12-3 所示。

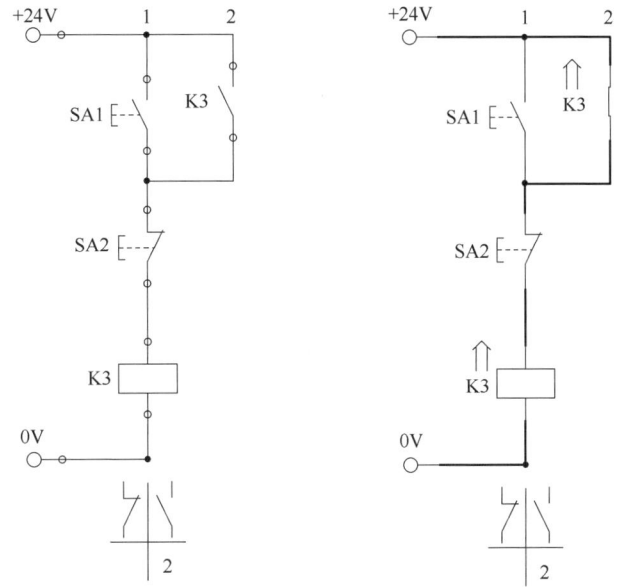

图 12-3　停止优先回路初始、按钮按下状态

12.4　实训操作

实训操作 1　滑动台的安装与运行

使用滑动台将木板推到打磨机的砂带下进行抛光。

按下启动按钮后，滑动台上的木板被推到打磨机的砂带下。按下另一个按钮后，滑动台回到初始位置，如图 12-4 所示。

12.4.1　气动回路设计与仿真

（1）任务要求

通过气动教学软件的使用，设计出滑动台的气动回路图和电气控制回路图，如图 12-5 所示。观察和了解电气控制回路中自锁回路的作用。

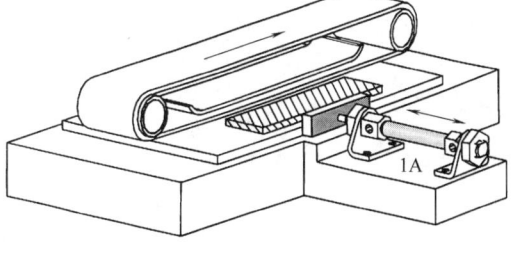

图 12-4　滑动台示意图

（2）操作步骤

① 打开计算机，运行气动教学软件 FluidSIM-P。

② 点击工具栏的"新建"按钮。

③ 根据实训说明在元件图库中选择所需元件，并拖动至右侧绘图区域中，在元件选定的气口之间绘制气管，完成气动回路的搭建。

④ 根据系统要求，将 24V 和 0V 拖至绘图区域，选择按钮开关，中间继电器和电磁阀线圈，完成电气控制回路的搭建。

⑤ 点选回路中的气动元件和电器控制元件，通过鼠标右键菜单观看元件描述、元件图片和元件插图。

⑥ 仿真运行滑动台气动和电气控制回路，观察回路的工作过程，如图 12-5 所示。

⑦ 完成实训报告。

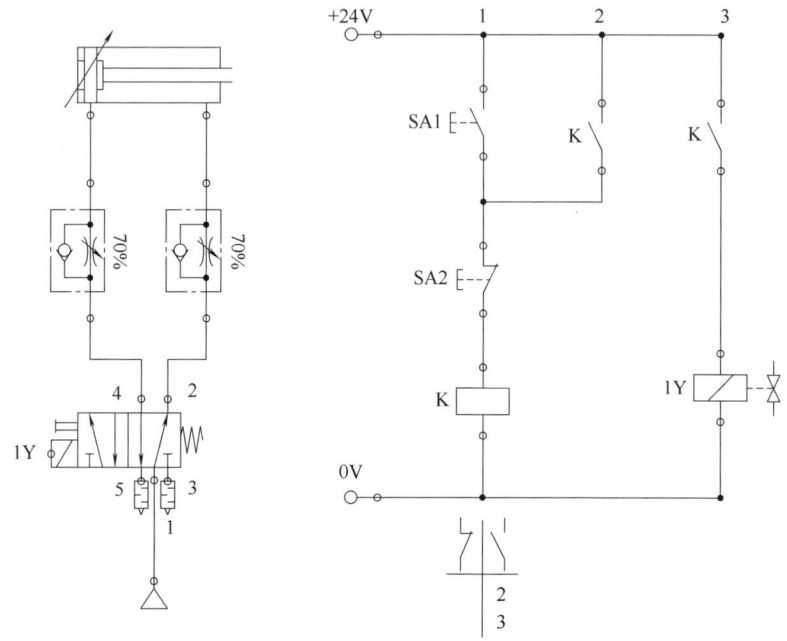

图 12-5　滑动台气动和电气回路图

（3）分组讨论

通过观察教学软件中 2 号支路触点 K 的作用，分组讨论电气控制回路中 SA1 和 SA2 的作用。

12.4.2　气动回路、电气控制回路的搭建

（1）任务要求

通过模拟仿真，在气动实训台上选择合适的元件进行连接，调试并运行。

（2）操作步骤

① 根据任务要求，设计气动回路和电气控制回路，所设计的回路必须经过认真检查，确保正确无误。

② 按照检查无误的回路要求，选择所需的气动元件和电气控制元件，并且检查其性能的完好性。

③ 初始位置：双作用气缸受二位五通单电控换向阀弹簧作用力使活塞杆缩回到尾端位置。

④ 操作步骤 1：按下按钮 SA1 后，电气回路中的中间继电器 K 得电，触点 K 闭合。此时松开按钮 SA1 后，带有触点 K 的电气回路保持闭合。二位五通单电控换向阀 1Y 闭合，电磁阀线圈被触发。双作用气缸的活塞杆前进到末端位置。

⑤ 操作步骤2：按下按钮 SA2 后，中间继电器 K 断开，触点 K 断开。二位五通单电控换向阀 1Y 断开，双作用气缸活塞杆返回到末端位置。

⑥ 实验完毕后，应当先断电，然后关闭截止阀。经确认回路中压力为零后，取下连接的气管，气动元件，电器元件，放入实训抽屉中。

（3）分组讨论

① 气缸的选型依据

② 2 号支路中触点 K 的作用

③ 二位五通单电控换向阀的作用

实训操作 2　夹紧装置的安装与运行

使用夹紧装置将工件夹紧。

按下按钮后，可移动的夹爪前进，将工件夹紧。按下另一个按钮后，夹爪返回到初始位置，如图 12-6 所示。

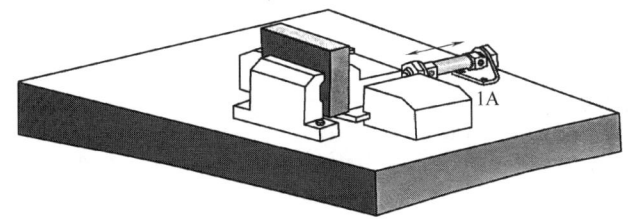

图 12-6　夹紧装置示意图

12.4.3　气动回路设计与仿真

（1）任务要求

通过气动教学软件的使用，设计出夹紧装置的气动回路图和电气控制回路图，如图 12-7 所示。观察和了解气动优先回路的特点。

（2）操作步骤

① 打开计算机，运行气动教学软件 FluidSIM-P。

② 点击工具栏的"新建"按钮。

③ 根据实训说明在元件图库中选择所需元件，并拖动至右侧绘图区域中，在元件选定的气口之间绘制气管，完成气动回路的搭建。

④ 根据系统要求，将 24V 和 0V 拖至绘图区域，选择按钮开关，中间继电器和电磁阀线圈，完成电气控制回路的搭建。

⑤ 点选回路中的气动元件和电器控制元件，通过鼠标右键菜单观看元件描述、元件图片和元件插图。

⑥ 仿真运行夹紧装置气动和电气控制回路，观察回路的工作过程，如图 12-7 所示。

⑦ 完成实训报告。

（3）分组讨论

通过观察教学软件中二位五通单电控换向阀的作用，分组讨论电气控制回路中与连接，通过单电控换向阀实现气缸的伸缩。

实训操作2 夹紧装置的安装与运行搭建

实训操作2 夹紧装置的安装与运行搭建

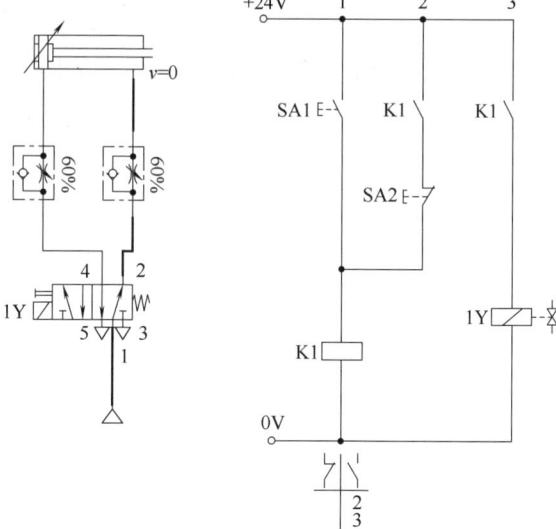

图 12-7 夹紧装置气动和电气回路图

12.4.4 气动回路，电气控制回路的搭建

（1）任务要求

通过模拟仿真，在气动实训台上选择合适的元件进行连接，调试并运行。

（2）操作步骤

① 根据任务要求，设计气动回路和电气控制回路，所设计的回路必须经过认真检查，确保正确无误。

② 按照检查无误的回路要求，选择所需的气动元件和电气控制元件，并且检查其性能的完好性。

③ 初始位置：双作用气缸受二位五通单电控换向阀弹簧作用力使活塞杆缩回到尾端位置。

④ 操作步骤1：按下按钮 SA1 后，电气回路中的中间继电器 K1 闭合。松开按钮 SA1 后，带有触点 K1 的回路保持闭合，二位五通单电控电磁阀 1Y 闭合，双作用气缸的活塞杆前进到末端位置。

⑤ 操作步骤2：按下按钮 SA2 后，中间继电器 K1 断开，二位五通单电控电磁阀 1Y 断开，二位五通单电控换向阀受弹簧作用力回到初始位置。双作用气缸活塞杆返回到末端位置。

⑥ 实验完毕后，应当先断电，然后关闭截止阀。经确认回路中压力为零后，取下连接的气管，气动元件，电器元件，放入实训抽屉中。

（3）分组讨论

① 气缸的选型依据是什么？

② 启动优先和停止优先的区别是什么？

③ 如果换成二位五通双电控换向阀该如何操作？

思考与练习

1. 什么是自锁回路，特点是什么？
2. 启动优先和停止优先的区别是什么？

项目12 思考与练习

项目 12　滑动台的安装与运行

实 训 报 告

实训项目						
实训目的						
所用元件	名称					
	图形符号					
	型号					
	数量					

写出本项目的动作过程

项目 13　转向装置的安装与运行

13.1　实训设备和元器件

项目所需实训设备和元器件如表 13-1 所示。

表 13-1　　　　　　　　　　实训设备和元器件明细表

名称	数量	名称	数量
计算机(安装教学软件)	1	24V 电源	2
气动实训台(含空压机)	1	中间继电器	2
双作用气缸	2	按钮	4
二位五通单电控换向阀	2	气管	若干

13.2　项目目标

① 了解接近开关的作用。
② 了解压力继电器的作用。
③ 掌握磁接近开关的作用。
④ 掌握压力开关的作用。

13.3　基础知识

13.3.1　接近开关的分类

与限位开关相反，接近开关没有触点，也无需外部机械驱动力。
接近开关的使用寿命长且切换可靠性高。接近开关分为：磁感应式接近开关、电感式接近开关、电容式接近开关、光电式接近开关。

（1）磁感应式接近开关

磁感应式接近开关又叫簧片式接近开关，簧片开关是磁力驱动的接近传感器。它们由充满惰性气体的玻璃管内的两个接触簧片组成。磁场导致两个簧片闭合，让电流通过。在作为常闭触点的簧片开关中，接触簧片通过小磁体闭合，此磁场被明显更强大的切换磁体磁场克服。簧片开关具有较长的工作寿命和很短的切换时间（约为 0.2ms）。它们无需维护，但是不得用在受强磁场影响的环境中（例如电阻焊机附近），其实物图如图 13-1

所示。

（2）电感式接近开关

电感式接近开关属于一种有开关量输出的位置传感器，它由 LC 高频振荡器和放大处理电路组成，利用金属物体在接近这个能产生电磁场的振荡感应头时，使物体内部产生涡流。这个涡流反作用于接近开关，使接近开关振荡能力衰减，内部电路的参数发生变化，由此识别出有无金属物体接近，进而控制开关的通或断。这种接近开关所能检测的物体必须是金属物体，其实物图如图 13-2 所示。

图 13-1　磁感应式接近开关实物图

图 13-2　电感式接近开关实物图

（3）电容式接近开关

电容式接近开关的检测面由两个同轴金属电极构成，很像打开的电容器电极，该电极串接在 RC 振荡回路内。当检测物接近检测面时，电极的容量产生变化，使振荡器起振，通过后级整形放大转换成开关信号，从而检测有无物体存在的目的；使得和测量头相连的电路状态也随之发生变化，由此便可控制传感器的接通和关断。这种接近传感器的检测物体，并不限于金属导体，也可以是绝缘的液体或粉状物体，不同的物体介电常数也不一样，因此检测到的距离也不相同。在检测较低介电常数 ε 的物体时，可以顺时针调节多圈电位器（位于传感器后部）来增加感应灵敏度，一般调节电位器使电容式的接近传感器在 0.7~0.8mm 的位置动作，其实物图如图 13-3 所示。

（4）光电式接近开关

光电传感器，又称光敏传感器，或称光电式传感器及光电探测器。它是一种能量转换器件，是利用各种手段将光能量变换成相应的电信号的器件。

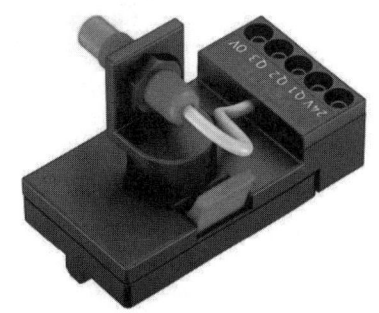

图 13-3　电容式接近开关实物图

利用被检测物体对红外光束的遮光或反射，由同步回路选通而检测物体的有无，其物体不限于金属，对所有能反射光线的物体均可检测。根据检测方式的不同，红外线光电开关可分为：

① 漫反射式光电传感器。漫反射光电开关是一种集发射器和接收器于一体的传感器，当有被检测物体经过时，将光电传感器的发射端发射的足够量的光线反射到接收端，于是光电开关就产生了开关信号。当被检测物体的表面光亮或其反光率极高时，漫反射式的光

电开关是首选的检测模式。

② 镜反射式光电传感器。镜反射式（又称为同轴-回归式）光电传感器也是集发射器与接收器于一体，光电传感器的发射端发出的光线经过反射镜反射回接收器，当被检测物体经过且完全阻断光线时，光电传感器就产生了检测开关信号。

③ 对射式光电传感器。对射式光电传感器包含在结构上相互分离且光轴相对放置的发射端和接收端，发射端发出的光线直接进入接收端。当被检测物体经过发射端和接收端之间且阻断光线时，光电传感器就产生了开关信号。当检测物体是不透明时，对射式光电传感器是最可靠的检测模式。

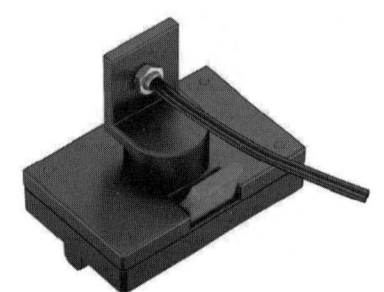

图 13-4　光纤式光电式接近开关实物图

④ 槽式光电开关。槽式光电开关通常是标准的 U 字形结构，其发射器和接收器分别位于 U 形槽的两边，并形成一光轴，当被检测物体经过 U 形槽且阻断光轴时，光电开关就产生了检测到的开关量信号。槽式光电开关比较安全可靠的适合检测高速变化，分辨透明与半透明物体。

⑤ 光纤式光电传感器。光纤式光电传感器采用塑料或玻璃光纤传感器来引导光线，以实现被检测物体不在相近区域的检测。通常光纤传感器分为对射式和漫反射式，其实物图如 13-4 所示。

13.3.2　接近开关的应用

（1）磁感应式接近开关（图 13-5、图 13-6）

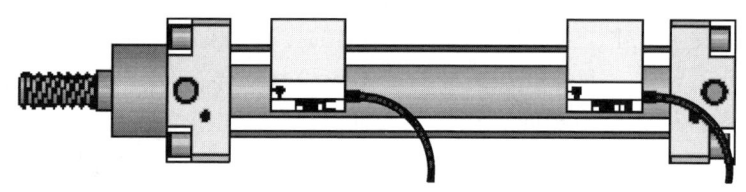

图 13-5　位置控制装置

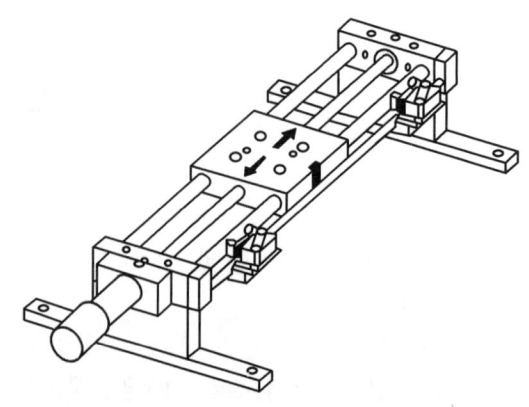

图 13-6　位置检测装置

（2）电感、电容式接近开关（图 13-7 ~图 13-14）

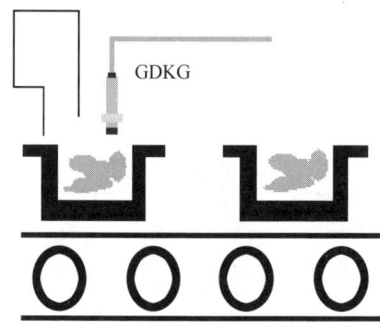

图 13-7　料位的控制

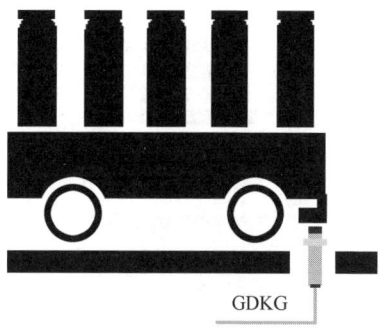

图 13-8　物体的定位

图 13-9　物体的到位/通过

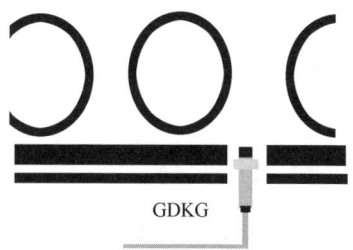

图 13-10　连续通过的检测

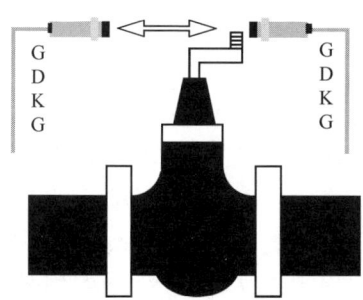

图 13-11　开关位置的确认

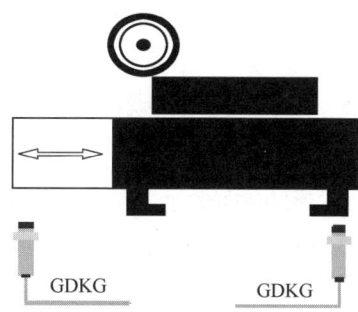

图 13-12　行程限位

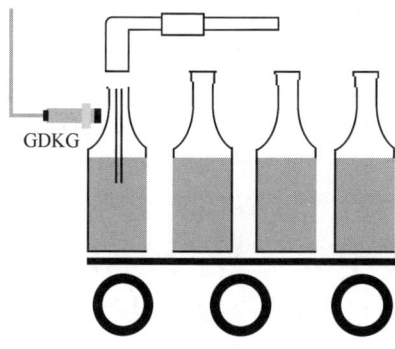

图 13-13　液位检测

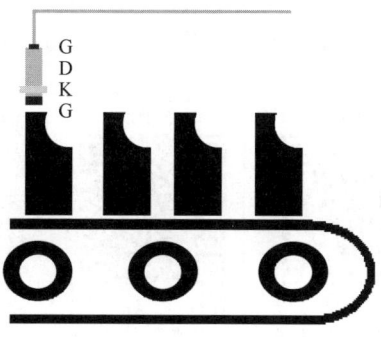

图 13-14　产品计数

（3）光电式接近开关（图13-15～图13-18）

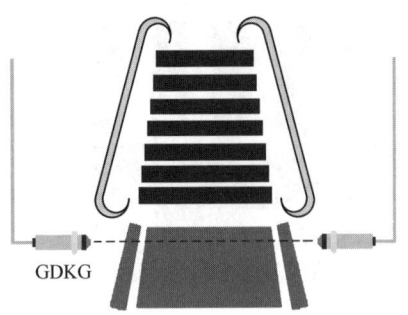

图13-15　自动扶梯启停检测

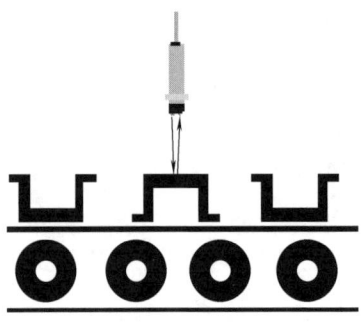

图13-16　物体倒置辨别

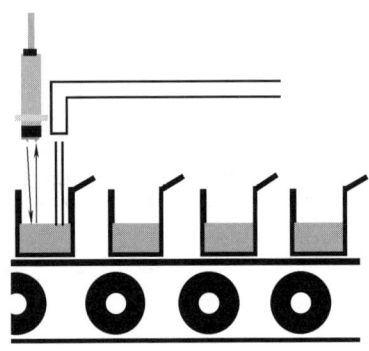

图13-17　自动注料

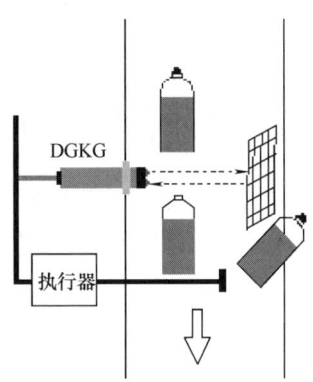

图13-18　不合格产品检出

13.3.3　压力开关的概念

压力开关是一种当输入压力达到设定值时，电气开关接通，发出电信号的装置，常用于需要压力控制和保护的场合。例如，空压机排气和吸气压力保护，压力容器（如气罐）内的压力控制等。压力开关除用于压缩空气外，还用于蒸汽、水、油等其他介质压力的控制。

压力开关由感受压力变化的压力敏感元件、调整设定压力大小的压力调整装置和电气开关三部分构成。

通常，压力敏感元件采用膜片、膜盒、波纹管和波登管等弹性元件，也有用活塞的。敏感元件的作用是感受压力大小，将压力转换为位移量。除此以外，敏感元件趋于采用压敏元件、压阻元件，其体积小，精度高，能直接将压力转换成电信号输出。

电气开关性能根据工作电压、功率及输出电路的通断状况来确定，要求电气开关体积小，动作灵敏可靠，使用寿命长。

13.4　实训操作

实训操作1　转向装置的安装与运行

使用转向装置，工件从一个传送带轨道上转移到

另一个轨道上。

按下启动按钮后,气缸活塞杆的振荡运动推动旋转台转动。工件转向并在相反方向上传送。按下另一个按钮后,驱动单元停止运动,如图 13-19 所示。

13.4.1 气动回路设计与仿真

(1)任务要求

通过气动教学软件的使用,设计出转向装置的气动回路图和电气控制回路图,如图 13-20 所示。观察和了解电气控制回路中自锁回路的作用。

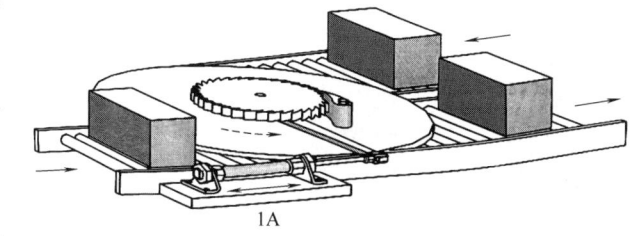

图 13-19 转向装置示意图

(2)操作步骤

① 打开计算机,运行气动教学软件 FluidSIM-P。

② 点击工具栏的"新建"按钮。

③ 根据实训说明在元件图库中选择所需元件,并拖动至右侧绘图区域中,在元件选定的气口之间绘制气管,完成气动回路的搭建。

④ 根据系统要求,将 24V 和 0V 拖至绘图区域,选择按钮开关,中间继电器和电磁阀线圈,完成电气控制回路的搭建。

⑤ 点选回路中的气动元件和电器控制元件,通过鼠标右键菜单观看元件描述、元件图片和元件插图。

⑥ 仿真运行转向装置气动和电气控制回路,观察回路的工作过程,如图 13-20 所示。

⑦ 完成实训报告。

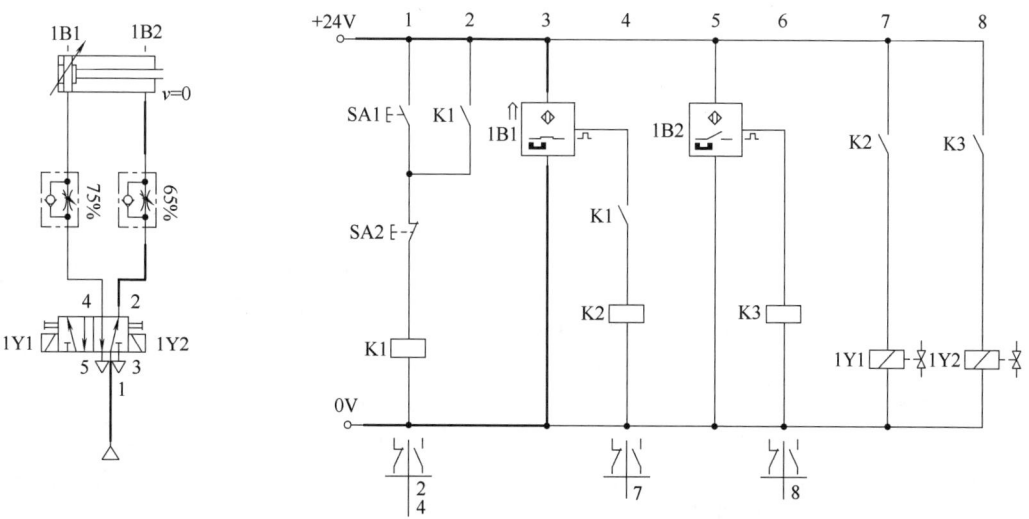

图 13-20 转向装置气动和电气控制回路图

(3)分组讨论

通过观察教学软件中 2 号支路触点 K 的作用,分组讨论电气控制回路中 SA1 和 SA2 的作用。

13.4.2 气动回路、电气控制回路的搭建

（1）任务要求

实训操作1 转向装置的安装与运行搭建

实训操作1 转向装置的安装与运行搭建

通过模拟仿真，在气动实训台上选择合适的元件进行连接，调试并运行。

（2）操作步骤

① 根据任务要求，设计气动回路和电气控制回路，所设计的回路必须经过认真检查，确保正确无误。

② 按照检查无误的回路要求，选择所需的气动元件和电气控制元件，并且检查其性能的完好性。

③ 初始位置：双作用气缸活塞杆缩回到尾端位置，二位五通双电控电磁阀在右位，磁感应传感器1B1有信号。

④ 操作步骤1：按下按钮SA1后，电气回路中的中间继电器K1得电，触点K1闭合。此时松开按钮SA1后，带有触点K的电气回路保持闭合。由于触点K1闭合，导致继电器K2闭合，从而触点K2被触发。二位五通双电控电磁阀线圈1Y1闭合。双作用气缸的活塞杆前进到末端位置，触发磁感应传感器1B2，当离开末端位置后，继电器K2断开。

⑤ 操作步骤2：通过磁感应传感器1B2和触点K3，电气回路中的继电器K3闭合。二位五通双电控电磁阀1Y2关闭，双电控电磁阀回到初始位置。活塞杆返回到末端位置并触发磁感应传感器1B1。当离开末端位置后，继电器K3断开。

⑥ 操作步骤3：通过传磁感应传感器1B1和触点K2，电气回路中的继电器K2闭合。二位五通双电控电磁阀1Y1闭合，二位五通双电控电磁阀被触发。双作用气缸的活塞杆再次前进到末端位置。

⑦ 操作步骤4：按下按钮SA2后，电气回路中的继电器K1断开。

⑧ 实验完毕后，应当先断电，然后关闭截止阀。经确认回路中压力为零后，取下连接的气管，气动元件，电器元件，放入实训抽屉中。

（3）分组讨论

① 气缸的选型依据。

② 磁感应传感器的应用。

③ 是否可以用二位五通单电控电磁换向阀控制。

实训操作2 冲压装置的安装与运行

工件在冲压装置上被冲压。

按下两个按钮后，冲模下降，工件被冲压。当系统达到冲压压力时，模具回到初始位置，如图13-21所示。

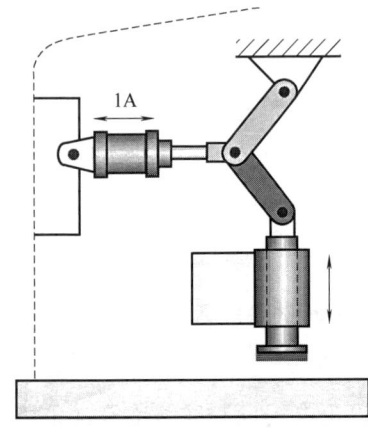

图13-21 冲压装置示意图

13.4.3 气动回路设计与仿真

（1）任务要求

通过气动教学软件的使用，设计出冲压装置的气

动回路图和电气控制回路图,如图13-22所示。观察和了解电气控制回路中压力继电器的作用。

(2)操作步骤

① 打开计算机,运行气动教学软件 FluidSIM-P。

② 点击工具栏的"新建"按钮。

③ 根据实训说明在元件图库中选择所需元件,并拖动至右侧绘图区域中,在元件选定的气口之间绘制气管,完成气动回路的搭建。

④ 根据系统要求,将24V和0V拖至绘图区域,选择按钮开关,中间继电器,压力继电器和电磁阀线圈,完成电气控制回路的搭建。

⑤ 点选回路中的气动元件和电器控制元件,通过鼠标右键菜单观看元件描述、元件图片和元件插图。

⑥ 仿真运行冲压装置气动和电气控制回路,观察回路的工作过程,如图13-22所示。

⑦ 完成实训报告。

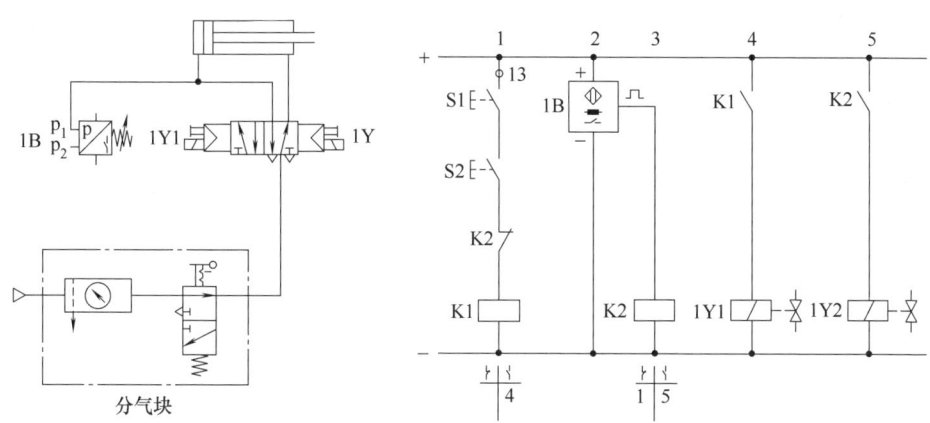

图 13-22 冲压装置气动和电气控制回路图

(3)分组讨论

通过观察教学软件中压力继电器1B的作用,分组讨论电气控制回路中S1和S2的作用。

13.4.4 气动回路,电气控制回路的搭建

(1)任务要求

通过模拟仿真,在气动实训台上选择合适的元件进行连接,调试并运行。

(2)操作步骤

① 根据任务要求,设计气动回路和电气控制回路,所设计的回路必须经过认真检查,确保正确无误。

② 按照检查无误的回路要求,选择所需的气动元件和电气控制元件,并且检查其性能的完好性。

③ 初始位置:双作用气缸缩回在尾端位置,二位五通双电控电磁阀在右位。

④ 操作步骤1:按下按钮S1和S2后,电气回路中的继电器K1闭合。带有触点K1

的二位五通双电控换向阀线圈 1Y1 闭合，电磁阀被触发。双作用气缸的活塞杆前进到末端位置。

⑤ 操作步骤 2：当双作用气缸的供给压力达到预设压力后，压力继电器 1B 被触发。电气回路中的继电器 K2 闭合。带有触点 K2 的回路中，继电器 K1 断开。带有触点 K2 的回路中，二位五通双电控电磁阀线圈 1Y2 闭合，二位五通双电控电磁阀回到初始位，双作用气缸的活塞杆返回到末端位置。

⑥ 当转换压力下降时，压力继电器 1B 返回到初始位置。电气回路中的继电器 K2 断开，二位五通双电控电磁阀 1Y2 失电。

⑦ 实验完毕后，应当先断电，然后关闭截止阀。经确认回路中压力为零后，取下连接的气管，气动元件，电器元件，放入实训抽屉中。

（3）分组讨论

① 气缸的选型依据。

② 压力继电器的作用。

③ 是否可以换成二位五通单电控换向阀使用？

思考与练习

1. 接近式开关有哪些？
2. 简述磁感应式接近开关的场合。
3. 各类接近式开关分别可以检测什么？

项目13 思考与练习

实 训 报 告

实训项目						
实训目的						
所用元件	名称					
	图形符号					
	型号					
	数量					

写出本项目的动作过程

模块 3

PLC 综合控制系统案例

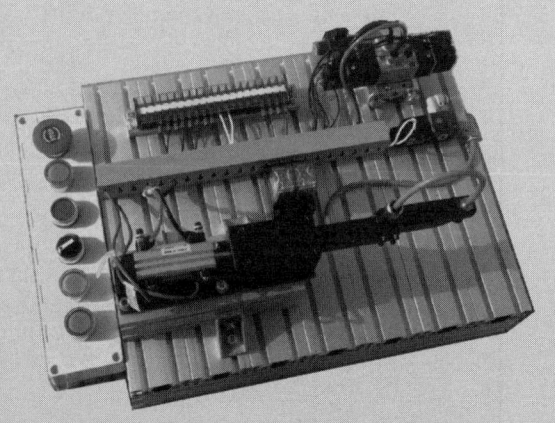

项目 14 吸盘搬运机构的安装与运行

14.1 实训设备和元器件

项目所需实训设备和元器件,如表 14-1 所示。

表 14-1　　　　　　　　　　实训设备和元器件明细表

名称	数量	名称	数量
计算机(安装教学软件)	1	二位三通单电控换向阀	1
气动实训台(含空压机)	1	24V 电源	1
双作用气缸	1	按钮开关	1
吸盘	1	中间继电器	4
真空发生器	1	延时继电器	1
二位五通双电控换向阀	1	磁感应式接近开关	2

14.2 项目目标

① 了解电气动控制的顺序动作。
② 了解真空发生器控制的吸盘动作。
③ 掌握元件的相关选型。
④ 掌握回路的搭建。

14.3 基础知识

在自动生产系统中,用吸盘加上滑动气缸和一些辅助机械装置将工件从一个工位搬运到另一个工位(平移),如图 14-1 所示。

当前道工序的工件传送过来后(或按下启动按钮),位移气缸伸出到位后(假设 A 工位),真空吸盘将工件吸起来;然后位移气缸回缩到位后(假设 B 工位),控制真空发生器的电磁阀切换,使真空发生器不产生负压,工件就放到 B 工位。如此循环,直到按下停止按钮。

14.3.1 元件的选型

(1)气缸的选型
由已知气缸所带的负载、运动状态及工作压力,就可以进行气缸缸径 D 的计算和选用。缸径计算步骤如下:

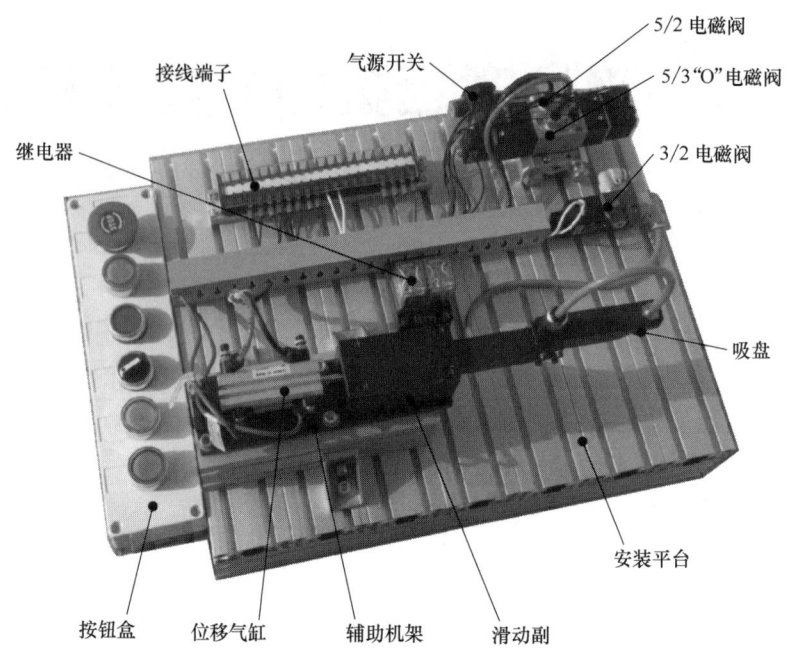

图 14-1　吸盘搬运机构实物图

① 根据气缸所带的负载，计算气缸的轴向负载力 F。

② 由气缸的平均速度来选定气缸的负载率 α。气缸的运动速度越高，负载率应选得越低。

③ 若系统工作压力为 0.6MPa 时，气缸的工作压力计算时一般选为 0.4MPa。这是由于气缸工作时气缸腔室里的压力受到管路充放气以及气缸速度的影响，不可能达到系统工作压力。当然，系统工作压力低于 0.6MPa，计算时工作压力也作相应的调整。

④ 由气缸的理论输出力计算公式、负载率 α 及工作压力 p 即能计算出缸径。由计算的缸径再圆整到标准缸径。

在该项目中，选用多安装位气缸。设定气缸的负载质量为 50kg，摩擦因数为 0.3，气缸行程 $L=50$，气缸动作时间为 1s，工作压力为 0.4MPa。通过公式可以算出气缸的缸径为 30.59mm，通过查表应选用缸径为 32mm 的，FESTO 的气缸型号为 DMM-32-50-P-A 型。

（2）吸盘的选型

真空吸盘是真空系统中的执行元件，用于将表面光滑且平整的工件吸起并保持住，柔软又有弹性的吸盘确保不会损坏工件。

波纹形吸盘的适应性更强，允许工件表面有轻微的不平、弯曲和倾斜，同时波纹形吸盘吸持工件在移动过程中有较好的缓冲性能。无论是圆形平吸盘，还是波纹形吸盘，在大直径吸盘结构上增加了一个金属圆盘，用以增加强度及刚度。

真空吸盘的安装靠吸盘上的螺纹直接与真空发生器或者真空安全阀、空心活塞杆气缸相连。

在该项目中，吸取的工件为圆形塑料工件，因此选用了单级设计，遵循文丘里原理工作。

14.3.2 电气动控制回路设计

电子气动系统回路设计取决于应用对象的规模和复杂性。包括气动回路和电气控制回路。不管是气动回路还是电气控制回路，任何复杂的回路都可以由多个基本回路组合而成，基本回路完成基本的动作和控制，它也是由一系列组件构成，基本回路有单作用气缸控制回路、双作用气缸控制回路、延时回路、计时回路、保持回路等。

（1）气动回路设计

气动回路表示了气讯号的流向。从气源开始，经过电气转换组件，直到气动执行组件（如气缸）。在设计气动回路时，首先需要根据应用对象选择最合适气动组件和电气控制组件；然后依据气讯号的流向连接各个组件，并确定各个组件的接口。

（2）电气回路

电气回路表示了电讯号的流向。电气回路设计比气动回路相对复杂，因为它要体现系统的控制逻辑。在设计电气回路时，首先需要根据应用对象的控制要求确定控制逻辑；然后根据控制逻辑选择相应的电气控制组件；最后连接各个电气组件。

早期的系统回路设计完全靠手工完成，现在出现了许多计算机辅助设计软件和各种组件库，设计者只要选择需要的组件并将组件连接起来就可以了，更有用的是软件提供了仿真和仿真功能，可以根据设计好的回路图，预览各种组件的动作，及时发现设计中存在的问题。

电气回路图通常以一种层次分明的梯形法表示，也称梯形图。梯形图的绘图原则为：

① 图形上端为火线，下端为接地线。

② 电路图的构成是由左而右进行。为便于读图，接线上要加上线号。

③ 控制元件的连接线，接于电源母线之间，且应力求直线。

④ 连接线与实际的元件配置无关，其由上而下，依照动作的顺序来决定。

⑤ 连接线所连接的元件均以电气符号表示，且均为未操作时的状态。

⑥ 在连接线上，所有的开关、继电器等的触点位置由水平电路的上侧的电源母线开始连接。

⑦ 一个梯形图网络有多个梯级组成，每个输出元素（继电器线圈等）可构成一个梯级。

⑧ 在连接线上，各种负载、如继电器、电磁线圈、指示灯等的位置通常是输出元素，要放在水平电路的下侧。

⑨ 在以上的各元件的电气符号旁注上文字符号。

14.4 实训操作

实训操作　吸盘搬运机构的安装与运行

14.4.1 气动回路设计与仿真

（1）任务要求

通过气动教学软件的使用，设计出吸盘搬运机构的气动回路图和电气控制回路图。学习和掌握电气控制回路的设计。

(2)操作步骤

① 打开计算机,运行气动教学软件 FluidSIM-P。

② 点击工具栏的"新建"按钮。

③ 根据实训说明在元件图库中选择所需元件,并拖动至右侧绘图区域中,在元件选定的气口之间绘制气管,完成气动回路的搭建。

④ 根据系统要求,将 24V 和 0V 拖至绘图区域,选择转换开关,按钮开关,中间继电器,电磁阀线圈,时间继电器,磁感应接近开关,完成电气控制回路的搭建。

⑤ 点选回路中的气动元件和电器控制元件,通过鼠标右键菜单观看元件描述、元件图片和元件插图。

⑥ 仿真运行吸盘搬运机构气动和电气控制回路,观察回路的工作过程,如图 14-2、图 14-3 所示。

⑦ 完成实训报告。

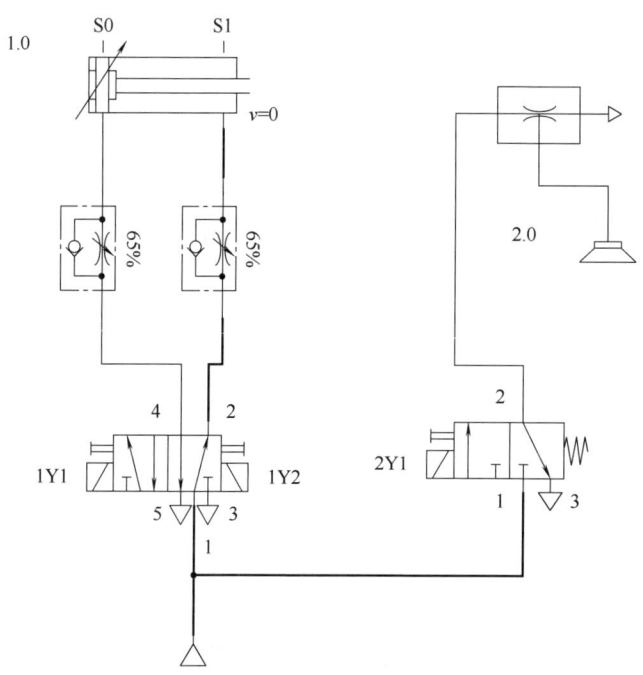

图 14-2 吸盘搬运机构气动控制回路图

14.4.2 气动回路,电气控制回路的搭建

(1)任务要求

通过模拟仿真,在气动实训台上选择合适的元件进行连接,调试并运行。

(2)操作步骤

① 根据任务要求,设计气动回路和电气控制回路,所设计的回路必须经过认真检查,确保正确无误。

② 按照检查无误的回路要求,选择所需的气动元件和电气控制元件,并且检查其性能的完好性。

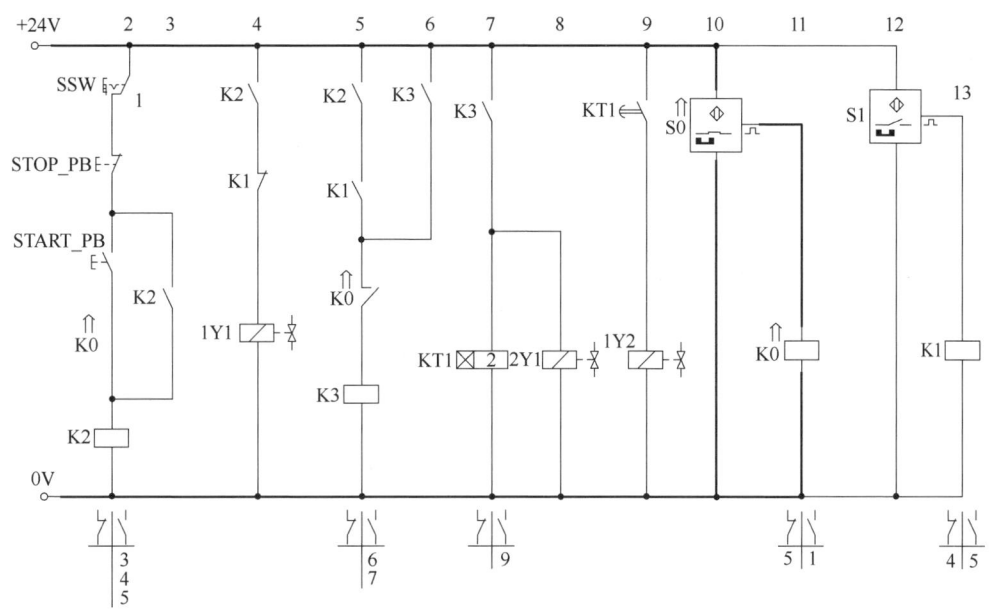

图 14-3 吸盘搬运机构电气控制回路图

③ 初始位置：SSW 系统断开，双作用气缸活塞杆缩回到尾端位置，真空发生器断开，吸盘断开工作。

④ 操作步骤 1：按下 SSW 系统上电，按下按钮 START_PB 后，中间继电器 K2 得电，触点开关 K2 闭合，由于磁感应开关 S0 检测到气缸在缩回的末端位置，中间继电器 K0 得电，触点开关 K0 闭合。

⑤ 操作步骤 2：由于触点开关 K2 闭合，二位五通双电控电磁换向阀 1Y1 得电，电磁阀换向使气缸伸出，磁感应开关 S0 失电，触点开关 K0 断开。

⑥ 操作步骤 3：气缸向前伸出到末端位置，磁感应开关 S1 检测到信号得电，中间继电器 K1 得电，触点开关 K1 闭合，支路 5 中中间继电器 K3 得电，触点开关 K3 闭合，延时继电器 KT1 得电，二位三通单电控电磁换向阀 2Y1 得电，真空发生器工作，吸盘吸合工件。

⑦ 操作步骤 4：延时继电器 KT1 延时 2s，时间继电器触点 KT1 闭合，二位五通双电控电磁换向阀 1Y2 得电，双作用气缸回缩到末端位置，同时真空发生器停止工作，吸盘松开工件。工作过程循环。

⑧ 操作步骤 5：按下 STOP_PB 停止按钮，完成当前工作后，吸盘停止工作，气缸回缩到末端位置。

⑨ 实验完毕后，应当先断电，然后关闭截止阀。经确认回路中压力为零后，取下连接的气管，气动元件，电器元件，放入实训抽屉中。

（3）分组讨论

① 如何实现顺序动作？

② 真空发生器的工作原理。

③ 吸盘应如何选择？

实 训 报 告

实训项目						
实训目的						
所用元件	名称					
	图形符号					
	型号					
	数量					

写出本项目的动作过程

项目15　双向送料装置的安装与运行

15.1　实训设备和元器件

项目所需实训设备和元器件，如表15-1所示。

表 15-1　　　　　　　　　　实训设备和元器件明细表

名称	数量	名称	数量
计算机(安装教学软件)	1	二位五通单电控换向阀	1
气动实训台(含空压机)	1	磁感应式接近开关	4
24V 电源	1	按钮开关	1
双作用气缸	2	中间继电器	4
二位五通双电控换向阀	1	单向节流阀	4

15.2　项目目标

① 掌握电气控制回路的设计。
② 掌握气缸动作"干涉"解决办法。
③ 掌握气动回路电气控制回路搭建。
④ 掌握运行与故障排出。

15.3　基础知识

如图15-1所示，当工件被放入工件入口后，按下启动按钮，位移气缸 A 伸出到位后，位移气缸 B 将工件推出，只有当位移气缸 B 回缩到位后，位移气缸 A 才能回缩。如此完成一个单周期。

15.3.1　元件的选型

气缸的选型

由已知气缸所带的负载、运动状态及工作压力，就可以进行气缸缸径 D 的计算和选用。缸径计算步骤如下：

① 根据气缸所带的负载，计算气缸的轴向负载力 F。
② 由气缸的平均速度来选定气缸的负载率 α。气缸的运动速度越高，负载率应选得越低。

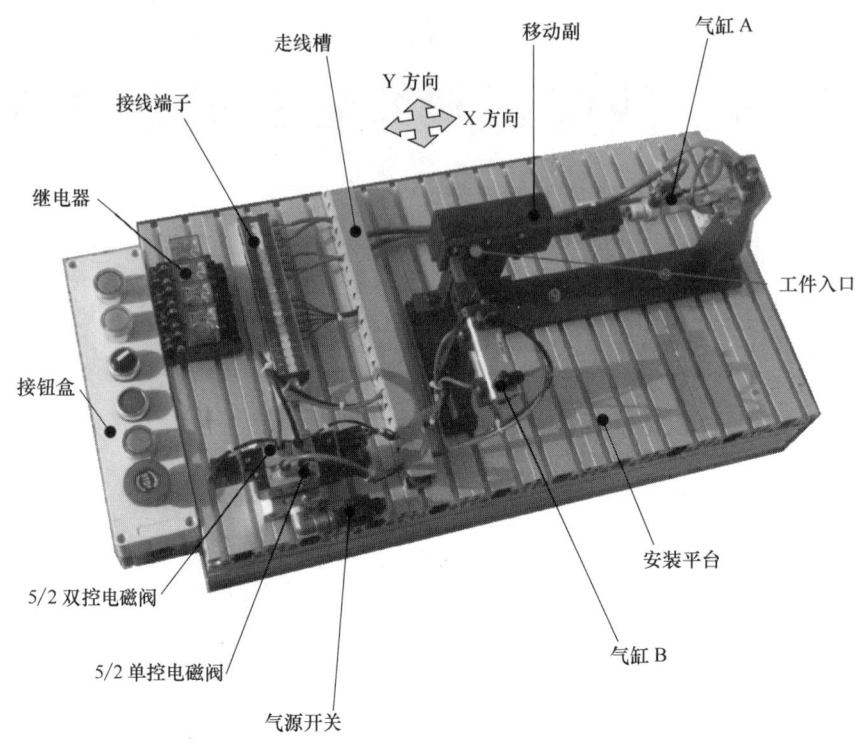

图 15-1 双向送料装置实物图

③ 若系统工作压力为 0.6MPa 时,气缸的工作压力计算时一般选为 0.4MPa。这是由于气缸工作时气缸腔室里的压力受到管路充放气以及气缸速度的影响,不可能达到系统工作压力。当然,系统工作压力低于 0.6MPa,计算时工作压力也作相应的调整。

④ 由气缸的理论输出力计算公式、负载率 α 及工作压力 p 即能计算出缸径。由计算的缸径再圆整到标准缸径。

15.3.2 电气动控制回路设计

电子气动系统回路设计取决于应用对象的规模和复杂性。包括气动回路和电气控制回路。不管是气动回路还是电气控制回路,任何复杂的回路都可以由多个基本回路组合而成,基本回路完成基本的动作和控制,它也是由一系列组件构成,基本回路有单作用气缸控制回路、双作用气缸控制回路、延时回路、计时回路、保持回路等。

(1) 气动回路设计

气动回路表示了气讯号的流向。从气源开始,经过电气转换组件,直到气动执行组件(如气缸)。在设计气动回路时,首先需要根据应用对象选择最合适气动组件和电气控制组件;然后依据气讯号的流向连接各个组件,并确定各个组件的接口。

(2) 电气回路

电气回路表示了电讯号的流向。电气回路设计比气动回路相对复杂,因为它要体现系统的控制逻辑。在设计电气回路时,首先需要根据应用对象的控制要求确定控制逻辑;然后根据控制逻辑选择相应的电气控制组件；最后连接各个电气组件。

早期的系统回路设计完全靠手工完成，现在出现了许多计算机辅助设计软件和各种组件库，设计者只要选择需要的组件并将组件连接起来就可以了，更有用的是软件提供了仿真和仿真功能，可以根据设计好的回路图，预览各种组件的动作，及时发现设计中存在的问题。

电气回路图通常以一种层次分明的梯形法表示，也称梯形图。梯形图的绘图原则为：

① 图形上端为火线，下端为接地线。
② 电路图的构成是由左而右进行。为便于读图，接线上要加上线号。
③ 控制元件的连接线，接于电源母线之间，且应力求直线。
④ 连接线与实际的元件配置无关，其由上而下，依照动作的顺序来决定。
⑤ 连接线所连接的元件均以电气符号表示，且均为未操作时的状态。
⑥ 在连接线上，所有的开关、继电器等的触点位置由水平电路的上侧的电源母线开始连接。
⑦ 一个梯形图网络有多个梯级组成，每个输出元素（继电器线圈等）可构成一个梯级。
⑧ 在连接线上，各种负载、如继电器、电磁线圈、指示灯等的位置通常是输出元素，要放在水平电路的下侧。
⑨ 在以上的各元件的电气符号旁注上文字符号。

15.4 实训操作

实训操作　双向送料装置的安装与运行

15.4.1 气动回路设计与仿真

（1）任务要求

通过气动教学软件的使用，设计出双向送料装置的气动回路图和电气控制回路图。学习和掌握电气控制回路的设计。

（2）操作步骤

① 打开计算机，运行气动教学软件 FluidSIM-P。
② 点击工具栏的"新建"按钮。
③ 根据实训说明在元件图库中选择所需元件，并拖动至右侧绘图区域中，在元件选定的气口之间绘制气管，完成气动回路的搭建。
④ 根据系统要求，将 24V 和 0V 拖至绘图区域，选择转换开关，按钮开关，中间继电器，电磁阀线圈，时间继电器，磁感应接近开关，完成电气控制回路的搭建。
⑤ 点选回路中的气动元件和电器控制元件，通过鼠标右键菜单观看元件描述、元件图片和元件插图。
⑥ 仿真运行双向送料装置气动和电气控制回路，观察回路的工作过程，如图 15-2 和图 15-3 所示。
⑦ 完成实训报告。

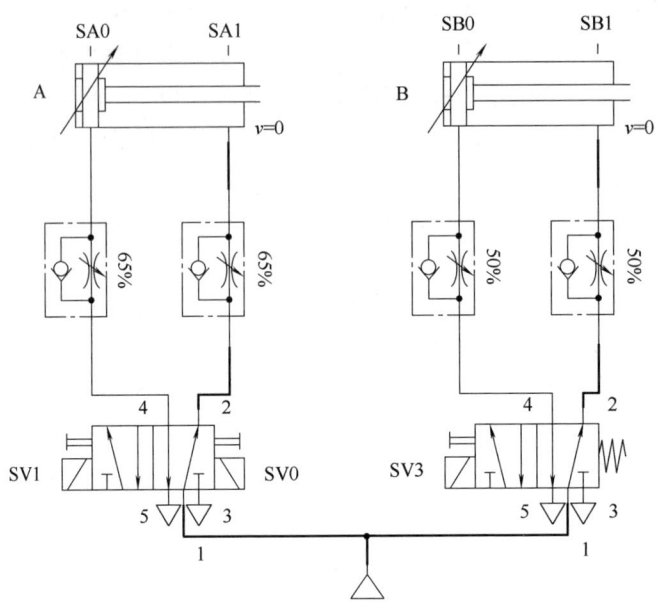

图 15-2 双向送料装置气动控制回路图

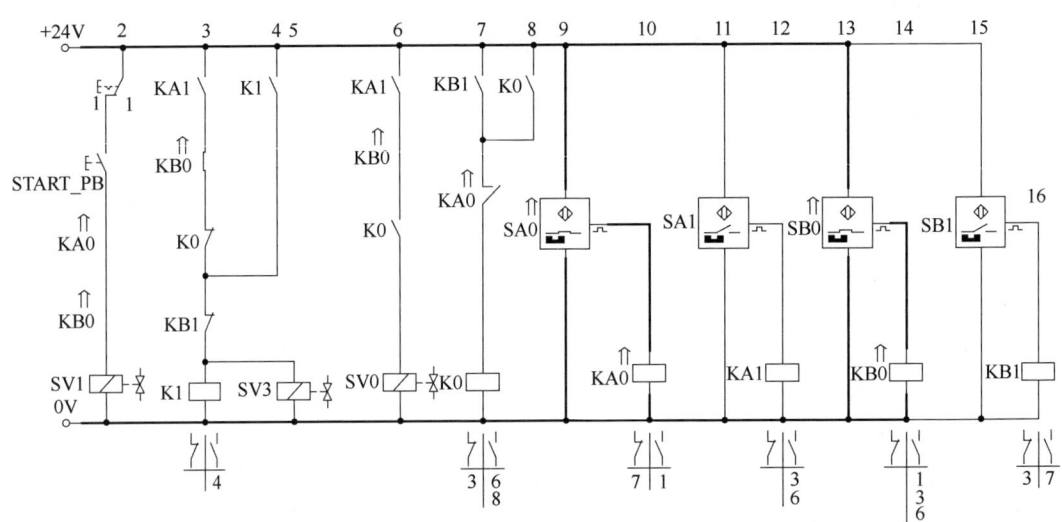

图 15-3 双向送料装置电气控制回路

15.4.2 气动回路，电气控制回路的搭建

（1）任务要求

通过模拟仿真，在气动实训台上选择合适的元件进行连接，调试并运行。

（2）操作步骤

① 根据任务要求，设计气动回路和电气控制回路，所设计的回路必须经过认真检查，确保正确无误。

② 按照检查无误的回路要求，选择所需的气动元件和电气控制元件，并且检查其性

能的完好性。

③ 初始位置：SSW 系统断电，双作用气缸 A 和 B 均缩回到尾端位置。

④ 操作步骤 1：按下 SSW 系统上电，磁感应开关 SA0 和 SB0 均检测到信号，中间继电器 KA0 和 KB0 得电，触点 KA0 和 KB0 闭合。按下按钮 START_PB 后，二位五通双电控电磁阀 SV1 线圈得电，A 气缸活塞杆伸出到末端位置。

⑤ 操作步骤 2：A 气缸伸出到末端位置，磁感应开关 SA1 和 SB0 检测到信号，中间继电器 KA1 得电，触点 KA1 闭合。磁感应开关 SA0 无信号，中间继电器 KA0 失电，触点 KA0 断开。中间继电器 K1 得电，触点 K1 闭合。二位五通单电控电磁阀 SV3 线圈得电，B 气缸活塞杆伸出到末端位置。

⑥ 操作步骤 3：B 气缸伸出到末端位置，磁感应开关 SA1 和 SB1 检测到信号，中间继电器 KB1 得电，触点 KB1 闭合。磁感应开关 SB0 无信号，中间继电器 KB0 失电，触点 KB0 断开。中间继电器 K0 得电，常闭触点 K0 断开，使二位五通单电控电磁阀 SV3 断电，弹簧复位至右位，B 气缸回缩到末端位置。

⑦ 操作步骤 4：B 气缸回缩到末端位置，磁感应开关 SA1 和 SB0 检测到信号，中间继电器 KB0 得电，触点 KB0 闭合。触点 KA1 始终闭合状态，二位五通双电控电磁阀 SV0 线圈得电，A 气缸活塞杆回缩到末端位置。

⑧ 操作步骤 5：A 和 B 气缸均回缩到末端位置，磁感应开关 SA0 和 SB0 检测到信号，完成一次动作后停止工作。

⑨ 实验完毕后，应当先断电，然后关闭截止阀。经确认回路中压力为零后，取下连接的气管，气动元件，电器元件，放入实训抽屉中。

（3）分组讨论

问题：

运行流程（A+、B+、B-、A-）是大循环（A+、A-）包含小循环（B+、B-），因此在运行过程中必然会产生气缸动作的"干涉"（B+和 A-），如果按照一般的思路进行设计，最后的结果是气缸 A 不能回缩！

解决方法：

在 B+和 A-的控制电路中加上一对互锁的继电器触点，其中 B+电路中加入互锁继电器的常闭触点，A-电路中加上互锁继电器的常开触点；同时要注意：互锁继电器的生命周期，也就是说，什么时候让互锁继电器线圈得电？什么时候让互锁继电器线圈断电？我们可以利用气缸 B 伸出到位（传感器）后让互锁继电器线圈得电，在气缸 A 回缩到位（其实就是系统启动时的初始条件）的传感器信号使互锁继电器线圈失电！这可以从"状态位移-步骤图"中读取控制互锁继电器线圈的条件。

在工厂实际应用中，传感器的输出信号自由 1~2 个（常开、常闭），而继电器控制回路中，对于传感器信号使用次数较多，因此在电启动控制回路中，一般将一个传感器直接控制一个继电器（如传感器 SA0 控制继电器 K0，传感器 SA1 控制继电器 K1），然后利用继电器的常开、常闭触点去控制其他信号；同时，这样对传感器也起了一个保护作用。

为了便于调节位移气缸的运行速度，在气缸和 5/2 双控电磁阀之间添加了 2 个可调单向节流阀（图中为排气节流），调节气缸外部的节流阀，可以控制位移气缸前向伸出的速度，调节气缸内部的节流阀，可以控制位移气缸回缩的速度。

实 训 报 告

实训项目						
实训目的						
所用元件	名称					
	图形符号					
	型号					
	数量					

写出本项目的动作过程

项目 16　多气缸的 PLC 控制设计

16.1　实训设备和元器件

项目所需实训设备和元器件，如表 16-1 所示。

表 16-1　　　　　　　　　　实训设备和元器件明细表

名称	数量	名称	数量
计算机(安装教学软件)	1	三位五通双气控换向阀	1
气动实训台(含空压机)	1	二位五通双气控换向阀	2
双作用气缸	1	二位五通单气控换向阀	1
滑台气缸	1	三菱 PLC-FX2N-48MR	1
旋转气缸	1	电气控制面板	1
气爪	1		

16.2　项目目标

① 了解多缸工作过程。
② 了解多缸气动回路设计。
③ 了解多缸电气控制接线。
④ 了解 PLC 控制。

16.3　项目说明

假设一个多缸运动系统进行连续工作，如图 16-1 所示。1#通道中工件的检测用一个开关 S5 来模拟。在此开关未动作之前，该设备停在过程结束状态。

当旋臂运动到 2#和 3#通道时，夹具不能立刻打开，必须延时 $t=2s$ 以后才能可以动作。

一旦紧急停止按钮动作，气缸 B 和 C 回缩。气缸 A、D 保持原状。可以用复位程序使系统恢复到初始状态。

16.4　项目设计

16.4.1　系统工作流程设计

说明：三菱 FX2N 系列 PLC 的编程方法中：有一种专门为"顺序"控制而编写的

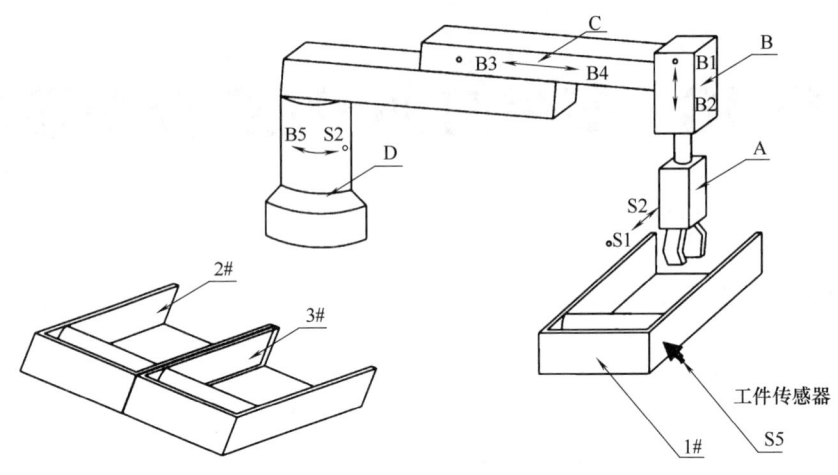

图 16-1　多缸运动示意图

SFC 命令。该命令有两条指令："STL"和"RET"指令。其中"STL"表示步进阶梯开始，如图 16-2 所示，产生新母线起点；"RET"表示步进阶梯结束，RET 一定要加在 STL 指令的后面，如图 16-3 所示。

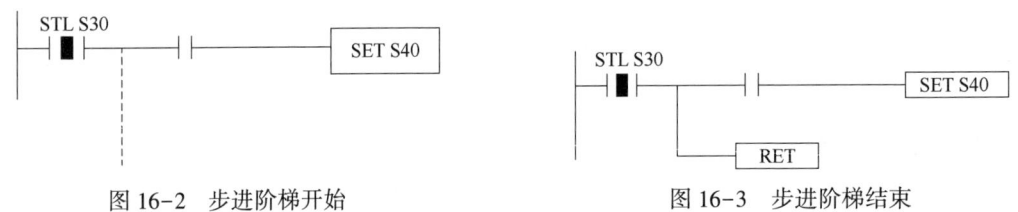

图 16-2　步进阶梯开始　　　　　　图 16-3　步进阶梯结束

"S"表示"状态寄存器"。对于"FX2N-48MR/S/T"而言，其范围为"S0～S999"。其中，"S0～S19"主要用于"初始化"工作；"S20～S899"又可分为两个工作区域："S20～S499"——不保持区域和"S500～S899"——保持区域；"S900～S999"主要用于"记录故障信号"时使用。当在"PLC"编程中，没有用到的"S 寄存器"，可以作为一般的"辅助继电器"使用。

FX 系列产品的 PLC，其内部有大量的编程元件，也就是支持该机型编程语言的软元件，按通俗叫法分别称为继电器、定时器、计数器等，但它们与真实元件有很大的差别，一般称它们为"软继电器"。这些编程用的继电器，它的工作线圈没有工作电压等级、功耗大小和电磁惯性等问题；触点没有数量限制、没有机械磨损和电蚀等问题。它在不同的指令操作下，其工作状态可以无记忆，也可以有记忆，还可以作脉冲数字元件使用。一般情况下，X 代表输入继电器，Y 代表输出继电器，M 代表辅助（中间）继电器，T 代表定时器，C 代表计数器，S 代表状态继电器，D 代表数据寄存器等。

（1）输入继电器（X）

PLC 的输入端子是从外部开关接收信号的窗口，PLC 内部与输入端子连接的输入继电器 X 是用光电隔离的电子继电器，它们的编号与接线端子编号一致（按八进制输入），线圈的吸合或释放只取决于 PLC 外部触点的状态。内部有常开/常闭两种触点供编程时随时使用，且使用次数不限。输入电路的时间常数一般小于 10ms。各基本单元都是八进制输入的地址，输入为 X000~X007，X010~X017，X020~X027。

（2）输出继电器（Y）

PLC 的输出端子是向外部负载输出信号的窗口。输出继电器的线圈由程序控制，输出继电器的外部输出主触点接到 PLC 的输出端子上供外部负载使用，其余常开/常闭触点供内部程序使用。输出继电器的电子常开/常闭触点使用次数不限。输出电路的时间常数是固定的。各基本单元都是八进制输出，输出为 Y000~Y007，Y010~Y017，Y020~Y027。

（3）辅助继电器（M）

PLC 内有很多的辅助继电器，其线圈与输出继电器一样，由 PLC 内各软元件的触点驱动。辅助继电器也称中间继电器，它没有向外的任何联系，只供内部编程使用。它的电子常开/常闭触点使用次数不受限制。但是，这些触点不能直接驱动外部负载，外部负载的驱动必须通过输出继电器来实现。在 FX2N 中普遍途采用 M0~M499，共 500 点辅助继电器，其地址号按十进制编号。

PLC 内有大量的定时器（T），定时器的作用与"继电器"控制方式中的时间继电器是相同的，也可区分为"通电延时"和"断电延时"两种；而且，也只有一个线圈；但是，PLC 内的定时器的辅助触点（常开或常闭）是可以无限次引用的，而工业中的物理时间继电器，由于体积的限制，其辅助触点（常开或常闭）的数量是有限的。

PLC 内还有大量的计数器（C），其使用与实际工业中的物理计数器相同；也可分为"加法""减法"和"加减法"三类计数器。其对比关系类似于定时器。

根据项目说明，系统的工作流程如图 16-4 所示。

16.4.2 气动回路设计

根据前面的指示，可以得到如图 16-5 所示的主回路

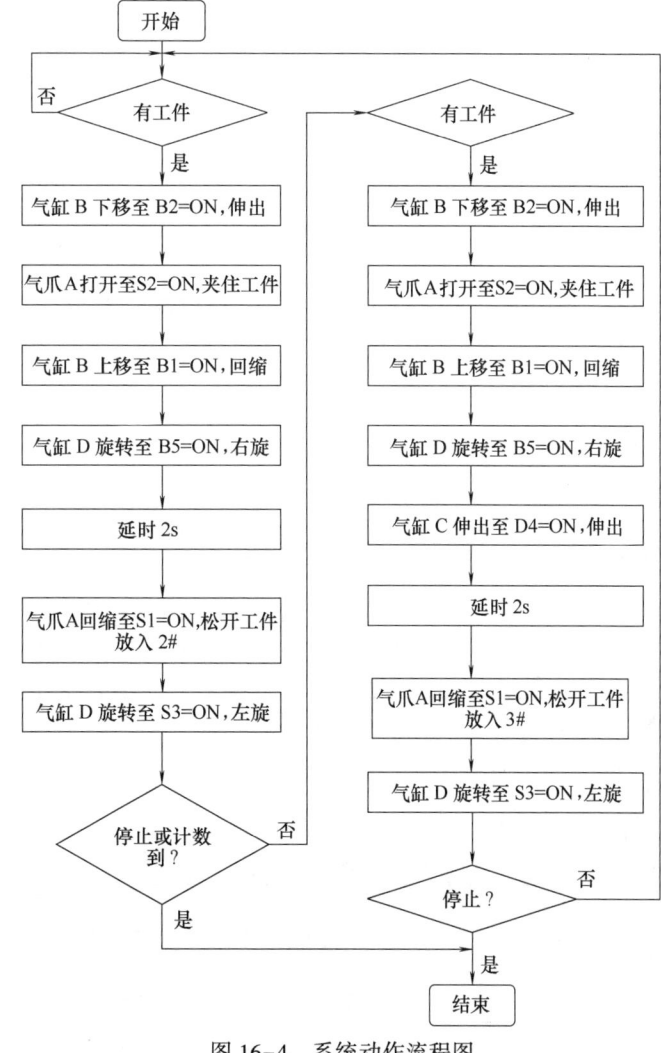

图 16-4 系统动作流程图

(主要包括动力能量流的元件)。

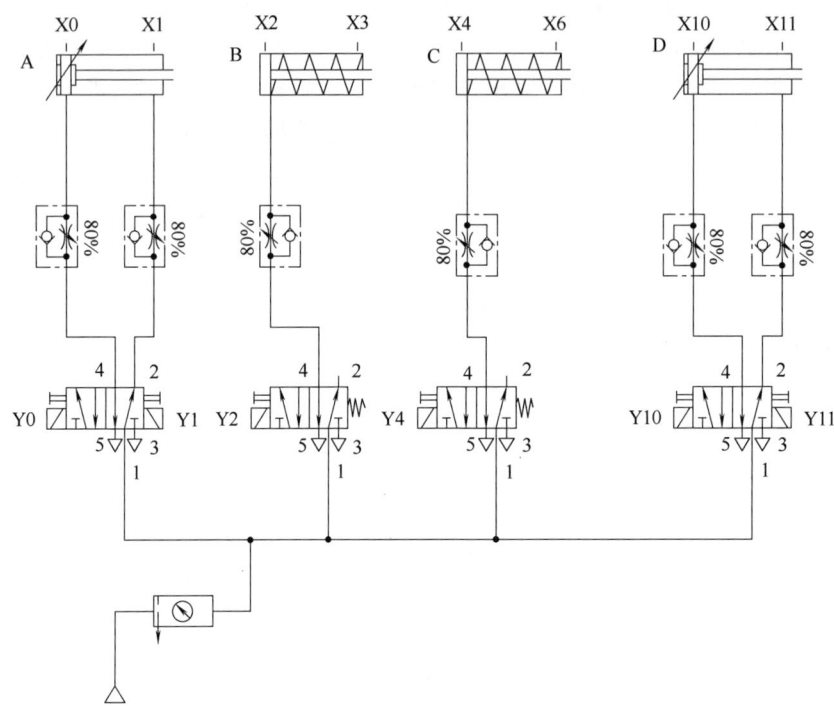

图 16-5　系统气动主回路图

"D"气缸实际使用时为"回转缸";在此,仅用"双作用气缸"来代替。由于要求在"急停"情况下,"A"和"D"要保持;所以,"A"的控制阀选用"5/2 双控电磁阀","D"选用"5/3-O 型双控电磁阀"。

16.4.3　输入/输出地址(表 16-2)

表 16-2　　　　　　　　　　　输入/输出地址

输入			输出		
X0	S1	A# 松开位置	Y0	SV	A# 夹紧
X1	S2	A# 夹紧位置	Y1	SV	A# 松开
X2	B1	B# 上端位置	Y2	SV	B# 下降
X3	B2	B# 下端位置	Y3	—	
X4	B3	C# 缩回位置	Y4	SV	C# 伸出
X5	B4	C# 伸出位置	Y5		
X6	—		Y6	—	
X7	S5	工件检测	Y7	—	
X10	S3	D# 右边位置	Y10	SV	D# 左旋
X11	B5	D# 左边位置	Y11	SV	D# 右旋

续表

输入			输出		
X12	QA1	启动按钮	Y12	TL-G	绿灯
X13	TA1	停止按钮	Y13	TL-R	红灯
X14	FA1	复位按钮	Y14	TL-Y	黄灯
X15	JA1	E-STOP 按钮	Y15	—	
X16	—		Y16		
X17	—		Y17		

16.4.4 编程

三菱 PLC 编程最基本的方法有语句表（指令）和梯形图（逻辑）两种，图 16-6 为该系统编程梯形图。

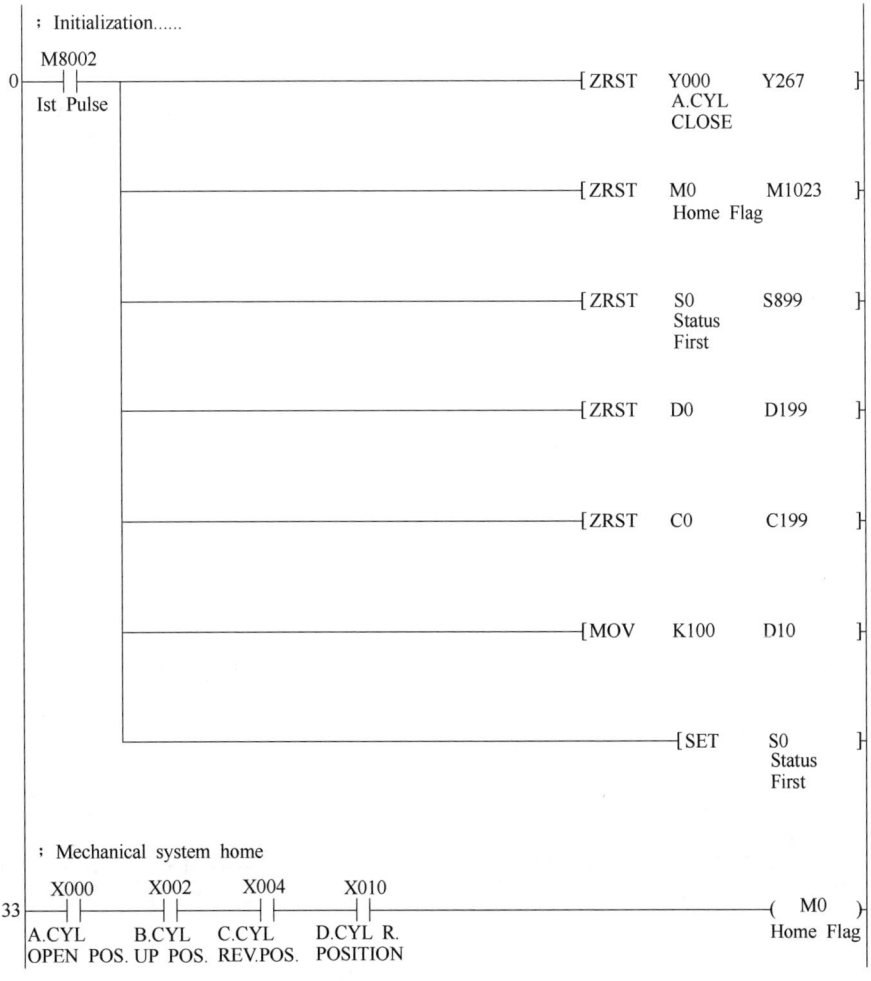

图 16-6 系统编程梯形图

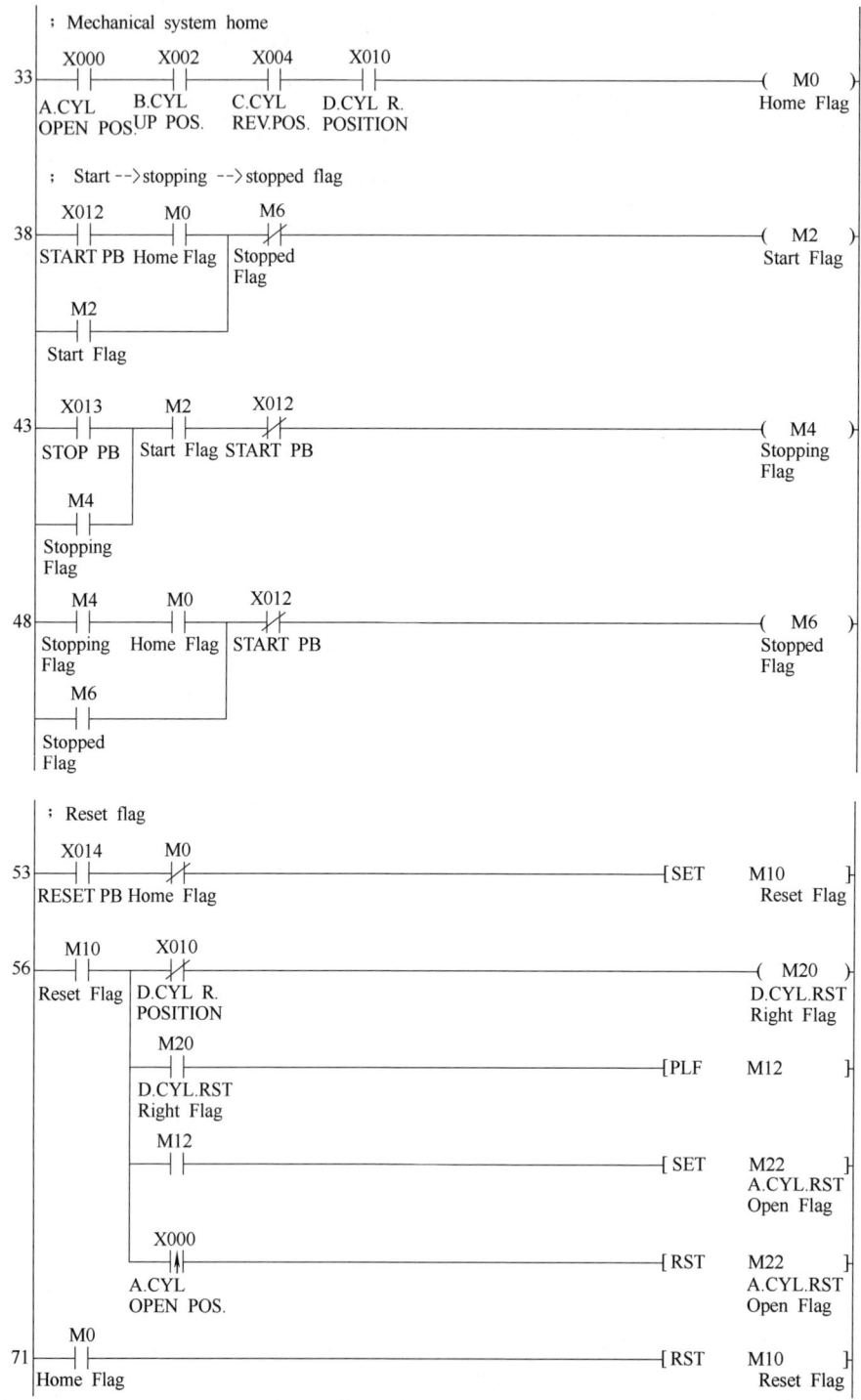

图 16-6 系统编程梯形图（续）

项目 16　多气缸的 PLC 控制设计

```
    ; E-stop flag
      X015
73 ───┤├────────────────────────────────[SET   M30
    E-STOP PB                                  E-STOP
                                               FLAG
      M0
75 ───┤├────────────────────────────────[RST   M30
    Home Flag                                  E-STOP
                                               FLAG

    ; Product counter, provide 100
      M0      M2
77 ───┤├──────┤├─────────────────────────(C10   D10 )
    Home Flag Start Flag                     Product
                                             Counter

      C10     X014
82 ───┤├──────┤├─────────────────────────[RST   C10
    Product  RESET PB                           Product
    Counter                                     Counter


    ; Main program
      M30
86 ───┤/├────────────────────────[MC    N0    M100 ]
    E-STOP
    FLAG
    M0==M100
      S0      X007
90 ──┤STL├────┤├─────────────────────────[SET   S20
    Status  WORKPIECE                            Buffer
    First    DETECT

      S20     M2      C10
94 ──┤STL├────┤├──────┤/├────────────────[SET   S22
    Buffer  Start Flag Product
                      Counter

      S22
99 ──┤STL├──────────────────────────────[SET   M60
                                               B.CYL.Run
                                               Down Flag

              X003
101 ──────────┤├────────────────────────[SET   S24
             B.CYL
             DOWN POS.

      S24
104 ─┤STL├──────────────────────────────(     M62 )
                                              A.CYL.Run
                                              Close Flag

              X001
106 ──────────┤├────────────────────────[SET   S26
             A.CYL
             CLOSE POS.
```

图 16-6　系统编程梯形图（续）

```
       S26
109 ─┤STL├──────────────────────────────────┤RST   M60  ├
                                                  B.CYL.Run
                                                  Down Flag
            X002
111         ─┤ ├──────────────────────────┤SET   S28  ├
            B.CYL
            UP POS.

       S28
114 ─┤STL├──────────────────────────────────┤SET   M64  ├
                                                  D.CYL.Run
                                                  Left Flag
            X011
116         ─┤ ├──────────────────────────┤SET   S30  ├
            D.CYL L.
            POSITION

       S30
119 ─┤STL├──────────────────────────────────┤RST   M64  ├
                                                  D.CYL.Run
                                                  Left Flag

                                                ─( M66 )─
                                                  A.CYL.Run
                                                  Open Flag
            X000
122         ─┤ ├──────────────────────────┤SET   S32  ├
            A.CYL
            OPEN POS.

       S32
125 ─┤STL├──────────────────────────────────┤SET   M68  ├
                                                  D.CYL.Run
                                                  Right Flag
            X010
127         ─┤ ├──────────────────────────┤SET   S34  ├
            D.CYL R.
            POSITION

       S34
130 ─┤STL├──────────────────────────────────┤RST   M68  ├
                                                  D.CYL.Run
                                                  Right Flag

                                               ─┤SET   M70  ├
                                                  B.CYL.Run2
                                                  Down Flag
            X003
133         ─┤ ├──────────────────────────┤SET   S36  ├
            B.CYL
            DOWN POS.

       S36
136 ─┤STL├──────────────────────────────────( M72 )─
                                                  A.CYL.Run2
                                                  Close Flag
            X001
138         ─┤ ├──────────────────────────┤SET   S38  ├
            A.CYL
            CLOSE POS.
```

图 16-6 系统编程梯形图（续）

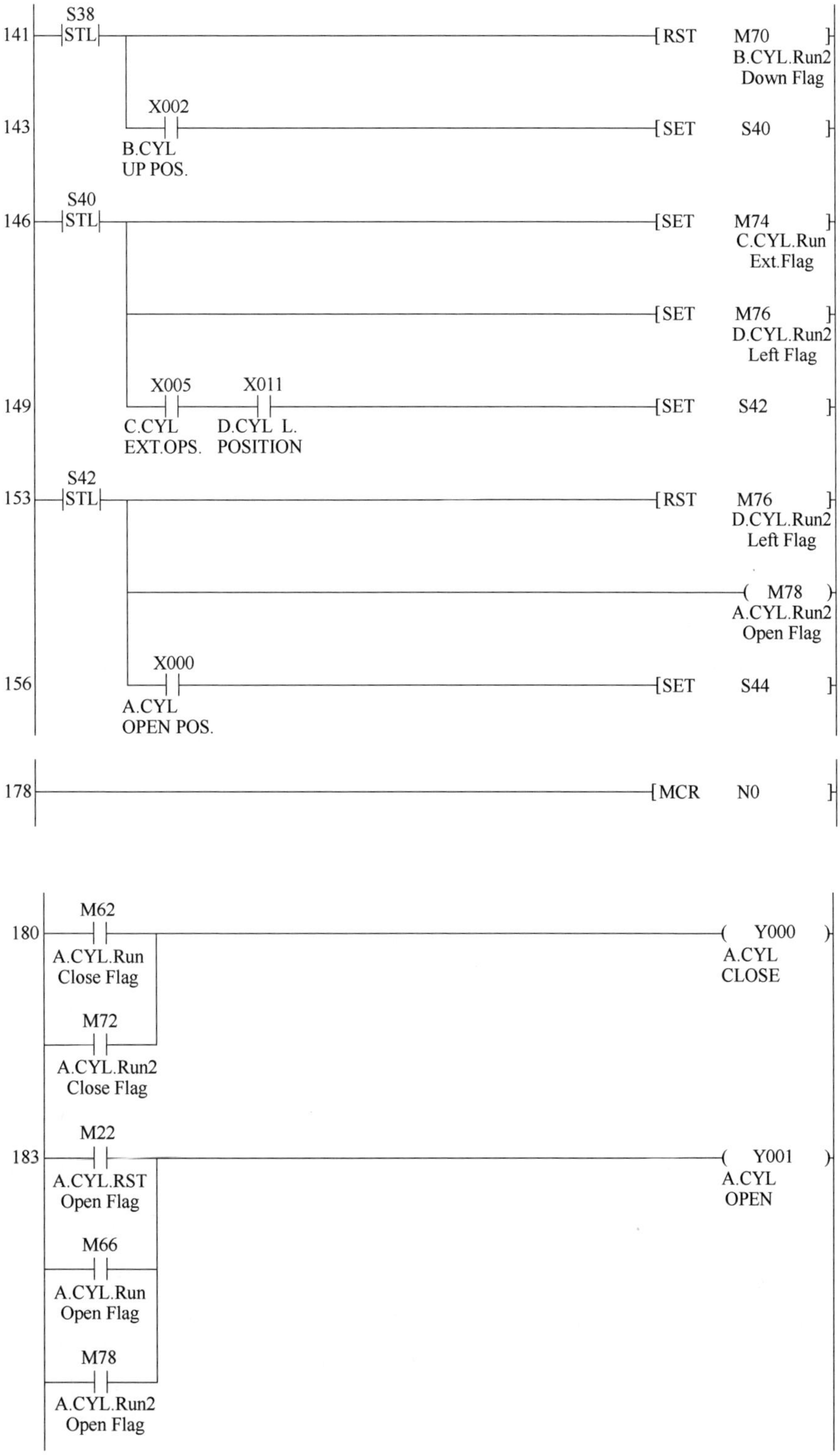

项目 16 多气缸的 PLC 控制设计

图 16-6 系统编程梯形图（续）

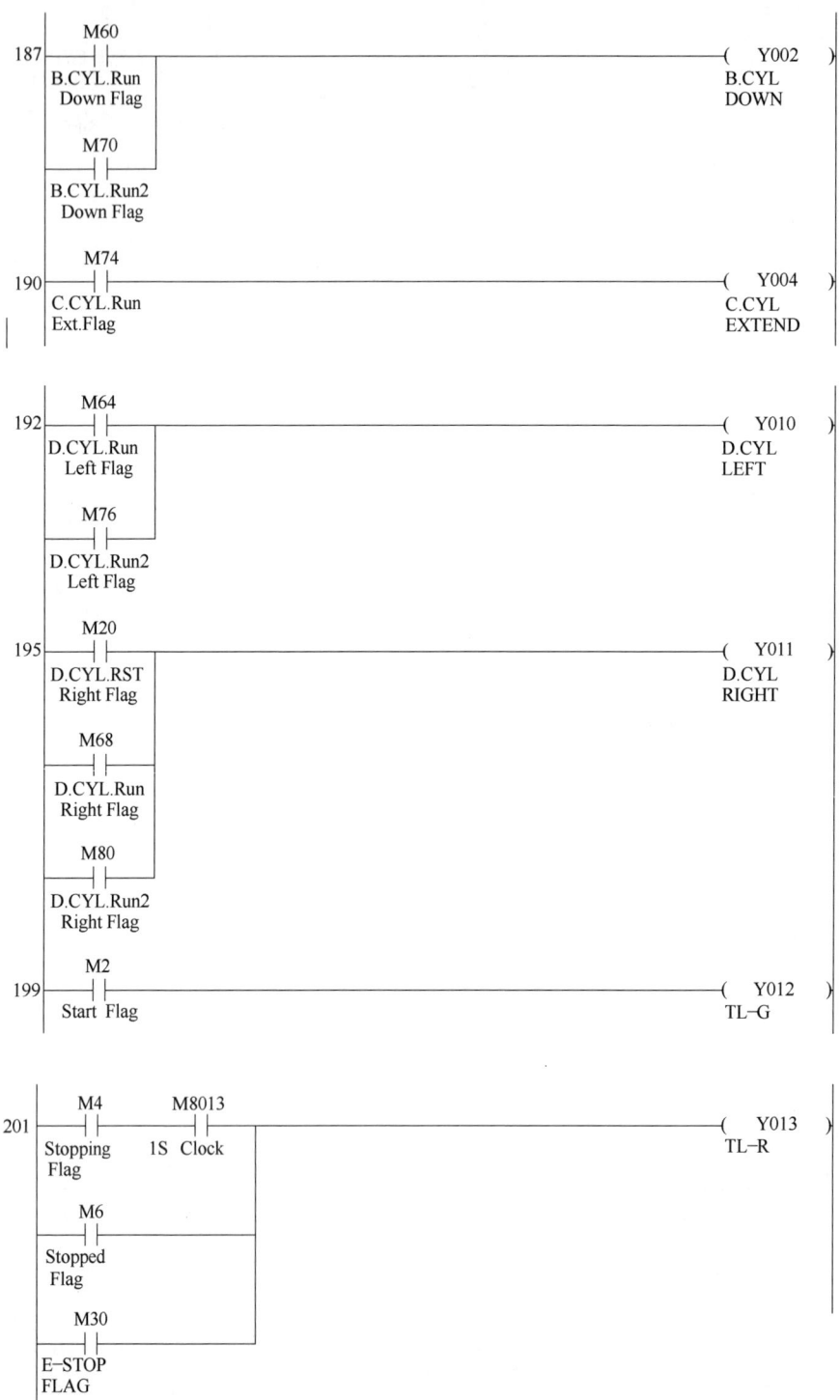

图 16-6 系统编程梯形图（续）

```
       M10     M8013
206    ─┤├──────┤├──────────────────────────( Y014 )
     Reset Flag 1S  Clock                     TL-Y
        M0
       ─┤├──┤
      Home Flag

210  ─────────────────────────────────────[ END ]
```

图 16-6 系统编程梯形图（续）

实 训 报 告

实训项目						
实训目的						
所用元件	名称					
	图形符号					
	型号					
	数量					

写出本项目的动作过程

附录1　实训报告

气动实训项目

项目序号：1

项目名称：气动平口钳的安装与运行	课时：2
实训目的	
1. 双作用气缸的使用 2. 间接控制回路的设计 3. 二位三通手控阀、二位五通气控阀的使用	
项目说明	
气动平口钳是依靠空压机向双作用单活塞杆气缸输入高压气体，并通过二位五通单气控换向阀控制双作用单活塞杆气缸活塞杆伸出与收回，以活塞杆伸出时所产生的推力来实现对零件的夹紧 1. 气动平口钳的安装与运行装置 2. 按下按钮开关，气缸（1.0）的活塞杆前向运动。当松开按钮开关，活塞杆返回 3. 分别使用直接/间接两种形式进行控制	
实训要求	
1. 以简化形式画出不带信号示意线的位移-步骤图 2. 设计和画出系统回路图（单作用气缸、双作用气缸） 3. 调试运行回路 4. 动作顺序符合要求	
实训步骤	
1. 熟悉实验设备使用方法：气源的开关、元件的选择和固定、管线的连接等 2. 根据项目要求，设计回路，在仿真软件上进行调试运行 3. 选择相应元器件，在实验台上组建回路并检查回路的功能是否正确 4. 观察运行情况，对使用中遇到的问题进行分析和解决 5. 完成实验经老师检查评估后，关闭气源，拆下管线，将元件放回原来位置，做好实验室7S 6. 完成实训报告	
考核要求与标准	
1. 正确设计回路并组装回路（4分） 2. 动作顺序符合要求（1分） 3. 关断气源，拆下管路，整理好所有元件并归位（1分） 4. 实训报告（4分）	
补充练习	
1. 如果改为直接控制该如何设计回路？ 2. 如何使用二位五通手控换向阀？	

实训报告 1

实训日期：
成　　绩：

气动实训项目

项目序号：2

项目名称：送料装置的安装与运行	课时：2

实训目的
1. 单作用气缸的使用 2. 直接控制回路的设计 3. 二位三通手控阀使用

项目说明
送料装置将工件送到加工位置。按下二位三通手动换向阀，单作用气缸的活塞杆前向运动。当松开二位三通手动换向阀，活塞杆返回 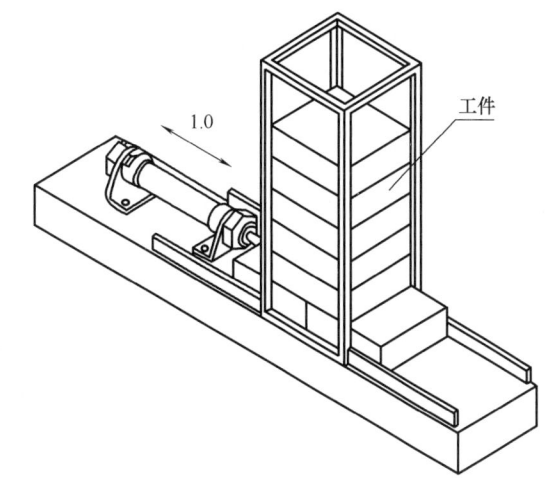

实训要求
1. 以简化形式画出不带信号示意线的位移-步骤图 2. 设计和画出系统回路图 3. 调试运行回路 4. 动作顺序符合要求

实训步骤
1. 熟悉实验设备使用方法：气源的开关、元件的选择和固定、管线的连接等 2. 根据项目要求，设计回路，在仿真软件上进行调试运行 3. 选择相应元器件，在实验台上组建回路并检查回路的功能是否正确 4. 观察运行情况，对使用中遇到的问题进行分析和解决 5. 完成实验经老师检查评估后，关闭气源，拆下管线，将元件放回原来位置，做好实验室 7S 6. 完成实训报告

考核要求与标准
1. 正确设计回路并组装回路（4分） 2. 动作顺序符合要求（1分） 3. 关断气源，拆下管路，整理好所有元件并归位（1分） 4. 实训报告（4分）

补充练习
1. 如果用间接控制该如何设计？ 2. 用二位五通手控换向阀是否可以？

实训报告 2

实训日期：
成　　绩：

气动实训项目

项目序号：3

项目名称：折边装置的安装与运行	课时：2

实训目的
1. 双作用气缸的间接启动 2. 单向可调节流阀、快速排气阀的速度控制 3. 与门阀（双压阀）的应用 4. 减压阀应用

项目说明
通过操作两个相同阀门的按钮开关，使折边装置的成形模具向下锻压，将面积为 40cm×5cm 的平板折边。松开二个或仅是一个按钮开关，都使气缸（1.0）缓慢退回到初始位置。气缸两端的压力由压力表指示 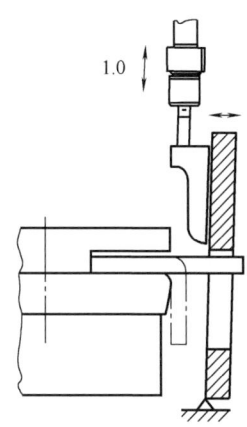

实训要求
1. 以简化形式画出不带信号示意线的位移-步骤图 2. 设计和画出系统回路图 3. 调试运行回路 4. 动作顺序符合要求

实训步骤
1. 熟悉实验设备使用方法：气源的开关、元件的选择和固定、管线的连接等 2. 根据项目要求，设计回路，在仿真软件上进行调试运行 3. 选择相应元器件，在实验台上组建回路并检查回路的功能是否正确 4. 观察运行情况，对使用中遇到的问题进行分析和解决 5. 完成实验经老师检查评估后，关闭气源，拆下管线，将元件放回原来位置，做好实验室 7S 6. 完成实训报告

考核要求与标准
1. 正确设计回路并组装回路（4 分） 2. 动作顺序符合要求（1 分） 3. 关断气源，拆下管路，整理好所有元件并归位（1 分） 4. 实训报告（4 分）

补充练习
1. 在技术上还可以从另一途径实现"与"功能？ 2. 从控制回路中将与门阀（双压阀）拆下，将两个二位三通阀串接即可？

实训报告 3

实训日期：
成　　绩：

气动实训项目

项目序号：4

项目名称：标杆上色机的安装与运行	课时：4

实训目的
1. 双作用气缸的间接启动 2. 具有手动开关的二位五通气控双稳记忆阀的操作使用 3. 或门阀（梭阀）的应用 4. 掌握用"或"连接和"与"连接回路来控制一个执行机构（元件）

项目说明
作为标杆（测量杆）的松木杆长 3~5m，须以 200mm 的间隔标上红色。通过两个按钮开关控制具有排气节流控制的气缸（1.0），将木杆推进 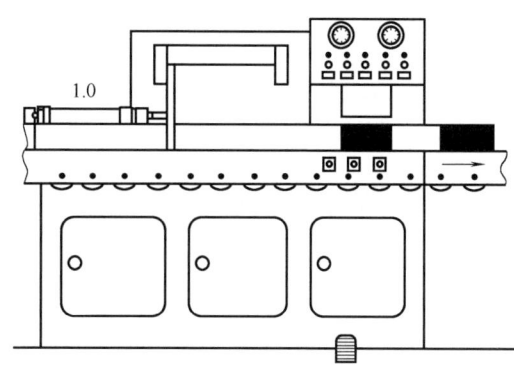

实训要求
1. 以简化形式画出带信号示意线的位移-步骤图 2. 设计和画出系统回路图 3. 调试运行回路 4. 动作顺序符合要求

实训步骤
1. 熟悉实验设备使用方法：气源的开关、元件的选择和固定、管线的连接等 2. 根据项目要求，设计回路，在仿真软件上进行调试运行 3. 选择相应元器件，在实验台上组建回路并检查回路的功能是否正确 4. 观察运行情况，对使用中遇到的问题进行分析和解决 5. 完成实验经老师检查评估后，关闭气源，拆下管线，将元件放回原来位置，做好实验室 7S 6. 完成实训报告

考核要求与标准
1. 正确设计回路并组装回路（4分） 2. 动作顺序符合要求（1分） 3. 关断气源，拆下管路，整理好所有元件并归位（1分） 4. 实训报告（4分）

实训报告 4

实训日期：
成　　绩：

气动实训项目

项目序号：5

项目名称：工件分送装置的安装与运行	课时：4

实训目的
1. 用双稳记忆阀控制的双作用气缸的间接启动 2. 具有手动开关的二位五通气控双稳记忆阀的操作使用 3. 静止位置常开的延时阀的使用 4. 连续往复运动（连续循环工作）控制器的设计与建立

项目说明
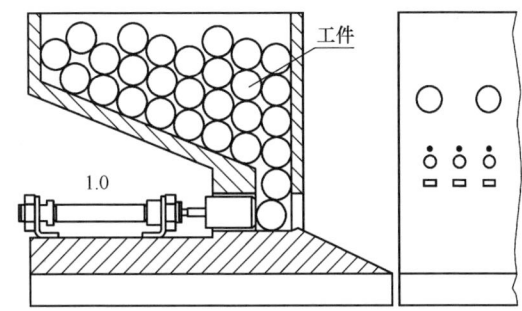 双作用气缸（1.0）将工件送入测量机。工件用往复运动的活塞杆分送。这种有节奏的运动采用带定位开关的控制阀来启动 气缸前向冲程的时间 $t_1=0.6s$。回程时间 $t_2=0.4s$。停止在前端位置的时间 $t_3=1.0s$。因此一个工作循环时间 $t_4=2.0s$

实训要求
1. 以简化形式画出不带信号示意线的位移-步骤图 2. 设计和画出系统回路图 3. 在实验台上安装、调试运行回路：通过节流止回阀调节气缸冲程时间、调节延时阀时间，观察回路的运行情况 4. 动作顺序符合要求 5. 根据题目要求计算并选择合适的气缸 6. 对机械结构进行设计

实训步骤
1. 熟悉实验设备使用方法：气源的开关、元件的选择和固定、管线的连接等 2. 根据项目要求，设计回路，在仿真软件上进行调试运行 3. 选择相应元器件，在实验台上组建回路并检查回路的功能是否正确 4. 观察运行情况，对使用中遇到的问题进行分析和解决 5. 完成实验经老师检查评估后，关闭气源，拆下管线，将元件放回原来位置，做好实验室7S 6. 完成实训报告

考核要求与标准
1. 画出位移步骤图（1分） 2. 正确设计回路并组装回路（3分） 3. 动作顺序符合要求（1分） 4. 关断气源，拆下管路，整理好所有元件并归位（1分） 5. 实训报告（4分）

实训报告 5

实训日期：
成　绩：

气动实训项目

项目序号：6

项目名称：垃圾集装压实机的安装与运行	课时：3

实训目的
1. 掌握如何描述带信号线的位移步骤图 2. 用两个主控阀对两个双作用气缸的间接控制 3. 用三个滚轮杆行程阀控制运动步序 4. 压力顺序阀的使用

项目说明
垃圾集装压实机的模型工作在最大工作压力 $p = 300\text{kPa} = 3\text{bar}$ 的工况下，它装有预压实机（1.0），包括玻璃破碎机以及主压实机（2.0）。主压实机的最大工作压力 $F = 2200\text{N}$。当压下启动开关按钮，预压实机前向运动，然后主压实机前向运动。两个气缸的回程运动是同步的 当垃圾箱装满时，主压实机的气缸不能达到前端位置，这时两气缸的回程则由压力顺序阀来控制。压力顺序阀设置在 $p = 280\text{kPa} = 2.8\text{bar}$ 时动作 垃圾集装压实机示意图 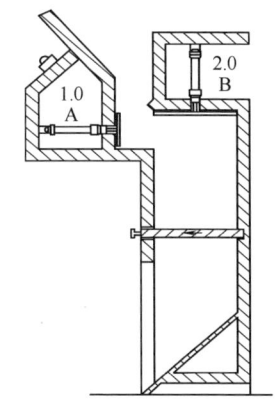

实训要求
1. 画出带信号示意线的位移-步骤图 2. 设计和画出系统回路图 3. 列出设备元件清单 4. 关断气源，连接系统 5. 接通气源，调试、运行 6. 调节压力顺序阀 7. 拆卸实验系统，整理元件并放好

实训步骤
1. 熟悉实验设备使用方法：气源的开关、元件的选择和固定、管线的连接等 2. 根据项目要求，画出位移-步骤图，设计回路，在仿真软件上进行调试运行 3. 选择相应元器件，在实验台上组建回路并检查回路的功能是否正确 4. 观察运行情况，对使用中遇到的问题进行分析和解决 5. 完成实验经老师检查评估后，关闭气源，拆下管线，将元件放回原来位置，做好实验室7S 6. 完成实训报告

考核要求与标准
1. 正确画出位移步骤图（1分） 2. 设计回路并组装回路（4分） 3. 动作顺序符合要求（1分） 4. 关断气源，拆下管路，整理好所有元件并归位（1分） 5. 实训报告（3分）

实训报告6

实训日期：
成　　绩：

气动实训项目

项目序号：7

项目名称：矿石筛选机	课时：4

实训目的

1. 具有各自的主控阀的两个双作用气缸和一个单作用气缸的间接控制
2. 认识振动频率可随供气量的改变而变化
3. 掌握如何用一个信号发生器（滚轮杆行程阀）控制几个主控阀

项目说明

矿石从粉碎机中通过传送带送到振动筛里筛选，上方的细筛（1.0）与下方的粗筛（2.0）作相反方向的交替运动。通过调节供气量将两个双作用气缸的震动频率设置为 $f=1Hz$。反向运动是由处于端点的行程开关——滚轮杆行程阀来控制的。第三个气缸（3.0）通过二根缆绳使筛上下震动。筛选机的启动与停止是用一个定位开关阀控制简略的符号表达形式

A+   A−
B−   B+
C+   C−

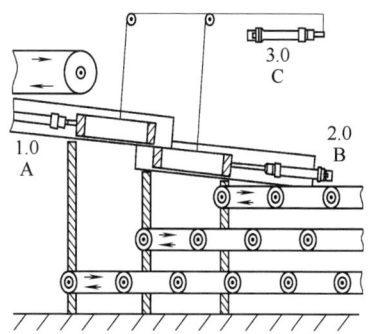 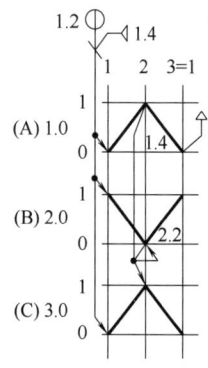

实训要求

1. 以简化形式画出不带信号示意线的位移-步骤图
2. 设计和画出系统回路图
3. 在实验台上安装、调试、运行回路；通过使用压力调节阀改变供气量来调节震动频率，观察回路的运行情况
4. 动作顺序符合要求

实训步骤

1. 熟悉实验设备使用方法
2. 根据项目要求，设计回路，在仿真软件上进行调试运行
3. 选择相应元器件，在实验台上组建回路并检查回路的功能是否正确
4. 观察运行情况，对使用中遇到的问题进行分析和解决
5. 完成实验经老师检查评估后，关闭气源，拆下管线，将元件放回原来位置，做好实验室7S
6. 完成实训报告

考核要求与标准

1. 正确画出位移步骤图（1分）
2. 设计回路并组装回路（4分）
3. 动作顺序符合要求（1分）
4. 关断气源，拆下管路，整理好所有元件并归位（1分）
5. 实训报告并完成补充练习（3分）

实训报告 7

实训日期：
成　　绩：

电气动实训项目

项目序号：8

项目名称：分拣装置的安装与运行	课时：2

实训目的
1. 电气动直接/间接控制 2. 单作用气缸的使用

项目说明
传送带上的工件通过分拣装置被转移到其他位置 按动按钮后，单作用气缸的活塞杆将工作从传送带上推出。松开按钮后，活塞杆返回到末端位置。 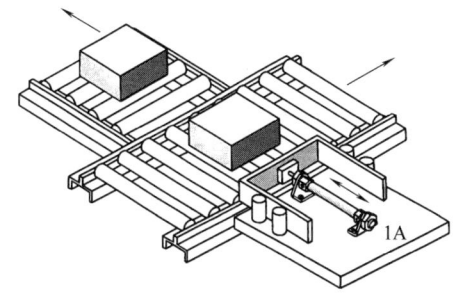

实训要求
1. 画出气动回路和电气控制回路图（单作用气缸/双作用气缸） 2. 组成气动回路和电气控制回路并运行 3. 检查运行过程

实训步骤
1. 熟悉实验设备使用方法 2. 根据项目要求，画出气动回路和电气控制回路 3. 选择相应元器件，在实验台上组建回路并检查回路的功能是否正确 4. 观察运行情况，对使用中遇到的问题进行分析和解决 5. 完成实验经老师检查评估后，关闭气源电源，拆下管线，将元件放回原来位置，做好实验室7S 6. 完成实训报告

考核要求与标准
1. 设计气动回路和电气控制回路，并组装回路（4分） 2. 动作顺序符合要求（1分） 3. 关断电源，气源，拆下管路，整理好所有元件并归位（1分） 4. 实训报告（4分）

实训报告 8

实训日期：
成　　绩：

电气动实训项目

项目序号：9

项目名称：端盖的安装与运行	课时：2

实训目的

1. 电气动直接/间接控制
2. 双作用气缸的使用

项目说明

使用端盖安装装置将端盖压在塑料桶上

按下启动按钮后，活塞杆伸出，球形端盖被压在塑料桶上。松开按钮后，活塞杆回到开始位置

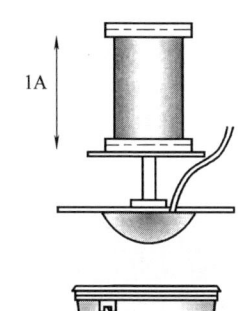

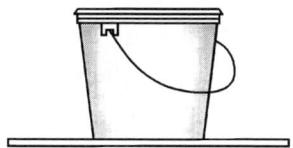

实训要求

1. 画出气动回路和电气控制回路图（单作用气缸/双作用气缸）
2. 组成气动回路和电气控制回路并运行
3. 检查运行过程

实训步骤

1. 熟悉实验设备使用方法
2. 根据项目要求，画出气动回路和电气回路
3. 选择相应元器件，在实验台上组建回路并检查回路的功能是否正确
4. 观察运行情况，对使用中遇到的问题进行分析和解决
5. 完成实验经老师检查评估后，关闭气源电源，拆下管线，将元件放回原来位置，做好实验室 7S
6. 完成实训报告

考核要求与标准

1. 设计气动回路和电气控制回路，并组装回路（4分）
2. 动作顺序符合要求（1分）
3. 关断电源，气源，拆下管路，整理好所有元件并归位（1分）
4. 实训报告（4分）

实训报告 9

实训日期：
成　　绩：

电气动实训项目

项目序号：10

项目名称：切割装置	课时：4

实训目的
1. 电气动直接/间接控制 2. 单作用气缸/双作用气缸——输入信号为"与"链接的逻辑控制

项目说明
切割装置用于纸张切割 按下两个按钮开关，割刀横梁向前推进并切割纸张。松开一个按钮开关，割刀横梁回来原来状态 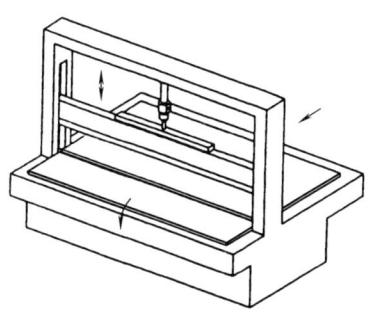

实训要求
1. 画出气动回路和电气控制回路图（单作用气缸/双作用气缸） 2. 组成气动回路和电气控制回路并运行 3. 检查运行过程

实训步骤
1. 熟悉实验设备使用方法 2. 根据项目要求，画出气动回路和电气控制回路 3. 选择相应元器件，在实验台上组建回路并检查回路的功能是否正确 4. 观察运行情况，对使用中遇到的问题进行分析和解决 5. 完成实验经老师检查评估后，关闭气源电源，拆下管线，将元件放回原来位置，做好实验室7S 6. 完成实训报告

考核要求与标准
1. 设计气动回路和电气控制回路，并组装回路（4分） 2. 动作顺序符合要求（1分） 3. 关断电源，气源，拆下管路，整理好所有元件并归位（1分） 4. 实训报告（4分）

实训报告 10

实训日期：
成　　绩：

电气动实训项目

项目序号：11

项目名称：挡料板的安装与运行	课时：4

实训目的

单作用气缸/双作用气缸——断开/导通优先的自锁回路

项目说明

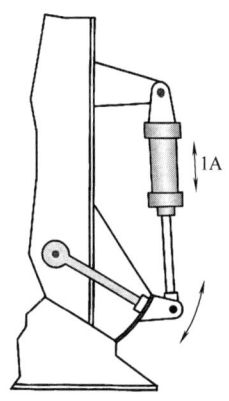

节拍控制用于将容器中的材料清空

按下启动按钮后，节拍控制开始，容器中的材料被清空。松开按钮后，运动停止

实训要求

1. 画出气动回路和电气控制回路图（单作用气缸/双作用气缸）
2. 组成气动回路和电气控制回路并运行
3. 检查运行过程

实训步骤

1. 熟悉实验设备使用方法
2. 根据项目要求，画出位移-步骤图并判断是否存在障碍，若有消除之
3. 设计气动回路和电气控制回路
4. 选择相应元器件，在实验台上组建回路并检查回路的功能是否正确
5. 观察运行情况，对使用中遇到的问题进行分析和解决
6. 完成实验经老师检查评估后，关闭气源电源，拆下管线，将元件放回原来位置，做好实验室7S
7. 完成实训报告

考核要求与标准

1. 位移-步骤图及故障判断（1分）
2. 设计气动回路和电气控制回路，并组装回路（4分）
3. 动作顺序符合要求（1分）
4. 关断气源，拆下管路，整理好所有元件并归位（1分）
5. 实训报告（3分）

实训报告 11

实训日期：
成　　绩：

电气动实训项目

项目序号：12

项目名称：重力自降进料的安装与运行	课时：4

实训目的

1. 位置检测元件（一）——应用行程开关实现气缸自动运行
2. 位置检测元件（二）——应用磁性传感器实现气缸自动运行

项目说明

木板从重力自降料仓落下，被推到一个夹紧装置上

按下启动按钮后，活塞杆将从重力自降料仓中落下的木板推出。活塞杆达到前进末端位置时回到初始位置

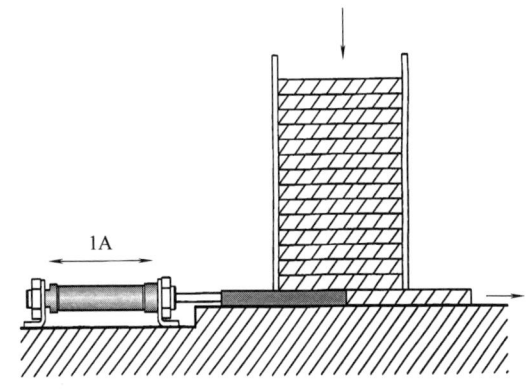

实训要求

1. 画出气动回路和电气控制回路图（单作用气缸/双作用气缸）
2. 组成气动回路和电气控制回路并运行
3. 检查运行过程

实训步骤

1. 熟悉实验设备使用方法
2. 设计气动回路和电气控制回路
3. 选择相应元器件，在实验台上组建回路并检查回路的功能是否正确
4. 观察运行情况，对使用中遇到的问题进行分析和解决
5. 完成实验经老师检查评估后，关闭气源电源，拆下管线，将元件放回原来位置，做好实验室7S
6. 完成实训报告

考核要求与标准

1. 设计气动回路和电气控制回路，并组装回路（4分）
2. 动作顺序符合要求（1分）
3. 关断气源，拆下管路，整理好所有元件并归位（1分）
4. 实训报告（4分）

实训报告 12

实训日期：
成　　绩：

附录1 实训报告

电气动实训项目

项目序号：13

项目名称：多通道重力自降进料	课时：4

实训目的

1. 位置检测元件（一）——应用行程开关实现气缸自动运行
2. 位置检测元件（二）——应用磁性传感器实现气缸自动运行

项目说明

工件从多通道重力自降料仓中被推到一个夹紧装置中

按下启动按钮后，从料仓中落下的工件被推出。当活塞杆达到末端位置时再返回到初始位置

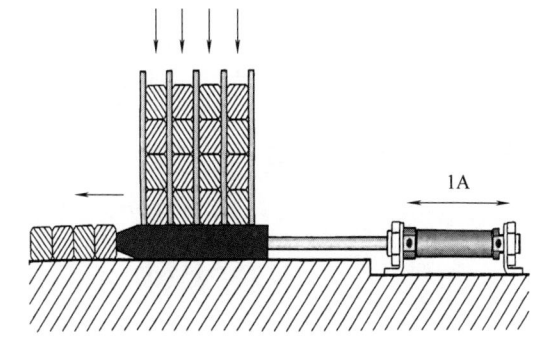

实训要求

1. 画出气动回路和电气控制回路图（单作用气缸/双作用气缸）
2. 组成气动回路和电气控制回路并运行
3. 检查运行过程

实训步骤

1. 熟悉实验设备使用方法
2. 设计气动回路和电气控制回路
3. 选择相应元器件，在实验台上组建回路并检查回路的功能是否正确
4. 观察运行情况，对使用中遇到的问题进行分析和解决
5. 完成实验经老师检查评估后，关闭气源电源，拆下管线，将元件放回原来位置，做好实验室7S
6. 完成实训报告

考核要求与标准

1. 设计气动回路和电气控制回路，并组装回路（4分）
2. 动作顺序符合要求（1分）
3. 关断气源，拆下管路，整理好所有元件并归位（1分）
4. 实训报告（4分）

实训报告 13

实训日期：
成　　绩：

电气动实训项目

项目序号：14

项目名称：旋转转盘的安装与运行	课时：4
实训目的	
1. 双作用气缸的使用 2. 连续循环控制的设计 3. 间接控制电路的设计	
项目说明	
使用一个旋转转盘使塑料容器分离 按下启动按钮后，气缸活塞杆的振荡驱动轮盘旋转。当再次按下按钮后，运动停止 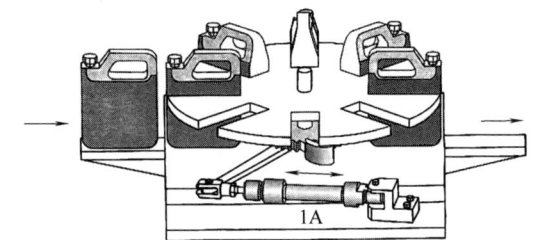	
实训要求	
1. 正确设计气动回路和电气控制回路并在仿真软件中运行（要求设计通电延时继电器及断电延时继电器两种回路） 2. 在实验台上组建气动和电气的回路并运行 3. 检查运行过程	
实训步骤	
1. 熟悉实验设备使用方法 2. 设计气动回路和电气控制回路 3. 选择相应元器件，在实验台上组建回路并检查回路的功能是否正确 4. 观察运行情况，对使用中遇到的问题进行分析和解决 5. 完成实验经老师检查评估后，关闭气源电源，拆下管线，将元件放回原来位置，做好实验室 7S 6. 完成实训报告	
考核要求与标准	
1. 设计气动回路和电气控制回路，并组装回路（4分） 2. 动作顺序符合要求（1分） 3. 关断气源，拆下管路，整理好所有元件并归位（1分） 4. 实训报告（4分）	

实训报告 14

实训日期：
成　　绩：

电气动实训项目

项目序号：15

项目名称：滑动台的安装与运行	课时：4

实训目的
1. 位置检测元件（一）——应用行程开关实现气缸自动运行 2. 位置检测元件（二）——应用磁性传感器实现气缸自动运行

项目说明
用这个移动台将木板推送到一个砂带式磨床下面 按下一个按钮开关，气缸将表面放有木板的移动台推到砂带下面进行打磨，按下另一个按钮开关，则移动台回到初始位置 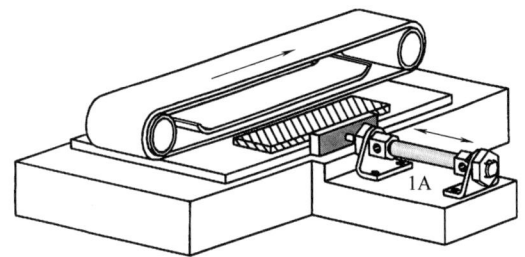

实训要求
1. 画出气动回路和电气控制回路图（单作用气缸/双作用气缸） 2. 组成气动回路和电气控制的回路并运行 3. 检查运行过程

实训步骤
1. 熟悉实验设备使用方法 2. 设计气动回路和电气控制回路 3. 选择相应元器件，在实验台上组建回路并检查回路的功能是否正确 4. 观察运行情况，对使用中遇到的问题进行分析和解决 5. 完成实验经老师检查评估后，关闭气源电源，拆下管线，将元件放回原来位置，做好实验室7S 6. 完成实训报告

考核要求与标准
1. 设计气动回路和电气控制回路，并组装回路（4分） 2. 动作顺序符合要求（1分） 3. 关断气源，拆下管路，整理好所有元件并归位（1分） 4. 实训报告（4分）

实训报告 15

实训日期：
成　　绩：

电气动实训项目

项目序号:16

项目名称:夹紧装置的安装与运行	课时:4

实训目的
单作用气缸/双作用气缸——断开/导通优先的自锁回路

项目说明
用夹紧装置来夹住部件 按下一个按钮,可活动的夹具向前推进并夹紧部件 按下另一个按钮,可活动的夹具回复初始状态 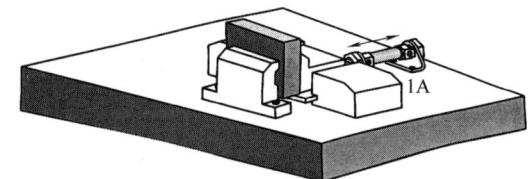

实训要求
1. 画出位移-步骤图并判断是否存在障碍信号 2. 在仿真软件中正确设计气动回路和电气控制回路 3. 在实验台上组成气动回路和电气控制的回路并运行 4. 检查运行过程

实训步骤
1. 熟悉实验设备使用方法 2. 根据项目要求,画出位移-步骤图并判断是否存在障碍,若有则消除之 3. 设计气动回路和电气控制回路 4. 选择相应元器件,在实验台上组建回路并检查回路的功能是否正确 5. 观察运行情况,对使用中遇到的问题进行分析和解决 6. 完成实验经老师检查评估后,关闭气源电源,拆下管线,将元件放回原来位置,做好实验室7S 7. 完成实训报告

考核要求与标准
1. 位移-步骤图及故障判断(1分) 2. 设计气动回路和电气控制回路,并组装回路(4分) 3. 动作顺序符合要求(1分) 4. 关断气源,拆下管路,整理好所有元件并归位(1分) 5. 实训报告(3分)

实训报告 16

实训日期：
成　　绩：

电气动实训项目

项目序号：17

项目名称：转向装置的安装与运行	课时：4

实训目的

1. 用电磁接近开关控制活塞杆的往复运动
2. 用行程开关控制活塞杆的往复运动

项目说明

转向设备将部件按节拍从一条传送带转到另一条传送带上去

按下一个按钮，往返运动的气缸活塞杆通过一个定位销带动转盘按节拍转动，按下另一个开关停止运行（用磁性接近开关作位置控制）

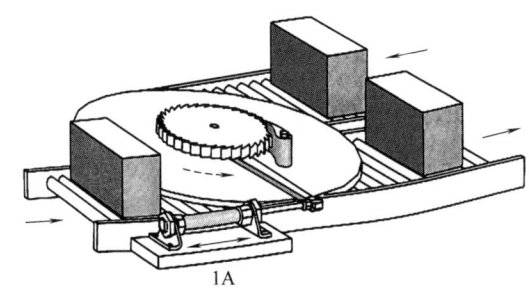

实训要求

1. 正确设计气动回路和电气控制回路并在仿真软件中运行
2. 在实验台上组建气动回路和电气控制回路并运行
3. 检查运行过程

实训步骤

1. 熟悉实验设备使用方法
2. 设计气动回路和电气控制回路
3. 选择相应元器件，在实验台上组建回路并检查回路的功能是否正确
4. 观察运行情况，对使用中遇到的问题进行分析和解决
5. 完成实验经老师检查评估后，关闭气源电源，拆下管线，将元件放回原来位置，做好实验室 7S
6. 完成实训报告

考核要求与标准

1. 设计气动回路和电气控制回路，并组装回路（4分）
2. 动作顺序符合要求（1分）
3. 关断气源，拆下管路，整理好所有元件并归位（1分）
4. 实训报告（4分）

实训报告 17

实训日期：
成　　绩：

电气动实训项目

项目序号：18

项目名称：转向装置的安装与运行	课时：4

实训目的
1. 压力继电器的使用 2. 间接控制回路

项目说明
工件在冲压装置上被冲压 按下两个按钮后，冲模下降，工件被冲压。当系统达到冲压压力时，模具回到初始位置 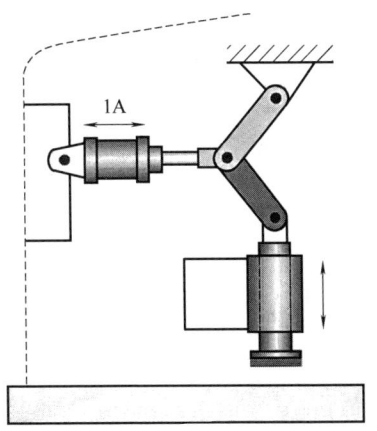

实训要求
1. 正确设计气动回路和电气控制回路并在仿真软件中运行 2. 在实验台上组建气动回路和电气控制回路并运行 3. 检查运行过程

实训步骤
1. 熟悉实验设备使用方法 2. 设计气动回路和电气控制回路 3. 选择相应元器件，在实验台上组建回路并检查回路的功能是否正确 4. 观察运行情况，对使用中遇到的问题进行分析和解决 5. 完成实验经老师检查评估后，关闭气源电源，拆下管线，将元件放回原来位置，做好实验室7S 6. 完成实训报告

考核要求与标准
1. 设计气动回路和电气控制回路，并组装回路（4分） 2. 动作顺序符合要求（1分） 3. 关断气源，拆下管路，整理好所有元件并归位（1分） 4. 实训报告（4分）

实训报告 18

实训日期：
成　　绩：

附录2 阶段测试

阶段测试一

一、判断题
1. 气动技术的最终目的是利用压缩空气来驱动不同的机械装置。(   )
2. 油水分离器可以把压缩空气净化得很干净,以满足系统的要求。(   )
3. 气缸执行元件可分成气缸、气动马达及一些特殊气缸(   )。
4. 在方向控制阀中阀门关闭的接口常用字母Z或Y表示。(   )
5. 压力阀相当于液压系统中的减压阀,起限制系统最高压力的作用。(   )
6. "或"门的逻辑含义是只有两个控制信号同时输入时,才有信号输出。(   )
7. 单向节流阀使得压缩空气只能单方面通过。(   )
8. 在实际应用中常用常通型单气控3/2阀来实现逻辑"是"的功能。(   )
9. 叶片式气动马达由于低速运动转矩小,故不适用于中、低功率的机械。(   )
10. 储气罐中的空气压力一般比设备所需的压力要高些。(   )

二、选择题
1. 在气动系统中,用以连接元件以及对系统进行消声、冷却、测量的一些辅助元件称为(   )。
   A. 辅助元件   B. 控制元件   C. 执行元件
2. 后冷却器一般安装在空气压缩机的(   )管路上。
   A. 进口   B. 出口   C. 进口或出口
3. 在气缸缸径的计算中,对双作用气缸,预设杆径与缸径之比 $d/D=$(   )。
   A. 0.3~0.4   B. 0.4~0.5   C. 0.6~0.7
4. 气缸的控制方法比较容易实现远程控制。(   )
   A. 直接控制   B. 间接控制   C. 综合控制
5. 方向控制阀在用字母表示时,一般用字母(   )表示右边的控制口。
   A. Z   B. Y   C. P
6. 气动逻辑元件是指在控制回路中能实现一定的逻辑功能的元器件,它一般属于(   )。
   A. 开关元件   B. 控制元件   C. 辅助元件
7. "与"门逻辑功能在气动控制中有(   )来实现。
   A. 换向阀   B. 梭阀   C. 双压阀
8. "或"的逻辑功能在气动控制中用(   )来实现。
   A. 5/2双气控阀   B. 梭阀   C. 双压阀
9. 将压力能转换为驱动工作部件机械能的能量转换元件是(   )。

  A. 动力元件   B. 执行元件   C. 控制元件
 10. 单向阀的气流（　　）
  A. 双向都可以流动   B. 只能向一个方向流动   C. 可以换向

三、填空题

 1. 气压传动与控制技术简称（　　），它是以空气为（　　），进行能量传递或（　　）、控制的技术。

 2. 气动系统由（　　）、执行元件、（　　）、（　　）和工作介质组成。

 3. 气源调节装置由（　　）、（　　）和（　　）三部分组成，也称之为三联件。

 4. 方向控制阀按阀芯的结构形式可分为（　　）和（　　）。

 5. 消声器就是通过（　　）或增加（　　）来降低排气（　　）和（　　），从而降低排气噪声的。

 6. 单向节流阀是由（　　）和（　　）并联而成的组合式流量控制阀，它一般安装在（　　）与执行元件之间进行速度控制。

 7. 压力控制阀包括（　　）、（　　）、（　　）及多功能组合阀。

 8. 安全阀相当于液压系统中的（　　），它在气压系统中限制回路中的（　　），以防止管路等破裂及损坏，起（　　）作用。

 9. 排气节流阀是连接在（　　）的排气口以控制所通过的空气流量，它采用（　　）方式进行速度控制。

 10. 使压缩空气净化、润滑、消声和元件间连接所需的一些装置是（　　）。

四、简答题

1. 简述消声器选择的方法。
2. 什么叫压力控制阀？压力控制阀常用的有哪些种类？
3. 简述排气节流和进气节流的工作特点。
4. 逻辑元件有哪些特点？

阶段测试二

一、判断题

1. 启动按钮一般是常闭按钮，而停止按钮一般是常开按钮。（ ）
2. 磁性开关一般是和磁性气缸的活塞上都有一个永磁体的磁环。（ ）
3. 电容式接近开关所测对象一般是非金属。（ ）
4. 失电延时继电器是指当线圈失电后，常开触点延时断开，长闭开关延时闭合。（ ）
5. 电感式接近开关的响应频率高，抗干扰性能好，适用于任何场合。（ ）

二、选择题

1. （ ）是非接触式感应开关，它精度高，反应速度快，抗干扰性能好。
   A. 接近开关　　　　B. 行程开关　　　　C. 磁性开关
2. 在安装电感或电容式接近开关时，一般要求接近开关与活塞杆的距离控制在（ ）左右。
   A. 1mm　　　　　　B. 2mm　　　　　　C. 3mm
3. 各种按钮开关属于程序控制系统中的（ ）。
   A. 输入元件　　　　B. 输出元件　　　　C. 检测机构
4. 电气气动控制回路中电气回路一般指（ ）部分。
   A. 执行　　　　B. 动力　　　　C. 控制　　　　D. 反馈
5. 在时间继电器中，当输入信号时，触点（ ）闭合或断开。
   A. 立刻　　　　B. 提前　　　　C. 延时　　　　D. 不定

三、填空题

1. 电磁换向阀是气动元件中最主要的元件，品种繁多，结构各异，但原理无多大区别，按控制方式不同分为（ ）和（ ）两种。
2. 按钮接触点的结构不同可分为（ ）、（ ）和（ ）。
3. 行程开关又称为（ ）或（ ），是一种将（ ）转换为电气信号，以控制运动部件（ ）或（ ）的自动控制电器。
4. 接近开关是利用位移传感器对接近物体的（ ），从而达到控制（ ）的目的，在气动控制中常用的接近开关有（ ）、（ ）和（ ）三种。
5. 在逻辑真值表中，"1"表示（ ），而"0"表示（ ）。

四、简答题

1. 简述常开、常闭及复合按钮的结构特点。
2. 简述接近开关的种类及特点。

阶段测试二

附录3 常用气动元件符号与功能

附表 3-1　　　　　　　　常用气动元件符号与功能

序号	名称	功能	符号
1	单作用气缸	作直线运动 弹簧自动复位	
2	气源	带压表及过滤器	
3	气源	三联件（带调压阀）	
4	调压阀	调压	
5	气源	简单气源	
6	双作用气缸	作直线运动	
7	气缸	无杆气缸带导向杆	
8	旋钮阀	换向	
9	二位三通按钮阀	换向	

附录3 常用气动元件符号与功能

续表

序号	名称	功能	符号
10	二位三通按钮阀（常通）	换向	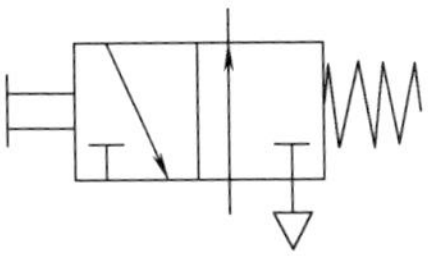
11	机械式行程开关	位置探测	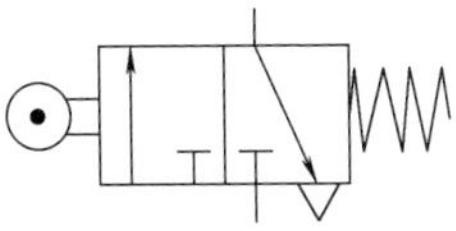
12	惰轮杆行程阀	位置探测 信号消除	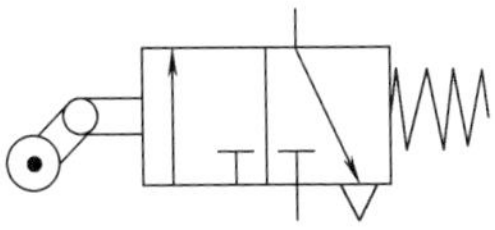
13	磁接近开关	磁感应气阀	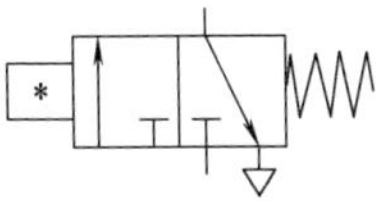
14	位置开关	提供信号	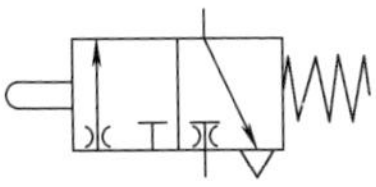
15	气控换向阀	换向	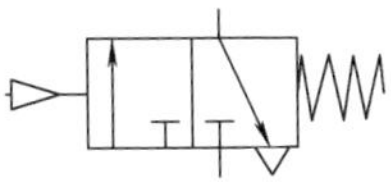
16	"与"阀	逻辑与	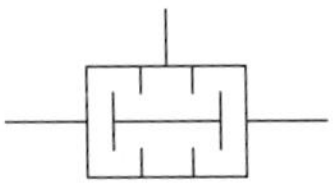
17	（或）阀	逻辑或	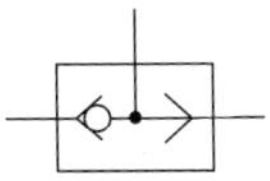
18	双气控二位五通阀	换向	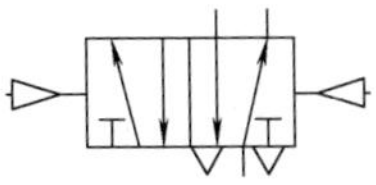
19	双气控三位五通阀	换向	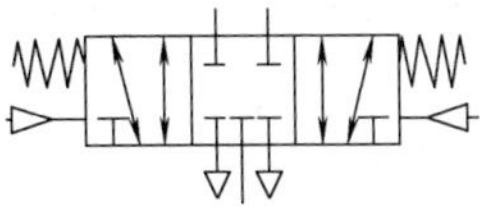

续表

序号	名称	功能	符号
20	快排气阀	排气	
21	单向节流阀	控制流量	
22	压力顺序阀	探测压力	
23	真空阀	探测负压	
24	延时阀	控制时间	
25	步进模块	步进控制	
26	真空发生器	产生真空	
27	反射式气动传感器	传感物体	

附录3　常用气动元件符号与功能

附表 3-2　　　　　　　　　　　电子气动元件符号与功能

序号	名称	功能	符号
1	带定位开关	常开开关	
2	按钮开关	常开开关	
3	带定位开关	常闭开关	
4	按钮开关	常闭开关	
5	灯泡	灯指示	
6	蜂鸣器	声音指示	
7	电磁阀线圈	使电磁阀动作	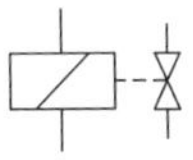
8	继电器触点	常开触点	
9	继电器触点	常闭触点	
10	继电器触点	通断转换	
11	压力传感器	感测压力	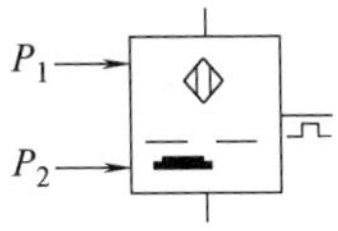

续表

序号	名称	功能	符号
12	计数器	计数继电器	A_1 | R_1 ○ 5 A_2 | R_2
13	继电器线圈	使开关动作	
14	时间继电器	延时关	
15	时间继电器	延时开	
16	电感式接近开关	位置探测	
17	电容式接近开关	位置探测	
18	光电式接近开关	位置探测	
19	磁感应式接近开关	位置探测	

附录4　气动系统的故障诊断、对策与维修

一、故障种类

由于故障发生的时期不同，故障的内容和原因也不同。因此，可将故障分为初期故障、突发故障和老化故障。

（一）初期故障

在调试阶段和开始运转的二、三个月内发生的故障称为初期故障。其产生的原因有：

（1）元件加工、装配不良。如元件内孔的研磨不符合要求，零件毛刺未清除干净，不清洁安装，零件装错、装反，装配时对中不良，紧固螺钉拧紧力矩不恰当，零件材质不符合要求，外购零件（如密封圈、弹簧）质量差等。

（2）设计失误。设计元件时，对零件的材料选用不当，加工工艺要求不合理等。对元件的特点、性能和功能了解不够，造成回路设计时元件选用不当。设计的空气处理系统不能满足气动元件和系统的要求，回路设计出现错误。

（3）安装不符合要求。安装时，元件及管道内吹洗不干净，使灰尘、密封材料碎片等杂质混入，造成气动系统故障，安装气缸时存在偏载。管道的防松、防振动等没有采取有效措施。

（4）维护管理不善。如未及时排放冷凝水，未及时给油雾器补油等。

（二）突发故障

系统在稳定运行时期内突然发生的故障称为突发故障。例如，油杯和水杯都是用聚碳酸酯材料制成的，如它们在有机溶剂的雾气中工作，就有可能突然破裂；空气或管路中，残留的杂质混入元件内部，使相对运动件突然卡死；弹簧突然折断、软管突然爆裂、电磁线圈突然烧毁；突然停电造成回路误动作等。

有些突发故障是有先兆的。如排出的空气中出现杂质和水分，表明过滤器已失效，应及时查明原因，予以排除，不要酿成突发故障。但有些突发故障是无法预测的，只能采取安全保护措施加以防范，例如定期更换易损零部件，或准备一些易损备件，以便及时更换失效的元件。

（三）老化故障

个别或少数元件达到使用寿命后发生的故障称为老化故障。参照系统中各元件的生产日期、开始使用日期，使用的频繁程度以及已经出现的某些征兆，如声音反常、泄漏越来越严重、气缸运动不平稳等，大致预测老化故障的发生期限是可能的。

二、故障诊断

下面主要介绍3种常用的故障诊断方法。

（一）分块法

将系统分成小单元来考虑，思路会清晰、故障易呈现。

（二）经验法

主要依靠实际经验，并借助简单的仪表，诊断故障发生的部位，找出故障原因的方法，称为经验法。经验法可按中医诊断病人的四字"望、闻、问、切"进行。

（1）望。看执行元件的运动速度有无异常变化；各测压点的压力表显示的压力是否符合要求，有无大的波动；润滑油的质量和滴油量是否符合要求；冷凝水能否正常排出；换向阀排气口排出空气是否干净；电磁阀的指示灯显示是否正常；紧固螺钉及管接头有无松动；管道有无扭曲和压偏；有无明显振动存在；加工产品质量有无变化等。

（2）闻。包括耳闻和鼻闻。如：气缸及换向阀换向时有无异常声音；系统停止工作但尚未泄压时，各处有无漏气，漏气声音大小及其每天的变化情况；电磁线圈和密封圈有无因过热而发出的特殊气味等。

（3）问。即查阅气动系统的技术档案，了解系统的工作程序、运行要求及主要技术参数；查阅产品样本，了解每个元件的作用、结构、功能和性能；查阅维护检查记录，了解日常维护保养工作情况；访问现场操作人员，了解设备运行情况，了解故障发生前的征兆及故障发生时的状况，了解曾经出现过的故障及其排除方法。

（4）切。如触摸相对运动件外部的手感和温度，电磁线圈处的温升等。触摸两秒钟感到烫手，则应查明原因。气缸、管道等处有无振动感，气缸有无爬行感，各接头处及元件处手感有无漏气等。

经验法简单易行，但由于每个人的感觉、实际经验和判断能力的差异，诊断故障会存在一定的局限性。

（三）推理分析法

利用逻辑推理、从现象慢慢推理到本质寻找出故障的真实原因的方法。

1. 推理步骤

从故障的症状到找出故障发生的真实原因，可按下面三步进行。

（1）从故障的症状，推理出故障的本质原因。

（2）从故障的本质原因，推理出可能导致故障的常见原因。

（3）从各种可能的常见原因中，推理出故障的真实原因。

由故障的本质原因逐步推理出来的众多可能的故障常见原因是依靠推理和经验积累起来的。

2. 推理方法

由简到繁、由易到难、由表及里、由后向前、由结果向原因逐一进行分析，排除掉不可能的和非主要的故障原因；故障发生前曾调整或更换过的元件先查；优先查故障概率高的常见原因。

（1）仪表分析法。利用检测仪器仪表，如压力表、差压计、电压表、温度计、电秒表及其他电子仪器等，检查系统或元件的技术参数是否合乎要求。

（2）部分停止法。即暂时停止气动系统某部分的工作，观察对故障征兆的影响。

（3）试探反证法。即试探性地改变气动系统中部分工作条件，观察对故障征兆的影响。如阀控气缸不动作时，除去气缸的外负载，查看气缸能否正常动作，便可反证是否由于负载过大造成气缸不动作。

(4) 比较法。即用标准的或合格的元件代替系统中相同的元件,通过工作状况的对比,来判断被更换的元件是否失效。

(5) 排他法。即假如满足其一定条件,看其是否有此现象,从而作出判断。

为了从各种可能的常见故障原因中推理出故障的真实原因,可根据上述推理原则和推理方法,画出故障诊断逻辑推理框图,以便于快速准确地找到故障的真实原因。

三、维修工作

气动系统能正常工作多长时间,这是用户非常关心的问题。

各种气动元件通常都给出了它们的耐久性指标,可以大致估算出某气动系统在正常条件下的使用时间。例如,若电磁阀的耐久性为 1000 万次,气缸的耐久性为 3000km,气缸行程为 200mm,阀控缸的切换频率为每分钟 3 次,每天工作 20h,每年按 250 个工作日计算,则电磁阀可使用 11 年,气缸只能使用 8 年。故该阀控缸系统的寿命为 8 年。因为许多因素未考虑,故这是最长寿命估算法。例如,各种元件中橡胶件的老化,金属件的锈蚀,气源处理质量的优劣,日常保养维护工作能否坚持等,都直接影响气动系统的使用寿命。

气动系统中各类元件的使用寿命差别较大,例如,换向阀、气缸等有相对滑动部件的元件,其使用寿命较短。而许多辅助元件,由于可动部件少,相对寿命就长些。各种过滤器的使用寿命,主要取决于滤芯寿命,这与气源处理后空气的质量关系很大。例如,急停开关这种不经常动作的阀,要保证其动作可靠性,就必须定期进行维护。因此,气动系统的维修周期,只能根据系统的使用频度,气动装置的重要性和日常维护、定期维护的状况来确定。一般是每年大修一次。

维修之前,应根据产品样本和使用说明书预先了解该元件的作用、工作原理和内部零件的运动状况。必要时,应参考维修手册。根据故障的类型,在拆卸之前,对哪一部分问题较多应有所估计。

维修时,对日常工作中经常出现问题的地方要彻底解决。对重要部位的元件、经常出问题的元件和接近其使用寿命的元件,宜按原样换成一个新元件。新元件通气口的保护塞,在使用时才应取下来。许多元件内仅仅是少量零件损伤,如密封圈、弹簧等,为了节省经费,可只更换这些破损的零件。

拆卸前,应清扫元件和装置上的灰尘,保持环境清洁。必须切断电源和气源,确认压缩空气已全部排出后方能拆卸。仅关闭截止阀,系统中不一定已无压缩空气,因有时压缩空气被堵截在某个部位,所以必须认真分析检查各部位,并设法将余压排尽。如观察压力表是否回零,调节电磁先导阀的手动调节杆排气等。

拆卸时,要慢慢松动每个螺钉,以防元件或管道内有残压。一面拆卸,一面逐个检查零件是否正常。应按组件为单位进行拆卸。滑动部分的零件要认真检查,要注意各处密封圈和密封垫的磨损,损伤和变形情况。

要注意节流孔,喷嘴和滤芯的堵塞情况。要检查塑料和玻璃制品有否裂纹或损伤。拆卸时,应将零件按组件顺序排列,并注意零件的安装方向,以便今后装配。

更换的零件必须保证质量。锈蚀、损伤、老化的元件不得再用。必须根据使用环境和工作条件来选定密封件，以保证元件的气密性和稳定地进行工作。

拆下来准备再用的零件，应放在清洗液中清洗。不得用汽油等有机溶剂清洗橡胶件、塑料件。可以使用优质煤油清洗。

零件清洗后，不准用棉丝、化纤品擦干。可用干燥清洁空气吹干。涂上润滑脂，以组件为单位进行装配。注意不要漏装密封件，不要将零件装反。螺钉拧紧力矩均匀，力矩大小应合理。

安装密封件时应注意：有方向的密封圈不得装反。密封圈不得装扭。为容易安装，可在密封圈上涂敷润滑脂。要保持密封件清洁，防止棉丝、纤维、切屑末、灰尘等附着在密封件上。安装时，应防止沟槽的棱角处、横孔处碰伤密封件。与密封件接触的配合面不能有毛边，棱角应倒圆。塑料类密封件几乎不能伸长。橡胶材料密封件也不要过度拉伸，以免产生永久变形。在安装带密封圈的部件时，注意不要碰伤密封圈。螺纹部分通过密封圈，可在螺纹表面卷上薄膜或使用插入用工具。活塞插入缸筒壁上开孔的元件时，孔端部应倒角 $15°\sim30°$。

配管时，应注意不要将灰尘、密封材料碎片等异物带入管内。

装配好的元件要进行通气试验。缓慢升压到规定压力，应保证升压过程中直至规定压力都不漏气。

检修后的元件一定要试验其动作情况。例如对气缸，开始将其缓冲装置的节流部分调节到最小。然后，调节速度控制阀使气缸以非常慢的速度移动，逐渐打开节流阀，使气缸达到规定速度。这样便可检查气阀、气缸的装配质量是否合乎要求。若气缸在最低工作压力下动作不灵活，必须重新仔细检查安装情况。

参 考 文 献

[1] 吴卫荣. 气动技术 [M]. 北京：中国轻工业出版社，2010.
[2] 徐炳辉. 气动手册 [M]. 上海：上海科学技术出版社，2005.
[3] 左健民. 液压与气压传动 [M]. 北京：机械工业出版社，1993.
[4] 许福玲，陈尧明. 液压与气压传动 [M]. 北京：机械工业出版社，2002.
[5] 袁承训. 液压与气压传动 [M]. 2版. 北京：机械工业出版社，2003.
[6] 周士昌. 液压气压系统设计运行禁忌470例 [M]. 北京：机械工业出版社，2002.
[7] 陆鑫盛，周洪. 气动自动化系统的优化设计 [M]. 上海：上海科学技术文献出版社，2000.